헤밍웨이를 위하여

헤밍웨이를 위하여

김욱동 지음

헤밍웨이를 위하여

어니스트 헤밍웨이는 나의 첫사랑이었다. 미국 유학 시절 석사학위와 박사학위의 주제를 모두 윌리엄 포크너로 택했지만, 국내에서 대학원에 다닐 때만 해도 나는 포크너보다는 헤밍웨이에 훨씬 더 관심이 많았다. 이렇게 헤밍웨이에서 포크너로 전공을 바꾼 데에는 그럴 만한 까닭이 있었다. 그 무렵 헤밍웨이는 비교적 이해하기 쉬운 작가로 평가받고 있었지만, 포크너는 매우 난해한 작가로 이름이 나 있었기 때문이다. 그래서 포크너에 관심을 기울이는 사람이 별로 없었다. 난해한 작가를 정복하고 싶은 오기와 지적 자만심에서 포크너를 택했던 것이다.

그러나 몇 해 전부터 헤밍웨이의 작품을 다시 읽으면서 내가 잘못 생각했다는 사실을 깨달았다. 읽으면 읽을수록 헤밍웨이는 얼핏 보기와 달리, 실제로는 포크너 못지않게 난해한 작가임을 절감했다. 그의 작품이 쉽고 단순하게 보인 것은 말하자면 착시 현상에 지나지 않았다. 헤밍웨이의 비유를 빌려 말한다면, 그의 작품의 의미는 바다 위에 떠 있는 빙산과 같아서 오직 8분의 1에 해당하는 부분만이 수면에 떠 있을 뿐 나머지 8분의 7은 수면 아래 가라앉아 있다.

올해 초 헤밍웨이의 번역 저작권이 소멸하면서 나는 『태양은 다시 떠오른다』를 비롯하여 『무기여 잘 있어라』, 『누구를 위하여 종은 울리나』, 『노인과 바다』, 그리고 단편선 두 권 등 헤밍웨이 문학을 대표할 만한 작품 여섯 편을 우리말로 번역하였다. 이렇게 그의 대표작을 번역하고 나니 이번에는 번역서를 읽는 독자들이 헤밍웨이의 문학 세계를 쉽게 이해할 수 있는 책을 쓰고 싶었다. 전문 분야의 학자들을 위한 학술서가 아니어서 되도록 평이하게 기술하려고 노력하였고, 각주를 비롯하여 현학적인 형식을 사용하지도 않았다. 다만, 헤밍웨이의 삶과 작품에 관심 있는 독자들을 위해 책 끝에 참고문헌을 간추려 수록하였다. 일부러 헤밍웨이의 하드보일드 문체를 흉내 내지는 않았지만, 결과적으로는 그의 문체에 여러모로 가까워진 듯하다.

지금까지 헤밍웨이는 화려한 공적 이미지에 가려져 있었기에 그의 참다운 모습을 헤아리기가 무척 어려웠다. 전쟁이 있는 곳이라면 어디든지 달려가는 특파원, 스페인에서 경기를 즐기는 투우광, 아프리카의 수렵 여행가, 멕시코 만 심해의 바다낚시꾼 등 그를 대표하는 이미지는 한둘이 아니다. 중년을 조금 지나 가부장적인 남성 냄새가 짙게 풍기는 '파파'라는 별명을 얻으면서 그의 대중적 인기는 더 높이 치솟았다. 헤밍웨이는 미국 문학의 엘비스 프레슬리와 같다. 프레슬리를 모르고 미국 대중음악을 이해할 수 없듯이 헤밍웨이를 모르고는 미국 문학을 제대로 이해할 수 없다. 또한, 헤밍웨이는 코카콜라나 맥도널드 햄버거처럼 미국 문화를 상징하는 아이콘과 같아서 그를 모르고는 미국 문화를 올바로 이해할 수 없다.

그러나 이처럼 겉으로 드러난 이미지 때문에 안타깝게도 작가 헤밍웨이는 뒷전으로 밀려날 수밖에 없었다. 그와 동시대의 작가인 존 오해러의 말대로 헤밍웨이는 "오늘날 살아 있는 가장 중요한 작가, 셰익스피어 사망 이후 탁월한 작가"라고 할 수 있다. 그런데도 그의 참모습은 화려한 인기와 온갖 가면에 가려져 좀처럼 드러나지 않았던 것이 사실이다. 나는 그러한 가면을 벗겨 내고 이면에 숨어 있는 작가 헤밍웨이, 예술가 헤밍웨이의 진면목을 보여 주고 싶었다. 이 책의 제목을 '헤밍웨이를 위하여'로 정한 것은 바로 그 때문이다. 이것은 단순히 헤밍웨이를 칭찬하기 위한 책이 아니라 그의 참모습을 드러내기 위한 책이다.

최근에는 마치 헤밍웨이의 전성기를 맞은 듯한 느낌이 든다. 저작권이 잠정적으로 공개된 덕도 있겠지만, 지금 국내에서는 그의 작품이 그야말로 붐을 이루고 있다. 이 작은 책이 '헤밍웨이 문학'이라는 산봉우리에 오르려는 독자들에게 친절한 안내서 구실을 할 수만 있다면 저자로서는 이보다 더 기쁜 일이 없을 것이다. 끝으로 요즈음처럼 책을 출간하기 어려운 때 이 책의 출간을 선뜻 허락해 주신 이숲 출판사 임왕준 주간님께 감사를 드린다.

2012년 7월 1일
해운대에서
김욱동

| 차례 |

책 머리에　　　　　　　　　　　5

제1장　거인의 삶과 죽음　　　　11

제2장　'길 잃은 세대'의 초상　　111
　　　　『태양은 다시 떠오른다』

제3장　전쟁과 사랑　　　　　　143
　　　　『무기여 잘 있어라』

제4장　개인에서 사회로　　　　177
　　　　『누구를 위하여 종은 울리나』

제5장　패배 없는 싸움　　　　　213
　　　　『노인과 바다』

제6장　단편소설의 미학　　　　269

참고문헌　　　　　　　　　　　307

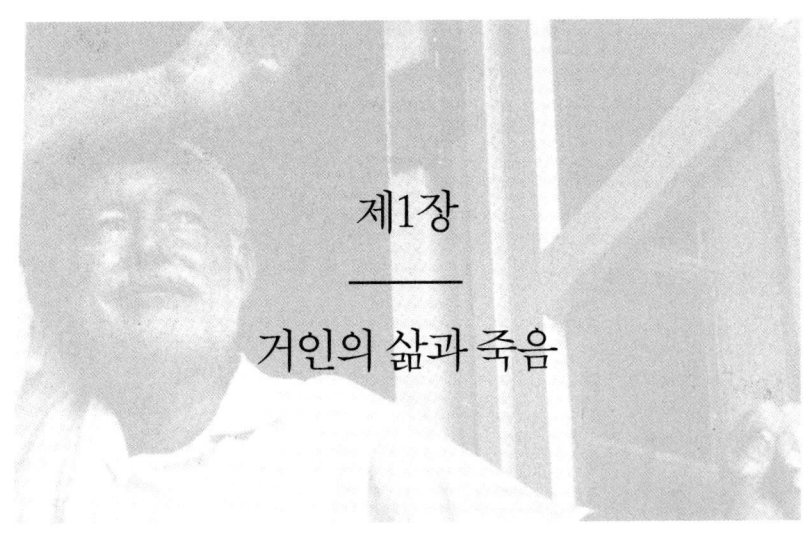

제1장

거인의 삶과 죽음

언젠가 어니스트 헤밍웨이는 작가에게 가장 좋은 초기 교육이 무엇이냐는 질문을 받은 적이 있다. 그러자 그는 기다렸다는 듯이 곧바로 "불행한 유년 시절이지요."라고 대답하였다. 유년 시절을 불행하게 보내는 것만큼 작가에게 좋은 예술적 자산은 없다는 것이다. 이와는 조금 다른 맥락이지만, 그는 표도르 도스토옙스키에 관해 언급하면서 이 19세기 러시아의 문호가 위대한 작가가 될 수 있었던 것은 바로 시베리아로 유배를 갔기 때문이라고 말한 적도 있다. 실제로 도스토옙스키는 젊은 시절 이상적 사회주의 모임에 가담했다가 당국에 체포되어 사형 선고를 받고 총살되기 직전 황제의 특별 사면으로 가까스로 목숨을 건진 뒤 시베리아 옴스크로 유배되어 그곳에서 4년 동안 유형 생활을 하였다. 그러면서 헤밍웨이는 "대장간의 불 속에서 칼이 단련되듯이 작가들도 [도스토옙스키처럼] 불의(不義)나 부정(不正) 속에서 연단된다."라는 말을 남겼다.

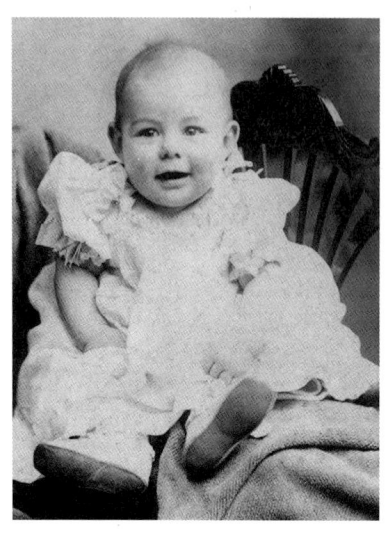

갓난아이 시절의 어니스트. 이때부터 일곱 살 때까지 그의 어머니는 그를 여자아이처럼 키웠다.

그런데 불행한 유년 시절이 작가에게 더할 나위 없이 좋은 교육이 된다는 헤밍웨이의 말은 자칫 엄살처럼 들린다. 따지고 보면 미국 작가, 아니 세계 작가를 통틀어서도 그만큼 유복한 집안에서 태어난 사람이 그다지 많지 않기 때문이다.

19세기의 햇살이 서산마루에 걸려 있던 1899년 7월 21일, 일리노이 주 오크파크에서 헤밍웨이는 외과의사인 아버지 클래런스 헤밍웨이와 성악가를 꿈꾸던 어머니 그레이스 홀 사이에서 2남 4녀 중 장남으로 태어났다. 요즈음도 크게 다르지 않지만, 미국에서 의사는 다른 어떤 직업보다도 안정되고 수입도 좋은 전문직이었다. 어머니 집안은 아버지 집안보다도 훨씬 부유하여 그레이스 헤밍웨이는 한 번도 손에 물을 묻히고 부엌에서 일해본 적이 없을 정도로 호강하며 살았다. 오페라 성악가가 되려고 뉴욕에서 성악을 공부하던 중 그레이스는 클래런스와 결혼하기 위해 성악가의 꿈을 접었다. 그녀는 빅토리아 여왕을 축하하는 자리에서 노래를 부르도록 초대받았지만, 자기 결혼식 일정과 잘 맞지 않는다는 이유로 거절했다는 이야기가 전해진다. 헤밍웨이는 남성적인 외모와 야외 생활을 좋아하는 성격을 아버지에게서 물려받았고, 예민한 감수성과 예술가적 기질을 어머니에게서 물려받았다.

1. '불행한' 유년 시절

　　이렇게 겉으로 보면 어니스트 헤밍웨이는 그야말로 부유한 집안에서 태어나 호의호식하며 부족한 것이 없이 유복하게 자랐다. 그렇다면 도대체 그는 왜 "불행한 유년 시절……" 운운했을까? 이 물음에 대한 대답은 아마도 행복이란 물질적 풍요와 정비례하지 않는다는 사실에서 찾아야 할 것 같다. 헤밍웨이는 물질적으로 남부럽지 않은 유년 시절을 보냈을지 모르지만, 적어도 정신적으로나 심리적으로는 그렇게 만족한 상태가 아니었던 모양이다. 고등학교 시절 그가 여러 번 가출했다는 사실은 이런 추정을 뒷받침한다.

　　헤밍웨이는 누구보다도 어머니에 대해 적잖이 증오심을 품었다. 그는 자기 부모를 모델로 삼아 「의사와 의사의 아내」(1924)라는 단편소설을 썼다. 그런데 이 작품에서 주인공 의사는 다름 아닌 자신의 아버지 클래런스이고, 의사의 아내는 바로 어머니 그레이스다. 이 작품에서도 엿볼 수 있듯이 헤밍웨이 집안에서 주도권을 쥔 사람은 아버지가 아니라 어머니였다. 앞서 언급했듯이 어머니 집안이 아버지 집안보다 훨씬 부유했다는 점을 고려하면 수긍할 수 있을 것이다. 헤밍웨이는 그레이스가 장티푸스로 병원에 입원해 있었던 때가 가장 행복한 시간이었다고 회상할 정도로 어머니에 대한 증오심이 깊었다.

　　더구나 그는 1928년 아버지가 권총으로 자살한 것이 어머니 때문이라고 믿고 있었다. 1948년 그는 비평가 맬컴 카울리에게 보낸 편지에서 "나는 사태의 진상을 알자마자 어머니를 증오했고, 아버지의 비겁함 때문에 당황하기 전까지는 그를 사랑했다."라고 고백한다. 그러면서 "우리 어머니는 전무후무(前無後無)한 미국의 심술궂은 여자로, 불쌍한 아버지는 말할 것도 없고 짐 나르는 노새도 자살하게 할 위인이다."라고 어머니에 대한 불편한 심기를 숨기지 않고 드러낸다. 1951년 6월 어머니가 사망했을 때 헤밍웨이는 장례식에 참석조차 하지 않았다. 헤밍웨이 동시대 작가로 누구보다도 가깝게 그를 지켜본 존 도스 패서스는 언젠가 "내가 아는 사람 중에서 헤밍웨이는 자기 어머니를 정말로 증오한 유일한 사람이었다."라고 술회한 적이 있다.

　기독교에 심취해 있던 어머니는 직접 또는 간접으로 헤밍웨이를 비롯한 모든 가족에게 종교를 강요하였다. 아침마다 식구가 모두 모여 예배를 보면서 기도하고 성경을 읽고 찬송가를 한두 곡 불렀다. 일요일마다 교회에 가야 하는 것은 말할 것도 없었고, 모든 운동과 놀이가 금지되었다. 헤밍웨이는 어머니 앞에서 자신을 '쾌활한 기독교인'이라고 불렀다. 이 말을 뒤집어 보면 자신을 제외한 나머지 기독교인들, 특히 자신의 어머니 같은 사람은 하나같이 즐겁지 않게, 즉 마지못해 억지로 기독교를 믿는 사람들이라는 뜻이 된다. 다시 말해서 그러한 기독인들에게 이 세계는 구약성서 「시편」의 저자의 말대로 한낱 '눈물의 골짜기'일 뿐이다. 또한, 어머니가 첼로 레슨을 강요하자 그는 일부러 첼로 줄을 끊어 버릴 정도로 끔찍이 싫어하였다. 물론 뒷날 작가 헤밍웨이에게 첼로 레슨은 그렇게 무익한 것만은 아니었다. 그는 『누구를 위하여 종은 울리나』(1940)에서 대위법적 구성을 사용할 수 있었던 것이 어린 시절 음악 기법을 배운 덕분이라고 고백하였다.

　그 밖에도 어머니는 나이 어린 헤밍웨이를 사내아이가 아닌 여자아이처럼 키우려고 하였다. 물론 빅토리아 시대에는 사내아이들에게 여자아이 옷을 입히고 머리도 여자아이처럼 길게 기르게 하였다. 그레이스도 사내아

일리노이 주 오크파크 거리 439번지에 있는 생가의 뒷마당에서 누나 마셀린, 인형, 개와 함께 놀고 있는 어니스트(왼쪽).

이들을 모두 여자처럼 옷을 입혀 마치 여자 쌍둥이처럼 보이게 하였다. 그녀는 헤밍웨이가 세 살이 될 때까지 한 살 위 누나 마셀린과 똑같이 옷을 입혔다. 일곱 살이 지나서야 헤밍웨이는 긴 머리카락을 자르고 사내아이처럼 머리를 기르기 시작하였다. 실제로 이 무렵에 찍은 가족사진에서 여자 옷을 입은 헤밍웨이는 여자아이로 착각할 정도다. 그래서 몇몇 비평가는 헤밍웨이가 성인이 되어 지나치다 싶을 만큼 유난히 남성성을 강조하는 것이 유년 시절 강압적으로 여자아이 취급을 받았기 때문이라고 지적한다.

헤밍웨이가 '불행한' 유년 시절을 보낸 데에는 집안을 좌지우지하던 어머니 그레이스 말고도 그가 태어나고 자란 오크파크의 분위기도 한몫을 톡톡히 하였다. 지금은 여느 도시와 다를 바 없이 되었지만, 20세기 초엽만 해

1905년 헤밍웨이 가족. 맨 오른쪽에 서 있는 소년이 헤밍웨이이다. 소녀 같은 머리 모양이 눈에 띈다.

도 오크파크는 이름 그대로 오크나무 우거진 공원 같은 전원도시였다. 시카고에서 서쪽으로 16킬로미터 떨어진 곳에 있는 이 교외에는 대도시를 싫어하는 부유한 중산층이 살고 있었다. 중산층이 많이 사는 곳이 흔히 그렇듯이 오크파크도 여간 보수적인 곳이 아니었다. 헤밍웨이와 같은 시기에 오크파크에서 살았던 유명한 건축가 프랭크 로이드 라이트는 이 마을을 '성인(聖人)의 휴식처'라고 부르면서 "너무나 많은 선한 사람이 다닐 수 있는 너무나 많은 교회가 있었다."라고 회고한 적이 있다. 말하자면 엄격한 청교도적 교외라고 할 수 있는 이 마을은 죄로 얼룩진 구대륙(시카고)을 탈출하여 신대륙(오크파크)에서 새로운 삶의 터전을 마련하려는 사람들이 주로 사는 곳이었다. 오크파크 교회의 한 목사의 말을 빌리면, 시카고와 경계를 이루는 오스틴 스트리트는

1907년 메모리얼 데이에 자랑스러운 표정으로 외손자, 외손녀와 함께 사진을 찍은 앤슨 헤밍웨이. 왼쪽으로부터 마들레인, 어슐러, 어니스트, 마셀린, 그리고 어니스트의 두 사촌 동생이다.

"술집이 끝나고 교회의 뾰족탑이 시작하는 곳"이었다. 한마디로 오크파크는 'WASP(White Anglo-Saxon Protestant)', 즉 앵글로색슨 계통의 백인 개신교도들의 피난처와 다름없었다. 태생적으로 자유분방한 헤밍웨이에게 이 보수적인 마을은 그야말로 가스실처럼 질식할 것만 같은 공간이었다. 그의 일거수일투족은 중산층의 보수적인 가치관과 충돌을 빚을 수밖에 없었다.

헤밍웨이가 '어니스트'라는 이름을 끔찍이 싫어한 것도 따지고 보면 지나치게 경건하고 점잖은 오크파크 마을과 무관하지 않다. 본디 그의 부모는 외할아버지 '어니스트 홀'의 이름을 따서 그의 이름을 지었다. 그러나 헤밍웨이는 자신의 이름을 영국 극작가요 소설가인 오스카 와일드의 희곡 작품 『점잖음의 중요성』(1895)의 주인공과 관련지었다. 그는 '진지하다'는 뜻이 있는

헤밍웨이 가족이 살던 오크파크는 시카고에서 16킬로미터밖에 떨어지지 않았으나 매우 보수적인 마을이었다. 이웃 사람들과 함께 찍은 이 사진에서 의사였던 어니스트의 아버지 클래런스 헤밍웨이는 왼쪽에 서 있고 어니스트(왼쪽)와 마셀린이 그 앞에 있는 작은 수레에 타고 있다.

'어니스트'라는 이름이 어딘지 모르게 상상력도 없고 표정도 없으며 부르주아적이라고 생각하였다. 그래서 그는 '위미지', '테이티', '스타인', '헤밍스타인', '헤모로이드', 그리고 마침내 가부장적 냄새가 짙게 풍기는 '파파'라는 별명으로 자신을 부르곤 하였다. 영국 작가 조지 오웰은 본디 이름이 '에릭'이었다. 그는 "'에릭'이라는 이름의 영향을 지워 버리는 데 무려 삼십 년 가까이 걸렸다."라고 고백한 적이 있다. 오웰처럼 이름을 바꾸지는 않았지만 헤밍웨이도 이 영국 작가처럼 자신의 이름에서 벗어나려고 안간힘을 썼던 것이다.

오크파크의 문화적 전통과 교회와 음악이 어머니 그레이스의 세계를 상징한다면, 북부 미시간과 그 주변 호숫가와 원시림의 자연은 아버지 클래런스의 세계를 상징한다. 그의 아버지는 해마다 여름이면 식구들을 데리고 북부 미시간 주 월룬레이크 북쪽 윈드미어에 있는 별장에서 여름철을 보냈다. 어린 시절부터 헤밍웨이는 이곳에서 아버지에게서 낚시와 사냥을 배웠다. 겨우 세 살밖에 되지 않은 나이에 그는 아버지를 따라 낚시를 하여 제법 고기를 잘 잡았다. 뒷날 그의 어머니는 이 무렵의 일을 회고하면서 "어니스트는 고기가 언제 미끼를 무는지 잘 알고 있었고, 혼자 힘으로 고기를 뭍으로 끌어올렸다."라고 말한 적이 있다. 이렇게 어린 시절 그가 미시간 북부 지방의 호수와 개울과 들판에서 보낸 경험은 아주 소중하였다. 이때부터 그는 평생토록 낚시와 사냥 등 야외 생활을 좋아하고 자연을 사랑하게 되었기 때문이다. 또한, 폭력과 인내와 용기 같은 남성적인 덕목을 키운 곳도 바로 이 북부 미시간 지방이었다. 북부 미시간은 헤밍웨이에게 자연에 관한 관심과 애정을 뛰어넘어 작품을 쓰는 데에도 아주 귀중한 바탕이 되었다. 뒷날 그는 여러 단편소설의 중요한 배경과 작중 인물 그리고 사건을 이 지방에서 가져왔다.

이 북부 미시간 마을은 헤밍웨이에게 또 다른 의미가 있었다. 그때까지도 인디언 원주민들이 거주하던 이 지방은 그에게 잃어버린 낙원과도 같은 곳이었다. 문명의 손길이 아직 뻗치지 않은 이곳에는 원시적 삶의 방식이 그대로 남아 있었다. 오지브웨이 인디언들은 이곳에서 자작나무 껍질을 채취하며 살았다. 뒷날 전쟁과 세파에 시달리며 육체적·정신적으로 상처 입고 지칠 때 헤밍웨이는 으레 이곳에 찾아와 위로를 받았다. 흔히 미국의 국민 시인을 일컫는 로버트 프로스트는 「삯일꾼의 죽음」(1914)이라는 작품에서 "고향이란 찾아가야 할 때면 언제나 받아 주는 곳"이라고 노래한 적이 있다. 이 북부 미시간 마을이야말로 헤밍웨이에게는 참다운 의미의 고향이었다. 그에게는 시카고 교외의 중산층 도시 오크파크보다 인디언들이 사는 이곳 월룬레이크가 오히려 고향처럼 아늑하고 아련한 향수를 불러일으켜 주었던 것이다.

2. 오크파크에서 캔자스시티로

헤밍웨이가 오크파크의 리버포리스트 고등학교를 졸업하던 1917년은 미국 역사에서 아주 중요한 시기였다. 바로 이해 봄에 미국은 비로소 제1차 세계대전에 참여했기 때문이다. 그때까지 미국은 자국이 다양한 국가에서 이주한 사람들로 이루어진 나라여서 만약 외국에서 발생한 전쟁에 참여한다면 국내에서 문제가 발생할 소지가 있다며 먼로 독트린에 따라 확고하게 중립을 표명해 왔다. 그러나 고립 정책을 고수하던 미국의 선박들이 독일 U보트에 의해 계속 파괴되자 미국인들은 분노를 드러내기 시작했으며, 이른바 '치머만 전보(Zimmermann telegram)' 사건은 미국의 독일에 대한 반감이 높아지게 하여 미국이 제1차 세계대전에 참전하는 계기가 되었다. 전쟁이 한창이던 1917년 1월 16일, 독일 제국의 외무 장관 아르투르 치머만이 멕시코 주재 독일 대사에게 보낸 비밀 전보문에는 멕시코로 하여금 일본을 동맹에 끌어들여 미국을 공격하게 하고, 그 대가로 멕시코가 미국에 빼앗겼던 텍사스, 뉴멕시코, 애리조나를 되돌려 주겠다고 제안하라는 내용이 들어 있었던 것이다. 멕시코 전쟁에서 얻었던 땅을 빼앗길 위험에 놓이자 그동안 평화를 주장하며 전쟁 참가를 꺼려 온 우드로 윌슨 대통령은 1917년 4월, 드디어 독일과 오스트리아-헝가리 제국에 선전포고를 하기에 이르렀다. 이때 미국은 헌법을 개정하여 징병제를 부활하고 독신 남성들을 징집하였다.

헤밍웨이는 징집에 응모하여 제1차 세계대전에 참가하고 싶었다. 어렸을 적 그는 구약성서 읽기를 좋아했는데 거기에는 전쟁 이야기가 많이 실려 있기 때문이었다. 그는 작가가 되는 데 전쟁에 참가하여 직접 전장에 나가는 것보다 더 좋은 경험은 없다고 판단하였다. 비록 뒷날이기는 하지만, 그는 레프 톨스토이의 『세바스토폴 이야기』(1856)를 언급하면서 전쟁을 경험하는 것이 작가에게 얼마나 소중한 경험이 되었는지를 강조한 적이 있다. 헤밍웨이가 실제로 전쟁에 참여하러 갔던 나라는 이탈리아, 터키, 스페인, 중국, 프랑스, 다섯이나 된다. 그는 고등학교를 졸업하자마자 전쟁에 참가하고 싶은 생각이 간절했지만, 부모의 반대에 부딪히고 말았다. 더구나 고등학교 시절 복싱하다 입은 상처로 시력이 매우 나빠졌기에 어쩔 수 없이 징집 응모를 포기하는 수밖에 없었다.

헤밍웨이가 차선책으로 택한 길은 저널리즘이었다. 그는 고등학교를 졸업하자마자 곧바로 미주리 주 캔자스시티로 가서 그곳에서 발행하던 신문 『캔자스시티 스타』의 수습기자가 되었다. 이 무렵 그가 다닌 고등학교에서는 졸업생 가운데 3분의 2가량이 대학에 진학하였다. 백 년 가까이 지난 지금도 미국에서 대학 진학률이 겨우 34퍼센트밖에 되지 않는다는 사실을 염두에 두면 이 무렵 오크파크의 교육 수준이 어떠했는지 쉽게 짐작할 수 있다. 그의 부모는 아들이 아버지처럼 오하이오 주의 오벌린 대학에 진학하여 의사가 되기를 바랐지만, 그는 대학 진학을 포기하고 일찍이 직업 전선에 뛰어들었다.

이렇게 헤밍웨이가 고등학교를 졸업하자 기다렸다는 듯이 대학 진학을 포기하고 직업 전선에 뛰어든 데에는 크게 두 가지 이유가 있었다. 첫째, 그는 질식할 것 같은 집안 분위기와 청교도적인 오크파크에서 하루빨리 벗어나고 싶었다. 앞서 언급하였듯이 여러 번 가출한 그로서는 이제 부모의 보호에서 완전히 벗어나 독립적인 생활을 하고 싶었다. 그가 고향 오크파크를 떠나 미

어니스트가 『캔자스시티 스타』에서 일한 기간은 일곱 달이 채 되지 않았지만, 그 경험은 그에게 두 가지 면에서 매우 중요했다. 우선, 『스타』에서 사용하는 『기사 작성 지침서』는 글쓰기에서 단문을 사용하는 것이 매우 중요하다는 것과 첫 문장에서 독자의 관심을 끌어야 한다는 것을 가르쳐 주었다. 또한, 그곳에서 함께 일한 테드 브럼벡은 시력이 좋지 않은 사람도 적십자 부대에서 앰뷸런스를 운전할 수 있다는 사실을 알려 주었다. 두 사람은 함께 입대했고, 이 사진에서 어니스트는 제4 지구대 소속 앰뷸런스에 앉아 있다.

주리 주로 간 것은, 말하자면 집안과 고향에 대해 독립을 선언한 것과 같았다.

　헤밍웨이가 평생 드러낸 반지적(反知的)인 태도는 그가 대학에 진학하지 않았다는 사실과 무관하지 않다. 학구적인 것을 몹시 싫어한 그는 대학 캠퍼스보다는 실제 삶에 무게를 실으려고 하였다. 대학은 사람들에게 외부 세계의 현실을 차단함으로써 지식과 이해를 증진하기보다는 오히려 제한한다고 생각하였다. 대학 강단에서 문학을 강의하는 교수들을 겨냥하여 헤밍웨이는 "글을 쓸 줄 아는 사람이라면 대학에서 글 쓰는 법을 가르치지는 않을 것이다."라고 꼬집었다. 특히 그는 자신의 작품을 학구적으로 분석하고 비평하는 학자들에게 거의 적개심에 가까운 반응을 보였다. 심지어 직업적 비평가를 '문학적 환관(宦官)'으로 매도할 정도였다. 적어도 이 점에서 그는 동시대의 작가 윌리엄 포크너와 크게 다르다. 비록 고등학교를 중퇴했지만, 포크너는 헤밍웨이처럼 지적이고 학구적인 것을 그토록 싫어하지는 않았다. 싫어하기는커녕 미시시피 대학교와 버지니아 대학교에서 학생들이나 교수들과 함께 일련의 모임에 참석하여 허심탄회하게 자신의 작품에 관해 토론을 벌였다.

　헤밍웨이가 일찍부터 신문기자의 길을 택한 것은 작가가 되겠다는 꿈을 품고 있었고, 이러한 꿈을 실현하려면 신문기자 생활이 좋은 밑거름이 된다고 판단했기 때문이었다. 고등학교 시절 그의 성적표를 보면 다른 어떤 과목보다도 영어 과목 점수가 높았다. 물론 한때 영어 작문 과목에서 D 학점을 받은 적도 있지만, 그것은 교사가 지적했던 것처럼, 그의 글씨가 해독할 수 없을 만큼 악필이었기 때문이었다. 영어 교사들은 하나같이 헤밍웨이의 글 쓰는 재능이 뛰어나다고 판단하였다. 고등학교 연감에는 "어니[스트]보다 더 똑똑한 친구는 찾을 수 없다."라고 기록되어 있다. 헤밍웨이는 글을 잘 쓸뿐

1916년 발간된 고등학교 연감 『태뷸러』. 어니스는 『태뷸러』에 모두 세 편의 단편과 네 편의 시를 게재했다. 22호에는 단편 「세피 진간(Sepi Jingan)」이 실렸다.

더러 글쓰기를 좋아하였다. 더구나 고등학교 재학 시절 그는 학교 연감 『태뷸러』와 학교 신문 『트래피즈』에 산문 소품과 희곡을 발표하는 등 일찍이 창작에 관심을 보였다.

헤밍웨이는 신문기자로서 삶의 현장에서 구체적인 경험을 쌓으면 작가가 되는 데 좋은 훈련이 된다고 생각하였다. 그는 "직접 눈으로 보지 않은 것에 관해 무언가를 진실하게 쓴다는 것은 몹시 어렵다."라고 말한 적이 있다. 실제로 이 무렵 『캔자스시티 스타』는 미국에서도 몇 손가락 안에 꼽히는 저명한 신문이었다. 헤밍웨이가 수습기자로 있을 무렵이 신문사에서 일하는 기자들에게는 하나같이 소설을 쓰겠다는 포부가 있었다. 실제로 신문기자 생활은 뒷날 그가 작가가 되는 데 더할 나위 없이 소중한 경험이 되었다. 그는 "『스타』에서 단순한 평서문을 쓰는 법을 억지로 배웠다. 이것은 누구에게나 도움이 된다. 신문사 일은 젊은 작가에게 해롭지 않으며 제때에 빠져나올 수만 있다면 도움을 줄 수 있다."라고 밝힌 적이 있다. 미국 문학사를 살펴보면 작가가 되기 전에 신문기사 생활을 한 사람이 적지 않다. 가령 마크 트웨인을 비롯하여 스티븐 크레인, 시어도어 드라이저, 잭 런던, 싱클레어 루이스 등이 그러하였다.

3. 전쟁과 사랑

『캔자스시티 스타』의 기자로 일할 무렵 입대에 대한 미련을 아직 버리지 못한 어니스트 헤밍웨이는 미국 적십자사에서 앰뷸런스 운전병을 모집한다는 소식을 전해 듣는다. 운전병은 전투에 투입되는 정규병이 아니므로 시력은 그다지 문제 되지 않았지만, 다만 그의 나이가 문제였다. 이때 헤밍웨이 나이가 겨우 열아홉 살이었다. 운전병에 응모하려면 적어도 스무 살은 되어야 하기에 그는 지원서를 작성하면서 태어난 해를 1899년이 아니라 1898년으로 한 살 높여 기재하였다. 오랫동안 그의 출생연도가 1898년으로 잘못 전해온 까닭이 바로 여기에 있다. 그리하여 1918년 5월 초 그는 미국 적십자 앰뷸런스 부대원의 일원으로 뉴욕에서 배를 타고 프랑스를 거쳐 이탈리아로 건너갔다.

이 무렵 헤밍웨이의 직책이나 계급, 그리고 그가 입은 부상에 대해서는 아직도 비평가와 학자들 사이에 논란이 계속되고 있다. 그는 사병으로 입대했는가, 아니면 장교로 입대

미국 적십자사 앰뷸런스 부대원으로 제1차 세계대전에 자원 입대한 헤밍웨이. 장교복을 입고 있다.

제1장 | 거인의 삶과 죽음

최전방 근무를 자원한 지 2주일이 조금 지난 1918년 7월 8일. 어니스트가 이탈리아 포살타 디 피아베에서 자전거를 타고 병사들에게 초콜릿과 담배 등 보급품을 나눠 주고 있을 때 근처에서 적의 포탄이 터지는 바람에 한 명이 사망하고 나머지는 중상을 입는 사건이 발생했다. 어니스트는 다리와 발바닥에 부상을 당했지만, 중상을 입은 다른 병사를 등에 업고 비틀거리며 야전 응급치료소로 향했다. 이 부상으로 그는 밀라노에 있는 미국 적십자사 병원에 입원하여 그의 첫사랑이 된 간호사 애그니스 본 쿠로스키를 만났다.

했는가? 적군과 전투 중에 부상했는가, 아니면 전투와는 무관한 일로 부상했는가? 헤밍웨이가 맡은 앰뷸런스 운전 일은 사병이 해야 할 일이지만, 그는 장교로 임관되었다. 외국에서 벌어지는 전투에 참가하기 때문에 정부에서는 그를 명예 소위로 임명하였다. 이 무렵 그가 군복을 입고 찍은 사진을 봐도 사병보다는 장교에 가깝다.

헤밍웨이가 부상당한 것도 적과 교전 중이 아니라 포살타 디 피아베에서 이탈리아 병사들에게 보급품을 나눠 주던 중에 일어난 일이었다. 좀 더 자세히 말해서 1918년 7월 8일 자정이 지난 직후 전선에서 그가 병사들에게 초콜릿, 커피, 담배, 우편엽서 등을 분배하던 중 오스트리아 군대가 쏜 박격포탄이 떨어졌다. 바로 그의 옆에 있던 병사가 즉사할 정도로 포탄의 위력은 엄청났다. 한때 사망한 것으로 간주할 만큼 헤밍웨이의 부상은 매우 심하였다. 사망하지는 않는다 해도 혹시 다리를 절단하지나 않을까 하여 그는 적잖이 걱정하였다. 근처 야전 병원에서 응급치료를 받은 뒤 헤밍웨이는 밀라노 병원으로 후송되어 그곳에 있는 미국 적십자 병원에서 본격적으로 치료를 받았다. 의사들은 그의 무릎과 다리에서 무려 2백여 개의 파편을 제거하였다. 전기 작가들에 따라 파편 수를 227에서 237개로 계산하지만 정확한 수를 헤아린다는 것은 불가능할 뿐만 아니라 이렇다 할 의미도 없다. 부상당한 2백여 부위 중에서 오직 열 군데만이 치명적이었다.

헤밍웨이는 자신이 직접 부상당하기 한 달쯤 전에 이와 비슷한 광경을 목격한 적이 있다. 이탈리아의 밀라노에 도착한 직후 롬바르드 근처 군수공장이 폭발하는 바람에 그는 폭발 현장으로 시체를 수습하러 갔다. 팔다리가 잘린 채 철조망에 걸려 있는 시체들을 모으면서 그는 처음으로 전쟁의 비인간성과 처참함을 목격하였다. 그리고 보니 헤밍웨이가 유럽에 도착하여 처음 목격한 이 처참한 광경은 앞으로 자신과 그의 부대원에게 닥칠 재앙의 전주곡이었다고 할 수 있을 것이다.

이렇게 앰뷸런스를 제대로 운전해 보지도 못하고 중상을 입은 헤밍웨이는 제1차 세계대전이 휴전될 때까지 밀라노에 있는 미국 적십자 병원에서 치료를 받으며 지냈다. 그런데 이때 그의 삶에 일대 전환점이 되는 일이 일어난다. 밀라노 병원에 근무하던 미국인 간호사 애그니스 본 쿠로스키를 만나 사랑하게 된 것이다. 펜실베이니아 주 저먼타운 출신인 그녀는 이름에서도 알 수 있듯이 독일인 아버지와 미국인 어머니 사이에서 태어났다. 수도 워싱턴에서 도서관 사서로 근무하다가 뉴욕에서 간호 교육을 받고 미국 적십자가 이탈리아 밀라노에 문을 연 병원에 파견되었다. 헤밍웨이보다 무려 일곱 살 연상인 쿠로스키는 처음에 그를 의도적으로 멀리하였다.

그러나 얼마 지나지 않아 쿠로스키는 헤밍웨이의 매력에 끌려 그를 사랑하게 되었지만, 젊은 미국인 환자가 그녀를 사랑하는 것만큼 그를 열렬히 사랑하지는 않았다. 1919년 1월 헤밍웨이는 그녀와 결혼하기 위하여 일자리를 얻으려고 귀국했고, 쿠로스키는 그가 미국에 돌아가자 곧바로 그에게 편지를 보내 절교를 선언하였다. 그에게 보낸 편지에서 쿠로스키는 자신과 결혼하기에는 헤밍웨이의 나이가 너무 어리다고 털어놓았다. 그러면서 지금은 마음이 아프겠지만, 앞으로 좀 더 성숙하면 자신이 이렇게 결정한 것을 오히려 고맙게 생각하리라는 말도 잊지 않았다.

실제로 쿠로스키는 처음부터 헤밍웨이와 결혼할 생각이 없었던 듯하다. 그가 귀국하자마자 곧바로 그녀는 이탈리아 귀족 출신 소령과 만나 사랑에 빠졌다는 사실이 이 점을 뒷받침한다. 쿠로스키와의 관계에 대해 헤밍웨이는 한 친구에게 "부목(副木)을 댄 사내와 섹스하려면 숙련된 간호사가 필요

뉴욕 출신 독일계 미녀 간호사 애그니스 본 쿠로스키(1892~1984)는 어니스트보다 일곱 살이 더 많았지만, 강렬하게 그의 마음을 사로잡았다. 전기 작가들은 어니스트가 미시간에서 이미 성적 경험을 한 적이 있지만, 그의 진정한 첫사랑은 애그니스였다고 말한다. 사진에서 헤밍웨이 왼쪽에서 수줍은 듯 내숭을 떨며 밑을 내려다보는 여인이 애그니스이다.

하였다."라고 자랑을 늘어놓았지만, 호기를 부려 거짓말했다는 혐의가 짙다. 왜냐하면 쿠로스키는 이 무렵 두 사람의 관계가 성적인 접촉 없이 순진하기 이를 데 없었다고 밝혔기 때문이다.

   헤밍웨이가 실제로 쿠로스키와 성관계를 맺었는지는 그리 중요하지 않다. 여기서 중요한 것은 그가 갑자기 쿠로스키에게 실연당했다는 사실이다. 실연의 경험은 그에게 엄청난 결과를 낳았다. 다리 부상 못지않게, 아니 그보다도 훨씬 큰 정신적 외상 또는 외상성 신경증을 남겼다. 그러나 씻을 수 없는 이 실연의 상처는 뒷날 그가 작가로 성공하는 데 소중한 밑거름이 되었다. 앞서 이미 밝혔듯이 헤밍웨이는 "불행한 유년 시절이 작가에게 좋은 교육이 된다."라고 말했지만, 실연의 상처야말로 작가에게 더할 나위 없이 좋은 교육이 될 것이다. 잘 알려진 바와 같이 헤밍웨이는 『무기여 잘 있어라』(1929)에서 쿠로스키를 모델로 삼아 여주인공 '캐서린 바클리'라는 인물을 창조하였다. 훤칠한 키에 날씬한 몸매, 금발이나 금발에 가까운 긴 머리카락, 예쁘장한 얼굴 등 적어도 외모에서 두 여성은 서로 적잖이 닮았다. 뒷날 이 소설을 읽은 쿠로스키는 자신이 헤밍웨이(프레더릭 헨리)의 정부(情婦)로 묘사된 것에 몹시 화를 내면서 그와 자신의 관계는 그렇게 진지한 것이 아니었다고 항변하였다.

지그문트 프로이트는 작가와 예술가는 흔히 현실에서 얻지 못한 것을 예술 작품을 통해 얻으며 대리 만족을 느낀다고 지적하였다. 그의 이론에 의하면 예술가에게 작품이란 곧 소망 실현이요 심리적 보상인 셈이다. 그러나 헤밍웨이는 프로이트의 이론에서 한 걸음 더 나아가 현실에서 실패한 쿠로스키와의 사랑을 작품으로 써서 대리 만족을 느꼈을 뿐만 아니라, 자신을 배반한 그녀에게 복수까지 하였다. 가령 자신을 버리고 다른 남성에게 간 그녀를 자기 앞에 무릎을 꿇고 자신이 원하는 대로 고분고분하게 따르는 정부(情婦)로 만드는가 하면, 한 비평가의 지적처럼 개성을 지닌 인간이 아니라 단세포 동물 "아메바처럼" 그에게 헌신적으로 봉사하는 여자로 묘사했다. 소설에서 캐서린은 프레더릭에게 "이미 '나'라는 존재는 없어요. 내가 바로 '당신'이에요. 나를 당신과 떼어 놓고 생각하지 마세요."라고 말한다. 또한, "당신이 내 종교예요."라고 말할 만큼 그녀는 프레더릭을 신(神)의 반열에까지 끌어올린다. 그런가 하면 자신의 아이를 분만하다가 목숨을 잃는 불행한 여인으로 그리기도 한다. 한마디로 헤밍웨이는 현실에서 이루지 못한 사랑을 자신이 원하는 대로 철저하게 완성한다. 더구나 앞으로 자세히 언급하겠지만, 쿠로스키는 뒷날 헤밍웨이의 실제 삶, 특히 여성과의 관계에서도 직접 또는 간접으로 자못 큰 영향을 끼치게 될 것이다.

4. 셔우드 앤더슨을 만나다

　　군복에 목발을 짚고 오크파크로 돌아온 어니스트 헤밍웨이는 귀향의 기쁨도 잠시, 곧 사회에 적응하는 데 적잖이 어려움을 겪었다. 그는 신체적으로 불구일 뿐 아니라 정신과 영혼에도 깊은 상처를 입었고, 더 나아가 도덕적으로도 상처 입은 정신적 절름발이와 다름없었다. 맬컴 카울리에게 보낸 편지에서도,「이제 나를 누이며」(1927) 같은 작품에서도 헤밍웨이는 한밤중에는 전깃불을 환하게 켜놓지 않고서는 제대로 잠을 이룰 수 없었다고 고백한다. 상처 입은 그에게 암흑은 곧 죽음과 같았기 때문이다. 이처럼 스무 살도 채 되기 전에 입은 상처는 생각보다 훨씬 심각하였다. 이 무렵 유행하던 용어로 표현하자면 헤밍웨이는 '셸 쇼크(전투 신경증)'나 '트라우마티즘(외상성 정신 장애)'을 앓고 있었다고 볼 수 있다. 발터 벤야민은 "전쟁터에서 돌아오는 병사들은 벙어리가 되어 돌아왔다. 그들은 의사소통 문제에서 전보다 못하면 못했지 더 낫지 않았다."라고 밝힌 적이 있다. 벤야민의 진단은 헤밍웨이에게도 거의 그대로 들어맞았다.

　　더구나 유럽의 자극적인 풍속, 전쟁의 흥분, 육체적 부상, 실연에서 비롯한 정신적 외상 등을 경험한 헤밍웨이에게는 여전히 독선적인 부모와 함께 사는 일상과 지나치게 경건한 오크파크의 생활이 지루하고 단조롭게 느껴졌다. 엎친 데 덮친 격으로 이탈리아 육군 병원에서 받은 다리 수술이 잘못되어 그는 다시 한 번 수술을 받아야 하였다. 그야말로 외롭고 고독한 데다 의기소

이탈리아 전선에서 부상을 입고 1919년 고향 오크파크에 돌아온 헤밍웨이.

침하고 질식할 것만 같았다. 이 무렵 헤밍웨이는 T. S. 엘리엇의 말을 빌려 표현한다면 '삶 속의 죽음' 또는 '죽음 속의 삶'을 사는 것과 크게 다르지 않았다. 그의 단편소설 「병사의 집」(1925)에서도 엿볼 수 있듯이 고향은 이제 전쟁터에서 돌아온 귀환 장병에게 옛날의 고향이 아니었다. 헤밍웨이처럼 가뜩이나 집안과 갈등을 빚고, 자라난 지역을 싫어한 사람에게 고향은 낯선 타향과도 같은 곳이었다. 특히 그동안 휴화산과도 같던 어머니와의 불화와 갈등은 마침내 활화산처럼 불을 내뿜으며 폭발하였다.

전쟁의 상처와 그 후유증에서 조금씩 벗어나기 시작하자 헤밍웨이는 캐나다의 토론토로 자리를 옮긴다.「병사의 집」에서 주인공 해럴드 크렙스가 오클라호마 주에 있는 집을 떠나 캔자스시티로 가려고 하는 것처럼 헤밍웨이도 이제 오크파크를 떠나 새로운 곳에서 삶의 터전을 마련한다. 그러나 그는 한 걸음 더 나아가 아예 미국을 떠나 다른 나라로 거처를 옮긴다. 1920년 1월 그가 오크파크와 북부 미시간을 떠나 캐나다로 이주하여 『토론토 스타』에서 일하게 된 것은 어찌 보면 당연한 결말이라고 할 수 있다.

허먼 멜빌은 『모비딕』(1851)에서 화자 이시미얼의 입을 빌려 드넓은 대양을 두고 "나의 하버드 대학이요 나의 예일 대학"이라고 말하였다. 가정 형편이 여의치 않아 일찍이 제도 교육을 접고 상선이나 고래잡이배에서 잔뼈가 굵은 그에게 광활한 바다야말로 하버드 대학이나 예일 대학 못지않은 교육의 장(場)과 다름없었다. 멜빌에게 바다가 학교 구실을 하였다면, 헤밍웨이에게는 유럽의 전쟁터가 그 역할을 맡았다. 비록 멜빌의 경우와 같다고 할 수는 없어도 그는 이 전쟁터에서 무척 많은 것을 배웠다. 그는 스티븐 크레인을 좋아하면서도 선배 작가의 창작 방법에 적잖이 불만을 품고 있었다. 잘 알려진 바와 같이 크레인은 『붉은 무공 훈장』(1895)에서 남북전쟁을 소재로 삼았지만, 전쟁이 일어났을 때 그는 아직 태어나기도 전이었다. 그래서 그는 오직 남북전쟁에 관한 여러 기록에 의존하여 이 작품을 썼던 것이다. 헤밍웨이는 크레인이 전쟁을 직접 경험하지도 않고 역사적 기록과 상상력에만 의존하여 집필하였기에 작품에 진정성이 없다고 판단하였다.『움직이는 축제』(1964)에서 헤밍웨이는 레프 톨스토이를 언급하면서 이 러시아 작가의 작품과 비교하면 크레인의 작품은 "전쟁을 보지 못하고 오직 전쟁에 관한 글과 연대기만을 읽은 병든 아이의 상상력"이 낳은 결과처럼 보인다고 지적하였다.

그러나 헤밍웨이가 전쟁터에서 배운 것은 그가 직업을 택하는 데 아직 별다른 도움이 되지는 못하였다. 여전히 작가가 되려는 꿈을 품고 있던 그는 밀라노 병원에 입원해 있는 동안에도 몇몇 단편소설을 써서 잡지에 기고하였다. 아직 문학적 재능을 충분히 계발하지 못한 상태여서 그의 작품은 기고하는 잡지마다 하나같이 거절당하기 일쑤였다. 그래서 그는 작가로서의 꿈을 잠시 접고 그가 그때까지 택한 유일한 직업, 즉 저널리즘으로 다시 돌아갈 수밖에 없었다.

헤밍웨이가 캐나다의 유명한 신문사에서 일하게 되기까지에는 주위 사람의 도움이 컸다. 북부 미시간에서 몸을 추스르고 있는 동안 그는 페토스키 공립도서관에서 제1차 세계대전에서 겪은 경험에 관하여 강연한 적이 있다. 이때 청중 중에 '해리어트 코너블'이라는 여성이 있었다. 그녀는 헤밍웨이의 어머니 그레이스의 친구로 그녀의 남편은 캐나다에서 사업가로 성공한 사람이었다. 헤밍웨이가『토론토 스타』에서 일하게 된 것은 바로 그녀의 남편 랠프가 그를 편집장에게 소개한 덕분이었다. 그가 맡은 일은 정식 신문기자로 사건을 보도하는 것이 아니라, 이 신문사에서 주말마다 발행하는 주간지『토론토 스타 위클리』에 여러 주제로 글을 기고하는 것이었다. 이 신문사를 그만둘 때까지 헤밍웨이는 이 주간지에 30여 편의 글을 썼고 이 글은『바이라인 헤밍웨이』(1967)라는 책에 모두 수록되어 있다.

1920년 10월 헤밍웨이는 시카고로 돌아와 어렸을 적부터 친구인 빌 스미스의 형 켄리 집에서 지냈다. 그러다가 그해 5월 『토론토 스타』와의 계약이 끝나 일자리도 없이 빈둥거리던 그는 미국 협동조합에서 발행하던 월간 잡지사에 부편집자로 취직하였다. 이때 그가 시카고에서 두 사람을 만난 것은 그의 삶에서 결정적인 전환점이 되었다. 한 사람은 이 무렵 미국 문단의 대가 격인 셔우드 앤더슨이고, 또 한 사람은 그의 첫 번째 아내가 될 해들리 리처드슨이다. 헤밍웨이에게 앤더슨을 소개해준 사람은 광고업에 종사하던 켄리 스미스였다. 앤더슨은 프랑스 파리에서 여섯 달 동안 살다가 방금 귀국하여 시카고에서 살고 있었다. 헤밍웨이의 문학적 재능을 발견한 그는 파리에 있는 친구들에게 그를 소개하는 편지를 써주었다. 앤더슨은 에즈라 파운드에게 보낸 편지에서 "헤밍웨이는 탁월한 재능을 지닌 젊은입니다. 앞으로 [작가로서] 성공하리라고 믿어 의심치 않습니다."라며 칭찬을 아끼지 않았다. 앤더슨은 윌리엄 포크너가 문단에 데뷔하는 데 도움을 주었듯이 헤밍웨이가 문단에 데뷔하는 데에도 적잖이 도움을 주었다. 또한, 헤밍웨이는 켄리의 집에서 칼 샌드버그를 만나 그가 낭송하는 자작시를 듣기도 하였다. 그러니까 이 무렵 그는 시카고에서 미국 문단의 대가 두 사람을 직접 만났던 셈이다. 이 두 문인은 미국 문학사에서 흔히 '시카고 르네상스'로 일컫는 시기에 주역을 맡았다.

　　미주리 주 세인트루이스에서 사는 해들리 리처드슨은 켄리 스미스의 여동생 케이티의 친한 친구로 그녀를 만나기 위해 시카고에 왔다. 해들리는 애그니스 쿠로스키보다도 한 살이 더 많았기에 헤밍웨이보다는 무려 여덟 살이나 연상이었다. 피아니스트가 되려고 하다가 건강이 나빠서 포기한 해들리는 큰 키에 몸매가 아름다운 금발 여성이었다. 신체적 특징으로 보면 어느 모로 보나 쿠로스키와 닮은 데가 많았다. 헤밍웨이는 해들리를 처음 보는

어니스트의 첫 번째 아내 해들리 리처드슨. 그는 어머니한테서 느끼지 못한 모성애를 그녀에게서 느꼈다.

순간 그녀에게 매료되었다. "내가 결혼하려는 여성이 바로 나타났구나."라고 말할 정도였다. 헤밍웨이는 시카고에, 해들리는 세인트루이스에 머물면서 서로 떨어져 지내는 동안 두 사람의 관계는 더욱 깊어졌다. 서양의 옛 격언에 "사랑과 부재(不在)는 마치 불과 바람 같아서, 큰 것은 더욱 활활 타오르게 하고 작은 것은 아예 꺼버린다."라는 말이 있다. 촛불은 바람이 조금만 불어도 꺼지지만, 불난 집에 강풍이 불면 더욱 거세게 타오르는 현상에 빗댄 표현이다. 이 격언처럼 서로 멀리 떨어져 있는 동안 두 사람의 관계가 깊어진 것을 보면 그들의 사랑은 일시적인 감정이 아니라 진실하고 의미 있는 감정이었던 것 같다.

해들리는 비록 신체적 특징이 쿠로스키와 비슷할지는 몰라도 다른 면에서는 그녀와 하늘과 땅만큼이나 차이가 났다. 유산을 상속받았을 뿐 이렇다 할 직업이 없는 해들리와 비교해 볼 때 '간호사'라는 안정된 직업이 있는 쿠로스키는 훨씬 독립적이고 자기 의존적이고 계산적인 여자였다. 쿠로스키가 미래가 불확실하고 부상당한 연하의 청년을 버리고 이탈리아 귀족을 연인으로 택한 것만 봐도 잘 알 수 있다. 쿠로스키가 남성 위에 군림하고 지배하려는 성격이 강하다면, 해들리는 다소곳하고 순종적이고 헌신적이었다. 해들리는 헤밍웨이가 작가로서 성공을 거두는 데 그야말로 물심양면으로 내조한 현모양처였다. 한마디로 쿠로스키가 헤밍웨이의 사랑을 배신한 여성이라면, 해들리는 그들의 사랑을 싹트게 하여 마침내 '결혼'이라는 꽃을 피운 여성이었다. 두 사람의 결혼은 여섯 해밖에 지속하지 않았지만, 이혼하고 나

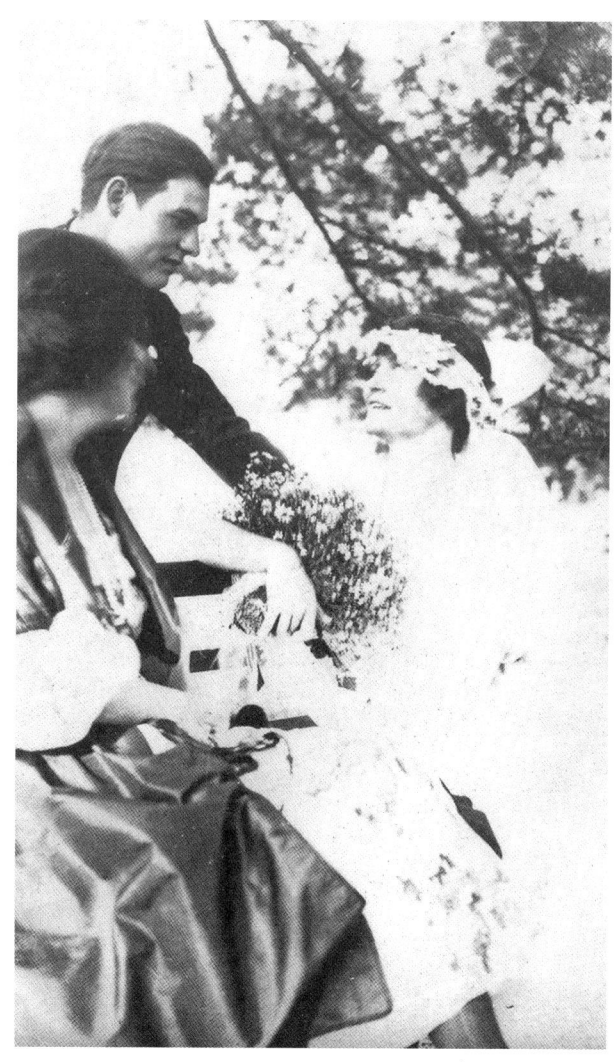

어니스트와 해들리는 서로 사랑했고, 두 사람 모두 결혼을 전제로 연애할 만큼 성숙했다. 해들리의 아버지는 그녀가 열네 살 때 자살했고 어머니도 막 세상을 떠난 뒤였다. 어니스트는 애그니스에게 실연당한 아픔에서 회복되는 중이었다. 어니스트의 친구들은 이 결혼에 반대했지만, 그의 어머니는 이를 아들이 성숙했다는 증거로 받아들였으며 헤밍웨이 집안의 친인척이 모두 그의 결혼식에 기꺼이 참석했다.

서도 헤밍웨이는 해들리를 탓하거나 비난하지 않고 그녀를 늘 고맙게 생각하고 있었다. 해들리는 해들리대로 만약 헤밍웨이와 모험적인 생활을 하지 않았더라면 자신의 삶은 훨씬 단조롭고 편협했으리라고 말하였다.

한편, 헤밍웨이는 여덟 살이나 많은 해들리에게서 모성애 같은 감정을 느꼈다. 그는 그동안 어머니 그레이스에게서 받지 못한 애정을 그녀에게서 얻으려고 하였다. 자애로운 어머니와 같은 해들리는 어머니 그레이스가 줄 수 없던 감정으로 그를 대하였다. 마침내 두 사람은 1921년 9월 미시간 주 호튼베이에서 결혼식을 올렸다. 해들리는 감독교파 교회에 다니고 헤밍웨이는 형식적으로 조합파 교회에 속해 있었지만, 두 사람은 감리교 교회에서 결혼식을 올렸다. 뒷날 두 번째 아내 폴린 파이퍼와 결혼하면서 그는 형식적이기는 하지만 가톨릭으로 개종하였다.

헤밍웨이가 파리와 인연을 맺는 데 결정적인 역할을 한 셔우드 앤더슨(1876~1941).

해들리와 결혼한 직후 헤밍웨이는 아내를 데리고 이탈리아에 갈 계획을 세우고 있었다. 그러나 이 소식을 들은 셔우드 앤더슨은 그에게 이탈리아 대신 프랑스 파리로 갈 것을 적극 추천하였다. 그는 파리야말로 아방가르드 문학과 예술의 메카라고 주장하였다. 게다가 『토론토 스타』가 헤밍웨이를 유럽 특파원으로 임명하는 바람에 그는 파리를 택할 수밖에 없었다. 제1차 세계대전 이후 프랑스 화폐가 평가 절하되는 한편, 달러화는 평가 절상되었기에 두 사람이 파리에서 생활하기에는 안성맞춤이었다. 이렇게 생활비가 적게 든 덕분에 이 무렵 많은 미국인 작가와 예술가가 파리로 몰려들었다.

5. '움직이는 축제' 파리

헤밍웨이 부부가 뉴욕 항을 출발하여 파리에 도착한 것은 1921년 12월이었다. 곧바로 그들은 파리의 센 강 좌안(左岸)에서도 가장 오래된 지역, 플라스 콩트르에스카르프 근처 카르디날 르무안 가 74번지에 있는 초라한 아파트에 거처를 마련하였다. 사정은 지금도 크게 다르지 않지만, 20세기 초 이 지역은 파리에서도 가장 황량한 곳으로 술주정뱅이들과 건달들이 득실거렸다. 헤밍웨이 부부는 이 건물에 방이 두 개 딸린 작은 아파트를 세냈다. 부모에게 보낸 편지에서 그는 이 아파트를 두고 "이제까지 본 아파트 중에서 가장 멋진 장소"라고 말했지만, 아무래도 반어적인 표현으로 받아들일 수밖에 없을 듯하다. 시끄럽고 비좁은 아파트에서 집필할 수 없자, 그는 무프타르 가에 있는 조그마한 호텔에 방을 하나 세내어 작업하였다. 헤밍웨이가 퍼뜨리고 또 학자들이 그대로 받아들인 소문에 의하면, 이 호텔은 바로 폴 베를렌이 사망한 곳으로 알려졌다. 실제로 이 프랑스의 상징주의 시인이 사망한 곳은 팡테옹 근처였다. 어찌 되었든 헤밍웨이는 가난과 무관심 속에서 창작 활동을 했다는 점에서 자신을 이 불행한 시인과 동일시하고 싶었는지도 모른다.

1923년 헤밍웨이가 프랑스에 갈 때 사용한 여권 사진.

해들리가 유산으로 받는 연간 수입이 3천 달러 정도였고, 헤밍웨이가

파리 5구에 있는 카르디날 르무안 가 74번지. 건물 벽에 붙어 있는 현판에는 어니스트와 해들리가 이 건물 4층에서 살았음을 밝히고 "파리에서 보낸 젊은 시절은 몹시 가난했지만, 무척 행복했다."라는 헤밍웨이의 회고를 기록해 놓았다.

『토론토 스타』에서 받는 돈은 이보다 적었다. 이 돈을 합치면 적은 액수는 아니었지만, 그렇다고 그다지 큰 액수도 아니었다. 이 무렵 프랑화 대비 달러화의 환율이 높았으므로 이들 신혼부부는 비교적 넉넉한 생활을 할 수 있었다. 그런데도 헤밍웨이가 이렇게 싸구려 아파트에서 신혼생활을 시작한 것은 재정적 이유보다는 도덕적 이유에서 비롯하였다고 보는 쪽이 옳을 것 같다. 문학가로서 청운의 꿈을 품고 남의 나라에 온 상황에서 호화롭게 산다는 것은 그의 정서에 걸맞지 않았다.

이 무렵 파리에는 미국과 영국은 물론이고 세계 여러 나라에서 많은 국외 이주자가 몰려들어 문학과 예술에 관심을 기울이고 있었다. 유럽 예술의 중심지라고 할 파리에 대해 헤밍웨이는 1950년 자신의 전기를 쓴 A. E. 호치너에게 "만약 당신이 젊은 시절 다행히 파리에서 살았다면 그 뒤 어디를 가든 파리는 평생 당신과 함께 남아 있을 것이다. 파리는 움직이는 축제이기 때문이다."라고 말한 적이 있다. 그가 사망한 뒤 파리 생활에 관한 글을 한데 모아 회고록을 출간할 때 이 '움직이는 축제'라는 제목을 달았다. 본디 이 표현은 기독교 용어로 부활절처럼 해마다 날짜가 바뀌는 기독교 축제일을 가리키지만, 헤밍웨이는 공간적 개념으로 사용하였다. 즉, 파리는 세계 어디를 가나 가슴속에 품고 다닐 수 있는, 말하자면 이동식 축제라는 뜻이다. 그 의미야 어찌 되었든 헤밍웨이의 말대로 제1차 세계대전 직후 파리는 그야말로 '움직이는 축제'와도 같았다. 젊은 예술가 지망생들과 국외 이주자들이 마치 밝은 불을 쫓아다니는 부나비처럼 환락과 쾌락을 찾아 이 카페에서 저 카페로 옮겨 다니며 예술가로서의 길을 모색하고 있었던 것이다.

그런데 이러한 국외 이주 예술가 중에서도 헤밍웨이만큼 성실한 작가 지망생도 찾아보기 어려웠다. 누구보다도 그는 자신의 창작에 진지한 태도를 보였다. 파리에 도착할 때부터 단순히 작가가 되려는 꿈에 그치지 않고 '뛰어난 작가'가 되려고 결심하였고, 그는 이러한 꿈을 이룩하기 위해 매진하였다. 또한, 헤밍웨이는 어느 작가 지망생 못지않게 철저하게 자기 훈련을 쌓았다. 겉으로는 무책임하고 방탕한 것 같으면서도 실제로 그는 자제력을 유지하며 예술가의 길을 찾고 있었다. 헤밍웨이는 남들이 잠들어 있는 새벽에 일어나 작품을 썼다. 그의 말대로 "그가 일찍이 품어온 야심은 미국에서 가장 훌륭한 산문 작가가 되는 것"이었고 그 야심을 성취하려고 온갖 노력을 기울였다.

파리에 산 지 일 년쯤 뒤 헤밍웨이 부부에게 큰 사건이 일어난다. 1922

년 12월 중순 해들리가 스키 여행을 하던 헤밍웨이와 합류하기 위해 파리 리옹 역에서 기차를 타고 스위스 로잔으로 가던 중 서류 가방을 분실했던 것이다. 그 가방에는 헤밍웨이가 그때까지 집필한 미출간 작품의 자필 원고, 타자 원고, 복사본 등이 들어 있었다. 1919년 미시간 주의 페토스키에서 쓴 작품에서부터 최근 파리에서 쓴 작품까지 몇 년 동안 집필한 원고가 포함되어 있었다. 이 원고를 분실했다는 사실을 알았을 때 헤밍웨이가 어떠한 반응을 보였을지는 쉽게 짐작할 수 있다. 1951년 예일 대학교의 영문학 교수 찰스 펜턴에게 그는 "그 분실로 충격이 너무 커서 그것을 잊기 위해 외과 수술을 받아야 할 정도였다."라고 털어놓는다. 물론 헤밍웨이는 처음부터 원고를 다시 써야 했고, 이러한 과정에서 좀 더 집중하여 글을 썼기에 오히려 다행스러운 일이었다고 주장하는 비평가들도 없지 않다.

파리에 머무는 동안 헤밍웨이는 여러 예술가를 만나 교류하면서 직접 또는 간접으로 문학 수업을 받는다. 예를 들어 프랑스 화가 앙드레 마송을 비롯하여 불가리아 출신의 프랑스 표현주의 화가 쥘 파스킨, 스페인의 화가 후안 미로와 파블로 피카소 등이 바로 그들이다. 그가 만난 문인으로는 에즈라 파운드, 거트루드 스타인, 제임스 조이스, 윌리엄 버드, 맥스 이스트먼, 링컨 스티븐스, 맥스 비어봄, 윈드햄 루이스, 찰스 스위니, 헨리 스트레이터, 로버트 맥애먼, 에드워드 오브라이언, 포드 매덕스 포드, 진 리스, 존 도스 패서스, 해럴드 롭, 아치볼드 매클리시, 어니스트 월시, F. 스콧 피츠제럴드, 제럴드 머피 등 그 이름을 하나하나 꼽을 수 없을 정도로 많다.

그런데 여기서 한 가지 찬찬히 눈여겨봐야 할 것은 헤밍웨이가 파리에서 만난 대부분 문인은 미국 동부에 있는 명문 사립 대학교를 나온 수재들이라는 점이다. 헤밍웨이처럼 고등학교만 졸업한 문인은 거의 없었다. 그제야 그는 대학에 진학해야 뒷날 후회하지 않으리라던 부모의 말이 실감 났지만, 이미 때는 늦었다. 그래서 그는 독서를 폭넓게 하여 제도 교육에서 얻지 못한 부분을 보충하려고 노력하였다. 레프 톨스토이, 표도르 도스토옙스키, 이반 투르게네프, 니콜라이 고골, 안톤 체호프 같은 러시아 작가들의 작품을 탐독하였고, 스탕달, 귀스타브 플로베르, 기 드 모파상 같은 프랑스 작가들의 작품을 읽었다. 토마스 만 같은 독일 작가들, 크누트 함순 같은 노르웨이 작가들에게도 관심을 보였다. 그런가 하면 러디어드 키플링, 조지프 콘래드, 조이스, D. H. 로렌스 같은 영국 작가들의 작품도 탐독하였다. 아울러, 마크 트웨인, 헨리 제임스, 스티븐 크레인, 셔우드 앤더슨, 거트루드 스타인, 에즈라 파운드, T. S. 엘리엇, 존 오해러 같은 미국 작가들의 작품을 읽는 일도 게을리하지 않았다.

이 무렵 헤밍웨이가 섭렵한 작가들은 국적이나 문학적 전통 또는 성향에서 매우 다양하지만, 그들에게서 한 가지 공통점을 찾아볼 수 있다. 몇몇 작가를 제외하고는 하나같이 사망한 작가들이라는 점이다. "죽은 사자보다는 살아 있는 개가 더 낫다."라는 서양 속담도 있지만, 헤밍웨이는 말하자면 '살아 있는 개' 쪽보다는 '죽은 사자' 쪽을 택하였다. 그는 생존 작가보다는 이미 작고한 문인들의 작품에 훨씬 더 큰 관심을 기울였다. 1947년 윌리엄 포크너에게 보낸 편지에서 그는 "살아 있는 작가들에 대해서는 조금도 읽어서는 안 됩니다. 언제나 사망한 작가들에 맞서 가장 훌륭한 작품을 써야 합니다."라고 말한다. 그의 태도는 "톨스토이는 예언자였다. 모파상과 발자크는 직업적인 작가였고, 투르게네프는 예술가였다."라는 그의 말에서도 단적으로 드러난다.

이렇듯 헤밍웨이는 사망한 작가들의 작품을 주로 실비아 비치가 운영

1928년 3월, 오데옹 거리 12번지에 있는 실비아 비치의 서점 '셰익스피어 앤드 컴퍼니' 앞에서 실비아와 그녀의 친구들과 함께 포즈를 취한 어니스트. 이 서점은 1919년 개점해서 1941년 폐점할 때까지 센강 좌안의 작가와 화가들이 모이던 장소였다. 실비아 비치는 책을 팔기도 했지만, 대여하기도 했기에 어니스트는 여기서 자주 책을 빌렸다. 그는 엄청난 독서광이었다.

하는 서점 '셰익스피어 앤드 컴퍼니'에 가서 읽거나 그곳에서 빌려다 읽었다. 이 무렵 파리 같은 유럽 문명을 상징하는 대도시에서 책을 읽으며 "문학의 새로운 신세계"를 탐험하는 것은 그에게는 참으로 소중한 경험이었다. 뒷날 이때 경험을 회고하면서 그는 "값진 보물을 얻은 것"과 같다고 술회한 적이 있다. 이러한 독서 습관은 뒷날에도 그대로 이어졌고, 야인적이고 행동과적인 성격과 기질과는 달리 그는 평생 지칠 줄 모르고 책을 읽는 애독가였다. 말하자면 책벌레라고 할 만큼, 닥치는 대로 책을 읽었다. 그는 쿠바의 핑카비히아 저택 서재에 무려 7,400여 권의 장서를 소장하고 있었다.

거트루드 스타인은 헤밍웨이를 처음 만난 순간을 회상하면서 "그는 현대인처럼 보이지만 박물관 같은 냄새가 난다."라고 말한 바 있다. 이 말은 그가 초기 작품에서 보여 주었던 과감한 실험성을 버리고 전통적인 기법으로 돌아갔다는 뜻으로 해석될 수 있겠지만, 그가 과거 작가들의 작품을 폭넓게 읽었다는 뜻으로 받아들여도 크게 틀리지 않을 것이다. 그러나 헤밍웨이는 단순히 과거 작가들을 답습하고 흉내 낸 것이 아니라 그 나름의 미학으로 자신의 것으로 만들어 냈다. 『뉴요커』 잡지 1950년 3월호에서 릴리언 로스와 진행한 인터뷰에서 그는 "나는 아주 조용히 시작하여 투르게네프를 때려눕혔다. 그러고 나서 좀 더 훈련한 뒤 모파상을 때려눕혔다. 스탕달과 두 번이나 무승부로 겨뤘고, 마지막 판에서는 내가 그보다 우세하였다."라고 밝혔다. 이어서 그는 "그러나 내가 정신이 나가거나 지금보다 상태가 더 좋아지지 않는 한 누구도 나를 톨스토이와 같은 경기장에 들어가게 할 수는 없을 것이다."라고 말하였다. 여기서 헤밍웨이가 문학이나 작가의 성공을 복싱 경기에 빗대는 것이 무척 흥미롭다.

 헤밍웨이가 살아 있는 작가들을 별로 좋아하지 않았던 것은 엘리엇에 대한 태도에서도 엿볼 수 있다. 물론 엘리엇이 생존 작가라는 사실 말고도 어쩌면 그의 지적인 면이 별로 마음이 들지 않았는지도 모른다. 1924년 10월 폴란드 태생의 영국 작가 조지프 콘래드가 사망했을 때 그를 추모하는 글에서 헤밍웨이는 콘래드를 다시 살려낼 수만 있다면 기꺼이 엘리엇의 뼈를 갈아 가루로 만들어 그의 무덤에 뿌리겠다고 말하였다. 아무리 엘리엇이 마음이 들지 않아도 그의 뼈를 가루로 만들어 콘래드의 무덤에 뿌린다는 것은 지나친 말이 아닐 수 없다.

 또한, 헤밍웨이는 단편소설 「엘리엇 부부」를 집필하기도 하였다. 파리 문학 수업 시절 알고 지내던 차드 파워스 스미스를 풍자한 작품으로 알려졌지만, 제목을 보면 엘리엇을 염두에 두고 있음이 틀림없다. 이 작품에서 주인공 엘리엇은 성적으로 무능한 남성이고 그의 아내는 동성연애자로 나온다.

그러나 따지고 보면 작가에게 제도 교육은 생각처럼 그렇게 중요하지 않을지도 모른다. 훌륭한 작가 중에는 대학 문턱에도 가보지 못한 사람이 얼마든지 있다. 물론 오늘날처럼 대학 교육이 널리 보급되지 않은 탓도 있지만, 마크 트웨인은 거의 제도 교육을 받지 못한 채 독학으로 문학 수업을 받았다. 19세기 '미국 문단의 딘(학장)'으로 대접받은 윌리엄 딘 하웰스도 트웨인과 크게 다르지 않다. 헤밍웨이의 동시대 작가로 범위를 좁혀 보더라도 윌리엄 포크너는 고등학교 졸업장도 받지 못하고 중퇴하고 말았다. 작가에게는 삶의 현장에서 배우는 교육이 훨씬 소중하다. 제도 교육을 많이 받은 작가일수록 삶의 경험을 구체적으로 형상화하지 못하고 자칫 현학적으로 설교를 늘어놓게 마련이다. 최근 박사학위를 걸머쥔 작가들이 적지 않지만, 헤밍웨이나 포크너와 비교할 때 그렇게 가슴 뭉클한 감동을 주지 못한다. 제도 교육을 많이 받은 이른바 '강단 작가들'에게서는 설탕 맛이 아닌 사카린 같은 인공 감미료 맛이 난다. 제도 교육을 많이 받은 작가일수록 뜨거운 가슴이 아닌 차가운 머리에 호소하기 때문이다. 독자들이 바라는 것은 뒤끝이 개운치 않은 인공 감미료가 아니라 미각을 자극하는 설탕이다.

파리에 머물며 문학 수업을 받는 동안 헤밍웨이가 가장 영향을 받은 작가라면 역시 에즈라 파운드, 제임스 조이스, 거트루드 스타인, F. 스콧 피츠제럴드를 빼놓을 수 없다. 헤밍웨이는 실비아 비치가 운영하는 서점에서 우연히 파운드를 처음 만났다. 헤밍웨이보다 무려 열네 살이나 많은 파운드는 유럽에는 1907년부터, 파리에는 1920년부터 살고 있던 대표적인 국외 이주자였다. 헤밍웨이가 그를 처음 만났을 때 파운드는 엘리엇의 『황무지』

(1922)의 편집을 막 마친 뒤였고, 조이스가 『율리시스』(1922)를 출간하는 데 결정적인 역할을 한 직후였다. 이렇듯 이 무렵 파운드는 헤밍웨이 전기 작가 제프리 마이어스의 표현을 빌리자면 "새로운 문학적 재능을 위해 산파 역할을 하는 비공식적인 문화부 장관"이었던 셈이다. 헤밍웨이는 파운드와 함께 테니스도 했고, 선배 작가에게 복싱을 가르쳐 주기도 하였다. 젊은 작가의 문학 재능을 간파한 파운드는 그가 문학가로 성공하는 데 온갖 힘을 기울였다. 『움직이는 축제』에서 헤밍웨이는 다른 사람을 위해 기꺼이 희생하는 파운드를 성인(聖人)에 빗댄다.

파리 체재 시절 헤밍웨이에게 문학적으로 큰 영향을 준 에즈라 파운드(1885~1972).

> 우리한테는 중요한 시인 파운드가 있는데 그 사람은 자기 시간의 5분의 1가량을 시를 쓰는 데 보낸다. 나머지 시간은 친구들의 물질적·예술적 재산을 늘리는 데 쓰려고 한다. (……) 그 사람은 다른 사람들에게 너무 친절하여 나는 늘 그를 일종의 성인으로 생각하였다. 물론 화를 잘 내었지만, 그것은 아마 많은 성인도 그랬을 것이다.

헤밍웨이가 파운드에게서 배운 것이 한두 가지가 아니지만, 그중에서도 정확하고 응축된 이미지를 구사하는 방법을 배운 것은 특히 눈여겨볼 만하다. 파운드에 대해 헤밍웨이는 "'모 쥐스트(mot juste)' – 하나밖에 없는 아주 적절한 말 – 를 믿는 사람, 나에게 형용사를 불신하도록 가르쳐준 사람"이었다고 털어놓는다. 그는 파운드의 제안을 받아들여 작품을 쓸 때 되도록 형용사를 사용하지 않으려고 하였다. 그의 문장이 마치 나뭇잎이 모두 떨어진 앙상한 나무와 같은 것은 바로 그 때문이다. 그러고 보니 헤밍웨이의 유명한 미학적 선언이라고 할 "산문은 실내 장식이 아니라 건축이다. 그리고 바로크 건축은 지나갔다."라는 명제도 좀 더 따지고 보면 파운드의 미학과 맞닿아 있음이 밝혀진다. 헤밍웨이는 파운드를 두고 "내가 비평가로서 가장 좋아하고 신뢰한 사람"이라고 못 박아 말할 정도였다.

헤밍웨이가 조이스를 처음 만난 것은 1922년 3월 역시 실비아 비치가 운영하는 서점에서였다. 술을 무척 좋아하던 조이스는 헤밍웨이를 자주 술자리에 초대했고, 헤밍웨이는 만취한 조이스를 집에 데려다주곤 하였다. 헤밍웨이가 끝까지 좋은 관계를 유지한 문인은 파운드와 조이스 두 사람뿐이었다. 이미 『더블린 사람들』(1914)과 『젊은 예술가의 초상』(1916)과 『율리시스』를 출간하여 모더니즘 소설의 대부로 T. S. 엘리엇과 어깨를 나란히 하던 조이스는 헤밍웨이의 작품 원고를 읽어 주었고, 헤밍웨이는 선배 작가의 작품을 읽고 연구하며 그 기법을 배웠다. 특히 헤밍웨이는 단편소설을 한데 모아 놓은 작품집도 아니고 그렇다고 엄밀한 의미에서 장편소설도 아닌 『더블린 사람들』에서 새로운 소설 장르를 발견하였다. 그리하여 『우리 시대에』(1925)에서 그도 아일랜드 작가의 장르적 실험을 꾀하려고 하였다. 또한, 조이스는 헤밍웨이에게 작품에서 군더더기를 제거하고 오직 필수적인 요소만을 다루고 의미를 직접 진술하기보다는 넌지시 암시하도록 가르쳤다. 그렇다면 헤밍웨이의 빙산 이론은 파운드 못지않게 조이스에게서 힘입은 바 크다 할 것이다.

스타인이 헤밍웨이에게 끼친 영향은 파운드나 조이스보다는 그리 크지 않아도 자못 중요하였다. 독일 유태계의 부유한 집안에서 태어난 스타인은 파리에서 모더니즘 미술 작품을 수집하고 소장하고 있었을 뿐 아니라, 미국 문단의 대모(大母)로서도 크게 활약하고 있었다. 셔우드 앤더슨은 파운드에게 헤밍웨이를 추천하는 편지를 쓴 것처럼 스타인에게도 편지를 보내 젊은 작가를 적극 추천하였다. 앤더슨은 그녀에게 "헤밍웨이 씨는 이곳에서 일어나고 있는 가치 있는 것을 모두 본능적으로 접하고 있는 미국인 작가"라고 칭찬하면서 그를 도와 달라고 부탁하였다. 헤밍웨이가 그녀를 '거대한 불타(佛陀)'에 빗댈 정도로 스타인은 몸집이 크고 미모와는 거리가 멀었고, 또 '앨리스 B. 토클라스'라는 여성과 동성애 관계에 있었다.

헤밍웨이는 스타인을 만나자마자 곧바로 자신의 멘토로 받아들였다. 그녀는 헤밍웨이에게 저널리스트 생활을 하루빨리 청산하고 문학에 전념할 것을 권하였다. 저널리즘이 그의 창작적 에너지를 소진하리라는 것이 그 이유였다. 그에게 투우를 처음 소개해준 사람도 스타인이었다. 그녀는 헤밍웨이에게 스페인을 방문하여 투우를 관람할 것을 적극 추천하였다. 그리하여

어니스트의 어린 범비를 돌보는 이 당당한 풍채의 여인이 바로 동시대의 뛰어난 화가와 작가들을 자신의 살롱으로 불러 모아 그들의 대모 노릇을 하고, 전후 젊은 작가들을 경멸적인 뜻에서 '길 잃은 세대'라고 불렀던 거트루드 스타인이다.

제1장 | 거인의 삶과 죽음

1923년 여름 자신의 첫 책을 출간한 빌 버드와 로버트 맥애먼과 함께 스페인을 여행한 뒤 이 나라는 그에게 제2의 고국이 되었다. 또 헤밍웨이는 첫아들 존이 태어났을 때 스타인을 존의 대모로 삼을 만큼 개인적으로도 그녀와 가깝게 지냈다. 그러나 무엇보다도 그는 스타인에게서 산문에 리듬을 부여하는 법, 어휘를 반복하는 법, 미사여구로 화려하게 장식하지 않고 직접 진술하는 법 등을 배웠다.

그러나 헤밍웨이와 스타인의 관계는 곧 소원해지기 시작하였다. 스타인은 "장미는 장미이고 장미다."라는 유명한 문장을 사용하여 관심을 끌었다. 헤밍웨이는 이 문장을 패러디하여 "암캐(개년)는 암캐이고 암캐다."라고 패러디하였다. 또 『누구를 위하여 종은 울리나』에서는 주인공 로버트 조던의 입을 빌려 "양파는 양파인 동시에 양파야. 돌은 '스타인'이고 바위이고 암석이고 자갈이지."라고 말하기도 한다. 여기서 '스타인'이란 다름 아닌 거트루드 스타인을 가리키는 한편 독일어로 돌이나 바위를 뜻하기도 한다. 이러한 패러디에서 그의 심경이 드러나듯이 헤밍웨이는 스타인과 마침내 결별하고 독립을 선언하였다.

6. 헤밍웨이와 피츠제럴드

파리에서 문학 수업을 받는 동안 헤밍웨이가 사귄 작가 중에서도 F. 스콧 피츠제럴드는 특히 주목할 만하다. 중서부 출신인 두 작가는 한편으로 상부상조하는 동료 관계에 있었고, 다른 한편으로 상대방을 의식하고 견제하는 경쟁 관계에 있었다. 헤밍웨이는 1925년 4월 센 강 좌안 몽파르나스에 있는 딩고 바에서 피츠제럴드를 처음 만났다. 이해 4월이라면 피츠제럴드가 『위대한 개츠비』(1925)를 출간한 지 이 주일밖에 되지 않고 헤밍웨이가 두 번째로

헤밍웨이를 미국 문단에 데뷔시키는 데 크게 기여한 F. 스콧 피츠제럴드(1896~1940). 예술관이 다른 그들은 뒷날 관계가 소원해졌다.

『우리 시대에』(1925)를 출간하기 여섯 달 전이다. 이 무렵 피츠제럴드는 3백만 독자가 읽는 주간지 『새터데이 이브닝 포스트』에 작품을 쓰는 성공한 작가였던 반면, 헤밍웨이는 이름이 별로 알려지지 않은 잡지에 글을 발표하고 있을 뿐이었다. 세 살 위인 피츠제럴드는 비록 졸업하지는 못하였어도 사학 명문 프린스턴 대학교에 다녔고, 몇 해 전 이미 『낙원의 이쪽』(1920)으로 문명(文名)을 떨치고 있는 작가였다. 그런데도 그는 무명작가와 다름없는 헤밍웨이를 무척 높이 평가하였다. 헤밍웨이를 자신이 도저히 따라가지 못할 만큼 훌륭한 작가라고 생각하였다. 특히 그의 예술적 성실성, 문학적 재능, 그리고 예술적 양심을 존중하였다.

그리하여 피츠제럴드는 자신의 책을 출간한 출판사 찰스 스크리브너스의 편집자 맥스웰 퍼킨스에게 헤밍웨이를 적극 추천하였다. 1924년 10월 퍼킨스에게 보낸 편지에서 피츠제럴드는 "지금 파리에 살고 있고 장래가 밝은 어니스트 헤밍웨이라는 한 젊은이에 대해 말하려고 이 편지를 씁니다. (……) 그 친구는 진짜입니다."라고 헤밍웨이를 소개하였다. 마침내 찰스 스크리브너스 출판사는 그의 추천을 받아들여 헤밍웨이의 작품을 출간하기로 하였다. 이 무렵 찰스 스크리브너스 같은 유명한 출판사가 무명작가와 다름없는 헤밍웨이의 작품을 선뜻 출간하기로 한 것은 매우 이례적으로 피츠제럴드의 추천이 아니었다면 도저히 이루어질 수 없었다. 앞으로 헤밍웨이의 모든 작품은 이 출판사에서 출간되게 된다. 선배 작가로서 피츠제럴드는 헤밍웨이의 『태양은 다시 떠오른다』(1926)의 원고를 읽고 수정해 주고 여러 가지 제안도 해주었다. 또한, 그는 헤밍웨이의 단편소설 「50만 달러」(1927)의 원고를 읽고 나서 도입 부분을 삭제하는 것이 좋겠다고 충고해 주기도 하였다.

그러나 두 사람의 관계는 시간이 지나면서 점차 소원해지기 시작하였다. 헤밍웨이는 선배 작가가 지나치게 젊음에 대한 미련을 버리지 못할뿐더러 성적(性的)으로 순진하고 아내 젤다 세이어에게 얽매여 기를 펴지 못한 채 살면서 작가로서 재능을 제대로 발휘하지 못하고 있다고 생각하였다. 또한, 그는 피츠제럴드가 돈과 부(富)에 지나치게 매력을 느끼고 알코올 중독뿐 아니라 자기 연민에 빠진 것도 마음에 들지 않았다. 그러나 그는 무엇보다도 선배 작가가 예술적으로 성실하지 못한 점을 가장 못마땅하게 생각하였다. 문학과 예술에 대해 자못 낭만적으로 생각하던 헤밍웨이는 "예술가에게 성실성이란 마치 처녀성과 같아서 한번 상실하면 영원히 되찾을 수 없다."라고 판단하였다. 젤다와 결혼하면서 편안하고 사치스러운 삶에 익숙해진 피츠제럴드는 『위대한 개츠비』를 출간하고 나서 『밤은 부드러워』(1934)를 출간할 때까지 무려 9년 동안 이렇다 할 장편소설을 집필하지 못하고 있었다. 그럴 때마다 헤밍웨이는 그에게 "장편소설에는 오직 한 가지 일밖에는 할 일이 없다. 즉 작품의 끝까지 곧장 써 내려가는 것이다."라고 충고하였다.

스콧과 젤다 피츠제럴드

이렇게 헤밍웨이는 피츠제럴드에게 여러 번 우정 어린 충고를 해주었지만, 선배 작가가 받아들이지 않자 마침내 작품에서 그를 직접 실패한 작가로 등장시키기에 이른다. 「킬리만자로의 눈」(1936)에는 주인공 해리가 '줄리언'이라는 동료 작가를 회상하는 장면이 나온다. 부자들에 대해 '로맨틱한 경외심'을 품고 있는 줄리언 또한 해리처럼 돈 많은 사람들과 어울린 나머지 문학적 재능을 낭비한 채 이렇다 할 작품을 창작하지 못한 실패한 작가였다.

> 그는 가련한 줄리언이 생각났다. 줄리언은 부자들에 대해 로맨틱한 경외심을 품고 있어 언젠가 한번은 "돈 많은 사람들은 당신이나 나와는 다른 족속이야."라는 구절로 시작되는 소설을 쓴 적이 있었다. 그때 어떤 사람이 줄리언에게 "그래, 당연히 그들은 우리보다 돈이 많지."라고 말했다. 그러나 줄리언에게는 그 말이 유머로는 들리지 않았다. 그는 부자란 특수한 매력을 지닌 족속이라고 생각하고 있었는데, 실제로는 그렇지 않다는 사실을 깨달았을 때 그는 다른 어떤 것 못지않게 그 때문에 파탄했던 것이다.

위 인용문에서 "돈 많은 사람들은 당신이나 나와는 다른 족속이야."라는 구절로 시작되는 소설이란 다름 아닌 피츠제럴드의 중편소설 「부잣집 아이」(1926)를 말한다. 실제로 피츠제럴드는 이 중편소설의 첫 대목에서 그렇게 언급한다. 그런데 헤밍웨이는 1936년 이 작품을 『에스콰이어』에 처음 발표했을 때 '스콧 피츠제럴드'라는 등장인물의 이름을 그대로 사용하였다. 이 작품을 읽은 피츠제럴드는 심각하게 상처 받은 나머지 모르핀을 과다 복용하여 자살을 기도했고, 결국 헤밍웨이는 이 원고를 단행본으로 출간할 때 '스콧 피츠제럴드'라는 실명을 '줄리언'으로 대체하였다.

    그런데 따지고 보면 해리가 줄리언을 탓할 처지가 못 되듯이 헤밍웨이 또한 피츠제럴드를 그렇게 탓할 처지가 못 되었다. 두 번째 아내 폴린 파이퍼와 결혼한 뒤 헤밍웨이는 작품을 쓰기보다는 사치와 낭비를 일삼고 흥청거리며 살았는가 하면, 알코올 중독에 시달리고 대중의 인기를 지나치게 의식하고 있었다. 한마디로 그는 젊은 시절 그가 입버릇처럼 말하던 성실한 작가보다는 공적인 이미지와 대중의 인기에 신경을 쓰면서 스타 대접을 받는 데 도취해 있다시피 하였다. 그 과정에서 그는 목숨처럼 소중하게 생각하던 작가의 성실성을 저버릴 수밖에 없었다. 헤밍웨이는 뒷날 이렇게 상실한 성실성을 회복하려고 피나는 노력을 기울여 어느 정도 성과는 있었지만, 완전히 회복할 수는 없었다. 그는 작가가 흔히 안고 있는 이러한 위험성을 익히 알고 있었다. 언젠가 그는 "글을 쓴다는 것은 기껏해야 외로운 작업이다. 고독을 벗어 버리면서 그는 공적인 위치가 올라가고, 그렇게 되면 그의 작품은 흔히 퇴보하게 된다."라고 말한 적이 있다. 1962년 7월 아이다호 주 케첨 자택에서 마침내 그가 엽총으로 자살한 데에는 여러 이유가 있었지만, 그 가운데 하나는 잃어버린 작가의 성실성을 끝내 회복할 수 없다는 절망감이었다.

7. 시인에서 소설가로

어니스트 헤밍웨이는 1923년 『세 편의 단편과 열 편의 시』를 출간한 지 일 년 뒤 프랑스 디종과 파리에서 『우리 시대에(in our time)』(1924)라는 작품집을 출간하였다. 그리고 이듬해에는 몇 작품을 추가하여 다시 미국의 보니앤드라이브라이트 출판사에서 『우리 시대에(In Our Time)』(1925)라는 작품집을 출간하였다. 전자의 제목 첫 글자가 소문자로 되어 있고 후자의 제목이 대문자로 되어 있는 데서도 엿볼 수 있듯이 이 두 작품 사이에는 부피나 내용에서 큰 차이가 난다. 1924년의 디종/파리 텍스트에 실린 18편의 작품은 본격적인 의미의 단편소설이라기보다는 삽화나 소품에 해당하는 스케치 또는 '비녜트(vignette)'에 지나지 않았다. 한편, 헤밍웨이는 1925년의 미국 텍스트에 1924년의 텍스트에 실린 18편 중에서 16편의 스케치를 작품 사이사이에 삽입하는 '인터챕터'로 삼고 나머지 두 편 「매우 짧은 이야기」(1924)와 「혁명가」(1924)는 독립된 단편소설로 발전시켰다. 더구나 두 번째 작품집에는 「인디언 부락」(1924)을 비롯하여 「의사와 의사의 아내」, 「병사의 집」, 「심장이 두 개 달린 큰 강」

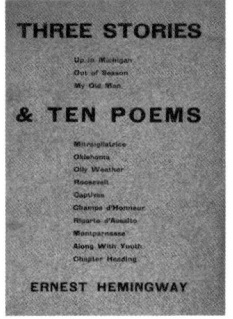

『세 편의 단편과 열 편의 시』 (1923)

『우리 시대에』(1924)

(1925) 등 모두 14편에 이르는 단편소설이 수록되어 있다. 1930년 헤밍웨이는 「스미르나의 부두에서」(1930)라는 단편소설을 추가하여 이 작품집을 다시 출간하기도 하였다. 그렇다면 『우리 시대에』는 마치 월트 휘트먼의 시집 『풀잎』(1855)처럼 여러 번에 걸쳐 출간되면서 내용이 계속 늘어난 셈이다.

헤밍웨이가 상업적으로 최초로 출간한 『우리 시대에』는 그를 미국 문단에 알리는 데 크게 이바지한 책이다. 영국 소설가 포드 매덕스 포드는 이 책의 커버에서 "(비록 지금은 파리에 머물고 있지만) 이 시대 미국에서 가장 훌륭한 작가, 가장 양심적이고 가장 뛰어난 기교의 장인, 가장 완성된 작가는 어니스트 헤밍웨이다."라고 칭찬을 아끼지 않았다. 이 책에는 이 밖에도 셔우드 앤더슨을 비롯하여 존 도스 패서스, 돈 스튜어트, 에드워드 오브라이언, 길버트 셀스, 월도 프랭크 등의 평이 실려 있다. 선배나 동료 작가들의 이러한 평은 마치 결혼식장에서 식을 집전하는 주례가 갓 결혼한 신혼부부에게 들려주는 주례사처럼 하나같이 칭찬으로 가득 차 있다.

그러나 이와는 반대로 청교도적인 헤밍웨이의 집안에서는 『우리 시대에』를 야심에 찬 문학가가 내디딘 힘찬 첫걸음이 아니라 오히려 가문의 수치로 받아들였다. 그의 아버지 클래런스는 그러한 작품을 쓰느니 차라리 아들이 죽는 편이 더 낫다고 생각하였다. 그러면서 그는 헤밍웨이에게 "너는 이 세상에 야만적인 것을 보여 주었다. 환희에 차고 마음을 고양하고 낙관적이고 영혼적인 것을 찾도록 하라."는 충고를 잊지 않았다. 뒷날 아들이 장편소설을 써서 미국은 말할 것도 없고 전 세계적으로 이름을 크게 날릴 때마다 아버지는 슬픈 표정을 지으며 "어니스트가 또 더러운 책을 썼군."이라고 말하면서 실망감을 감추지 못했다고 한다.

헤밍웨이의 어머니 그레이스는 아버지보다 한 수 더 떴다. 아들이 십 대때부터 쓴 글을 하나같이 '병적'인 것으로 치부한 그녀는 아들이 작가가 되어 글을 쓰는 모습을 보느니 차라리 그가 무덤 속에 누워 있는 모습을 보는 편이 낫다고 말하였다.『태양은 다시 떠오른다』를 읽고 나서 어머니는 "페이지마다 역겹고 메스꺼울 뿐"이라고 말하면서 그러한 '오물'을 절대로 집 안에 들여놓지 못하게 하였다. 그리하여 누이동생 캐럴은 잡지에 실린 오빠의 작품을 읽을 때면 잡지 표지를 다른 종이로 싸서 어머니의 눈을 피할 정도였다.

『우리 시대에』는 얼핏 단편소설을 한데 모아 놓은 작품집처럼 보이면서도 '애덤스'라는 중심인물이 여러 작품에 등장한다. 이 점과 관련하여 D. H. 로렌스는 닉 애덤스가 '파편적인 소설'의 주제적 중심이 된다고 지적하였다. 또한, 헤밍웨이는 여러 작품에서 북부 미시간 지역을 중심적인 지리적 배경으로 삼는다. 그런가 하면 닉이 소년 시절에서 청년 시절을 거쳐 장년 시절로 접어드는 성장 과정을 다루기도 한다. 적어도 이 점에서『우리 시대에』는 여러모로 제임스 조이스의『더블린 사람들』과 셔우드 앤더슨의『와인즈버그, 오하이오』(1916)와 닮았다. 단편집도 아니고 장편소설도 아닌, 그 중간 어디에 속하는 이러한 작품은 뒷날 윌리엄 포크너가『정복되지 않는 사람들』(1940)에서, 존 스타인벡이『토티야 플랫』(1935)에서 시도한 장르이기도 하다.

헤밍웨이는『우리 시대에』를 발표하여 문단의 주목을 받자, 이번에는 장편소설에 관심을 기울이기 시작한다. 1925년 11월 일주일 동안 그는 셔우드 앤더슨을 풍자한『봄의 계류』(1925)라는 작품을 집필하였다.『우리 시대에』를 평한 사람치고 앤더슨이 헤밍웨이에게 끼친 영향을 언급하지 않은 사람이 없다시피 하였다. 앤더슨이야말로 이 젊은 작가에게 멘토 중의 멘토였다. 그러나 이 작품을 출간하고 나서 두 사람은 사이가 멀어졌다. 어떤 의미에서는 선배 작가로부터 독립하기 위해 헤밍웨이가 일부러 앤더슨을 패러디하는 작품을 썼다고 보는 편이 옳을 것이다. 헤밍웨이는 앤더슨에 대해 일종의 '거세 콤플렉스'를 느끼고 있었는지도 모른다. 그는 젊은 무명작가들이나 그저 그런 작가들에게는 매우 관대했지만, 자기보다 낫거나 자신과 경쟁 관계에 있는 작가에 대해서는 여간 인색하지 않았다. 가령 헤밍웨이는 윌리엄 포크너를 공적인 자리에서는 극구 칭찬하면서도 개인적으로는 적잖이 비난하였다.

『태양은 다시 떠오른다』
(1926)

헤밍웨이를 하루아침에 유명한 소설가의 반열에 올려놓은 작품은 역시 『태양은 다시 떠오른다』이다. 1926년 10월 뉴욕의 찰스 스크리브너스 출판사가 출간한 이 장편소설은 그의 이름을 파리에서 활약하는 문인들뿐 아니라 미국 문단 전체에 널리 알린 작품이다. 겉으로 드러난 플롯은 미국과 영국에서 파리로 거처를 옮긴 국외 이주자들이 파리 카페를 드나들고, 산페르민 축제와 투우를 구경하러 스페인의 팜플로나로 여행한다는 줄거리다. 미국에서 출간된 지 일 년 뒤 영국의 조너선 케이프에서 이 작품을 출간하면서 '피에스타(fiesta)', 즉 '축제'라는 스페인어 제목을 붙인 까닭도 여기에 있다.

이 무렵 『태양은 다시 떠오른다』에서도 볼 수 있듯이 헤밍웨이는 두 가지 창작 원칙에 따라 작품을 썼다. 첫 번째 원칙에 따르면 허구적 소설은 실제 경험과 구체적인 사실에 기초를 두되 상상력의 도가니 속에서 용해되어 실제 사실보다 더 진실하게 만들어져야 한다. 이 원칙은 본격적으로 작가 수업을 받기 전 헤밍웨이가 신문기자로 생활한 경험에서 비롯한다. 그는 작가가 구체적 경험을 많이 하면 할수록 그의 상상력은 그만큼 깊어지고 넓어진다고 지적한다. 다시 말해서 상상력이 빚어낸 찬란한 우주인 허구는 어디까지나 구체적인 실제 경험이 뒷받침되어야 한다는 것이다. 헤밍웨이의 궁극적 목표는 실제 현실보다 더 현실적인 실재를 만들어 내는 데 있었다. 그는 "훌륭한 책은 하나같이 실제로 일어난 것보다 더 진실하다는 점에서 똑같다."라고 말한다. 그래서 헤밍웨이는 거짓말을 상상력의 역동적인 표현으로 간주하였다. "가장 훌륭한 작가들이 거짓말쟁이라는 사실은 그렇게 이상하지 않다. 그들이 하는 중요한 작업은 거짓말을 하거나 무엇인가를 만들어 내는 것이다."라고 잘라 말한다. 그러면서 "완벽한 거짓말쟁이는 꽃이 활짝 핀 벚나무나 사과나무처럼 아름답다."라고 덧붙인다. 그러고 보면 헤밍웨이의 소설 미학은 아리스토텔레스 전통에서 그다지 멀리 떨어져 있지 않다. 고대 그리스 철학자는 일찍이 예술가들에게 '있음직한 가능성'을 역설하지 않았던가. 그는 가능하지만 믿을 수 없는 것보다는 오히려 불가능하지만 있음직한 것이 예술에서는 더 중요하다고 지적했던 것이다.

헤밍웨이의 두 번째 창작 원칙에 따르면 소설은 강렬한 감정을 전달하기 위해 스토리의 심층에 진실을 숨겨야 한다. 이 점과 관련하여 그는 "훌륭한 작가에게 가장 필수적인 재능은 내장된 내충격성 오물 탐지기에 있다. 이것이 곧 작가의 레이더이고 위대한 작가는 모두 이것을 지니고 있다."라고 말한다. 뛰어난 작가는 레이더처럼 오물 같은 불필요한 부분을 찾아내어 그것을 제거하고 독자들에게는 오직 에센스만을 전달해야 한다는 것이다. 이것이 곧 그가 말하는 '빙산 이론' 또는 '언더스테이트먼트(understatement)' 기법이다.

실제로 『태양은 다시 떠오른다』에는 표층적으로 드러난 의미보다 훨씬 깊은 심층적 의미가 있다. 이 소설은 제1차 세계대전을 겪고 나서 삶의 방향 감각을 잃어버린 젊은이들의 자유분방한 삶을 다룬다. 규모나 사상자의 수 그리고 재산 파괴 등은 제2차 세계대전이 제1차 세계대전보다 훨씬 심각하지만, 그 충격은 앞의 전쟁보다 그리 크지 않았다. 제1차 세계대전은 인류 역사에서 그 유례를 찾아보기 어려운 최초의 대규모 전쟁이었기에 유럽 사람들에게 끼친 영향은 실로 엄청났던 것이다. 전쟁이 일어나기 전의 전통적인 가치들, 즉 사랑과 믿음과 도덕 그리고 인간성 같은 것들은 이제 부도 수표처럼 아무 의미 없는 것이 되었다. 이 무렵 방황하던 젊은이들을 흔히 '길 잃은 세대'라고 일컫는 까닭이 바로 여기에 있다. 직접 또는 간접으로 전쟁을 겪은 그들은 방향 감각을 잃고 새로운 삶을 모색하며 이리저리 방황하고 있었다. 헤밍웨이는 바로 이 '길 잃은 세대'의 대변인으로 평가받았다.

　문학사적으로 보면 『태양은 다시 떠오른다』는 미국 소설에 처음으로 유럽의 모더니즘을 이식한 작품이다. 헤밍웨이가 이 작품을 발표하기 전만 해도 미국 문학은 아직 리얼리즘이나 자연주의 전통에서 완전히 젖을 떼지 못하고 있었다. 미국 문학은 헤밍웨이에 이르러 비로소 본격적인 의미에서의 이유식을 시작한 셈이다. 피츠제럴드가 『낙원의 이쪽』이나 『위대한 개츠비』에서 모더니즘을 시도했지만, 아직 덜 진화된 원숭이처럼 여전히 리얼리즘이나 자연주의 꼬리를 달고 있었다. 그러나 헤밍웨이의 『태양은 다시 떠오른다』는 주제로 보나 형식으로 보나 이전의 작품과는 전혀 다르다. 이 소설이 출간되었을 때 『뉴욕타임스 북리뷰』에서는 "견고하고 강건한 내러티브(서사) 산문은 좀 더 문학적인 영어를 부끄럽게 한다."라고 찬사를 보냈다. 다시 말해서 헤밍웨이는 영어 산문에 혁명을 꾀하였다는 말이다.

8. 폴린 파이퍼와 키웨스트

어니스트 헤밍웨이의 문학적 명성이 높아질수록 해들리와의 결혼 생활은 점점 시들어 갔다. 시간이 지나면서 그는 첫 번째 아내 해들리에게 싫증을 느끼기 시작하였다. 결혼 초에는 여덟 살이라는 나이 차이가 별로 눈에 띄지 않았지만, 점점 뚜렷이 드러나기 시작하였다. 여전히 남성적이고 정력적인 청년 헤밍웨이에게 해들리는 나이 든 중년 기혼 여성으로 비쳤다. 게다가 설상가상으로 이 무렵 헤밍웨이 부부에게 결정적인 네 가지 사건이 일어났다. 첫째, 앞서 언급했듯이 해들리는 파리의 리옹 역에서 헤밍웨이의 초기 작품 원고를 모두 분실하였다. 둘째, 해들리는 헤밍웨이가 원하지 않는데도 첫아이를 임신하였다. 셋째, 『토론토 스타』의 일을 그만둔 데다 해들리가 받던 연금도 친구가 잘못 투자하는 바람에 반 토막이 나고 말았다. 넷째, 이 무렵 헤밍웨이에게 새로운 여성이 나타났다.

1925년 봄 헤밍웨이는 해럴드 롭의 친구인 메리 더프 트위스든을 만났다. 첫 번째 결혼에 실패한 그녀는 영국의 귀족 로저 트위스든 경(卿)과 재혼했고, 당시 알코올 중독으로 병원에서 치료받고 있는 패트 거스리를 좋아하고 있었다. 『태양은 다시 떠오른다』의 브렛 애슐리처럼 더프는 기존의 인습과 전통에 아랑곳하지 않는 '플래퍼(말괄량이)'로 제1차 세계대전 이후 신여성을 상징하는 인물이었다. 실제로 헤밍웨이는 이 영국 여성을 모델로 삼아 브렛을 창조하였다. 헤밍웨이는 더프를 처음 보는 순간 그녀에게 호감을 느

1925년 7월 스페인의 팜플로나 산페르민 축제에 참여한 헤밍웨이 부부와 친구들. 헤밍웨이 옆에 앉은 여인이 바로 메리 더프 트위스든이다. 조금 떨어져서 작가 해럴드 롭이 앉아 있고, 남편의 옆자리를 아름다운 여인에게 빼앗긴 해들리 리처드슨, 오그던 스튜어트, 그리고 당시 더프의 연인이었던 패트 거스리가 앉아 있다. 이들은 헤밍웨이의 첫 장편소설 『태양은 다시 떠오른다』에 등장하는 인물들의 모델이 되었다.

졌다. 1925년 여름 그는 해들리를 비롯하여 친한 친구들과 함께 팜플로나의 산페르민 축제에 참가했고, 이때 더프도 일행에 합류하였다. 헤밍웨이는 기성 전통과 인습을 타파하려는 더프에게 한편으로는 매력을 느끼면서도 다른 한편으로는 그녀의 과감한 행동에 거부감을 느끼기도 하였다.

헤밍웨이와 해들리의 결혼 생활에 더프 트위스든보다 훨씬 더 치명적인 역할을 한 여성은 폴린 파이퍼였다. 해들리와의 관계가 소원해진 1926년 2월 헤밍웨이 앞에 갑자기 폴린이 나타났다. 미주리 대학교에서 저널리즘을 전공한 그녀는 『클리블랜드 스타』, 『뉴욕 데일리 텔레그래프』, 『배니티 페어』 같은 신문사와 잡지사에서 일했고, 당시에는 파리에서 패션 잡지 『보그』의 편집 일을 하고 있었다. 폴린은 헤밍웨이를 처음 만났을 때 그가 너무 투박하고 세련되지 못하고 단정하지 못하여 자신의 취향에는 걸맞지 않는다고 생각하였다. 헤밍웨이 역시 폴린이 그다지 예쁘다고 생각하지 않았다. 키가 작고 피부가 검은 데다 몸매가 사내 같아서 그가 그때까지 알고 지내던 여성들

1927년 7월, 『태양은 다시 떠오른다』에 묘사된 스페인 산세바스티안 해변에서 휴가를 즐기는 폴린 파이퍼와 어니스트 헤밍웨이. 같은 해 5월 10일 파리에서 결혼식을 올린 두 사람은 파리와 해들리에게서 멀리 떨어진 이곳에서 휴식을 취했다.

과는 사뭇 달랐다. 그녀보다는 오히려 그녀의 여동생 버지니아에게 마음이 끌렸다. 그러나 1925년 해들리 몰래 가끔 폴린을 만나던 헤밍웨이는 그해 가을 더프 트위스든에게 품었던 환상이 완전히 사라지자, 폴린에게 더욱 적극적으로 관심을 보이기 시작하였다. 오스트리아 슈룬스로 스키 여행을 갔을 때, 해들리가 첫아이를 돌보는 동안 헤밍웨이는 폴린에게 스키를 가르쳐 주었다. 이렇듯 두 사람의 관계가 갑자기 발전하여 1927년 5월 마침내 가톨릭 성당에서 결혼하기에 이르렀다.

헤밍웨이가 폴린과 결혼한 데에는 그럴 만한 까닭이 있었다. 저널리스트로서 그녀는 자신감에 차 있는 데다 비교적 자유로운 삶을 살고 있었다. 그러면서도 헤밍웨이가 원하는 것이면 무엇이든지 아무 불평 없이 들어주었다. 전문직에 종사하면서도 그녀는 해들리 못지않게 헤밍웨이의 기분을 맞춰 주고, 순종적이고, 헌신적이었다. 더구나 폴린에게는 무척 돈이 많았다. 20세기 초엽 미주리 주 세인트루이스에서 상품 브로커로 막대한 돈을 번 폴린의 아버지 폴 파이퍼는 아칸소 주 북동부 지방으로 이주하여 그 주에서 가장 부유한 지주의 한 사람이 되었다. 은행, 조면기 공장, 사무 건물, 토지 등을 소유한 그는 중세 봉건 시대 장원의 영주처럼 살았다. 더구나 폴린의 삼촌 거스 파이퍼는 향수 회사를 비롯하여 도포(塗布) 회사와 제약 회사 등을 소유한 거부였다. 자식이 없는 그는 폴린을 비롯한 조카들의 일이라면 돈을 아끼지 않았다.

　1928년 3월 헤밍웨이는 파리 생활을 청산하고 폴린과 함께 미국으로 돌아가 플로리다 주 최남단 키웨스트 섬에 새로운 삶의 터전을 마련한다. 멕시코 만과 대서양을 가르는 분수령과 같은 키웨스트는 미국 본토에서 190킬로미터가량 떨어져 있지만, 쿠바로부터는 145킬로미터도 채 되지 않는다. 미국의 일부이기는 하지만, 기후를 보면 미국보다는 차라리 중앙아메리카와 같은 이국적 분위기를 물씬 풍긴다. 헤밍웨이는 한때 밀수업을 하던 조 러셀이 경영하던 바 '슬로피 조'를 자주 찾았다. 뒷날 그는 조와 함께 낚시도 하고 그를 모델로 삼아 『유산자와 무산자』(1937)의 주인공 '해리 모건'이라는 인물을 창조하기도 하였다.

　1931년 헤밍웨이 부부는 거스 파이퍼의 재정적 도움으로 스페인 식민지 시대풍으로 지은 이 층짜리 저택을 구입하였다. 1934년에는 자가용 보트를 사서 스페인의 사라고사 수호성인의 이름을 따서 '필라'라고 명명하였다. 그에게 저택과 자가용 보트는 부와 성공의 상징이었다. 이때부터 헤밍웨이는 멕시코 만에서 바다낚시를 즐겼다. 한때는 찰스 스크리브너스의 편집자 맥스웰 퍼킨스와 존 도스 패서스 같은 작가를 키웨스트로 초청하여 함께 낚시를 즐기기도 하였다. 키웨스트에 습기가 많고 날씨가 무더운 허리케인 계절이 찾아올 때면 헤밍웨이는 와이오밍 주로 거처를 옮겼다. 공교롭게도 와

경제공황의 여파가 키웨스트를 강타했지만 폴린의 삼촌 거스는 헤밍웨이 부부에게 스페인 식민지 시대 건축 양식의 멋진 저택을 사주었다. 사진에서 두 사람은 현재 개인 소유의 박물관으로 운영되는 화이트헤드 907번지 자기 집에서 활짝 웃고 있다. 1931년 11월 12일에 캔자스시티에서 아들 그레고리가 태어났고, 그로부터 한 달 후에 두 사람은 그 저택에 입주했다. 그 후 키웨스트와 본토를 연결하는 고속도로가 완성되어 관광객들이 쏟아져 들어오기 시작할 때까지 8년 동안 키웨스트는 어니스트의 본거지가 되었다.

이오밍 주에서는 이때가 바로 사냥하고 낚시하기에 안성맞춤인 계절이었다. 그에게 키웨스트는 일종의 베이스캠프 같은 곳이었다. 이곳을 거점으로 그는 아프리카로 수렵 여행을 떠나고 파리를 방문하고 스페인으로 투우를 구경하러 갔다. 이 무렵 헤밍웨이는 대도시의 문화와 문인 친구들로부터 단절된 채 청새치 낚시와 곰 사냥으로 대부분 시간을 보냈다.

이렇게 여유 있는 생활을 즐기는 동안 헤밍웨이는 파리에서 가난하게 살 때와는 달리 작품을 많이 집필하지 못하였다. 그도 그럴 것이 작품을 창작하는 데 시간을 보내기보다는 여가를 즐기고 여행하는 데 훨씬 더 많은 시간과 정력을 쏟아부었기 때문이다. 폴린과 결혼한 지 몇 달 뒤 헤밍웨이는 열네 편의 단편소설을 묶어 『여자 없는 남자』(1927)라는 단편집을 출간하였다. 제목에서도 알 수 있듯이 이 작품집에는 여성을 배제한 남성만의 세계를 다룬 작품이 수록되었다. 가령 투우와 복싱을 비롯하여 전쟁, 낙태, 폭력 조직, 파시즘, 동성애, 불륜, 이혼, 마약 중독, 부상과 죽음 등이 중심 소재가 되었다. 이 책에 수록된 작품 중에서도 「살인자들」(1927), 「흰 코끼리 같은 언덕」(1927), 「이국에서」(1927) 같은 작품은 헤밍웨이 단편소설 중에서도 백미로 꼽힌다. 그로부터 5년 뒤 헤밍웨이는 또 다른 단편집 『승자에게는 아무것도 주지 마라』(1933)를 출간하였다. 또한, 그동안 발표한 단편 작품을 한데 모아 『제5열 및 최초 49단편』(1938)을 출간하기도 하였다.

『제5열』은 헤밍웨이가 집필한 유일한 희곡 작품이다. '제5열'이란 스페인 내전 중에 에밀리오 몰라 장군이 라디오 연설에서 처음 사용한 용어로 적과 내통하고 있는 내부 첩자를 일컫는다. 몰라의 군대가 마드리드에 진격할 때 도시 외곽에서 주둔해 있는 네 부대가 도시 내부에 있는 '다섯 번째' 부대의 지원을 받게 되리라고 말한 데서 유래한다. 다시 말해서 에밀리오는 마드리드 시내에도 반란군에 호응하는 세력이 침투해 있다고 선전하면서 이것을 '제5열'이라고 불렀던 것이다. 헤밍웨이는 이 희곡 작품을 바로 마드리드가 프란시스코 프랑코 반란군의 공격을 받는 동안 집필하였다. 파시스트를 비판하는 등 정치적 이데올로기를 다룬 이 작품은 희곡으로서 성공을 거두지는 못하였다.

키웨스트에 사는 동안 헤밍웨이는 단편소설 말고도 논픽션을 두 권 출간하였다. 『오후의 죽음』(1932)과 『아프리카의 푸른 언덕』(1935)이 그것이다. 제목에서 잘 드러나듯이 전자는 스페인의 투우를 다룬 책이고, 후자는 아프리카 수렵 여행을 다룬 책이다. 그러나 이 두 책의 주제는 비단 투우와 수렵에 그치지 않고 여러 가지 문제를 폭넓게 다루었다. 1923년 팜플로나에서 축제를 처음 관람한 뒤 투우의 '아피시오나도(애호가)'가 된 헤밍웨이는 앞의 작품에서 일종의 투우 형이상학을 탐구한다. 의식화(儀式化)되었을 뿐 아니라, 거의 종교적인 실천에 가깝다고 할 투우는 그에게 좁게는 작가, 넓게는 보편적 인간이 삶의 의미와 본질을 추구하는 것과 크게 다르지 않았다. 투우는 헤밍웨이가 말하는 '진리의 순간', 즉 삶과 죽음, 공포와 용기의 의미를 깨닫는 제의적 행동이다. 그와 동시대인으로 스페인의 시인이요 극작가인 가르시아 로르카의 말대로 투우장이야말로 "안전하게 죽음에 대해 명상하러 갈 수 있는 유일한 장소"였다. 이 작품은 투우에 관한 성찰만이 아니라 헤밍웨이 개인의 회고록이며 문화사적 에세이라고 할 수 있다.

이 점에서는 동부 아프리카에서 이루어지는 수렵 사냥을 다룬 『아프리카의 푸른 언덕』도 크게 다르지 않아서 책 곳곳에 자전적 요소와 다른 작가들에 관한 견해 그리고 삶과 문학과 예술에 대한 성찰이 언급되어 있다. 헤밍웨이의 문학관을 좀 더 쉽게 깨닫기 위해서는 유작으로 출간된 『움직이는 축제』

1927년 여름 숫소와 함께 포즈를 취한 헤밍웨이. 그가 처음 몇 차례 스페인의 산페르민 축제에 참여했던 경험은 평생 투우에 대한 열정을 불태우는 계기가 되었다. 그는 투우를 스포츠가 아니라 실제로 재현된 '비극'으로 간주하였다.

1934년 2월 쿠두(아프리카산 영양)와 오릭스(큰 몸집에 뿔이 곧고 긴 영양) 트로피와 함께 포즈를 취한 사냥꾼들. 후일 어니스트는 『아프리카의 푸른 언덕』과 두 단편, 「프랜시스 매코머의 짧고 행복한 생애」와 「킬리만자로의 눈」에서 이 사파리와 사냥꾼들을 묘사했다.

75마력의 크라이슬러 엔진을 장착한 낚싯배 필라를 타고 있는 헤밍웨이. 오른쪽 여인은 당시 관계를 맺고 있던 제인 메이슨. 그녀는 팬아메리카 항공 쿠바 지점장인 남편이 쿠바를 떠나 있는 사이에 헤밍웨이와 함께 이 배를 타고 4개월간 여행했다. 이 시기는 헤밍웨이가 마사 겔혼을 만나기 전이었다.

싸움꾼으로 명성이 자자했던 헤밍웨이는 자주 도전을 받았다. 그는 비미니 부두에서 당시 유명한 권투 선수에게 이기기도 했고, 단지 펀치 세 방으로 도전자를 때려눕히기도 했다. 그 도전자는 출판업자 조 냅이었다. 헤밍웨이는 "싸움은 작가가 할 수 있는 최상의 일은 아니다."라는 농담을 남겼다.

와 함께 반드시 이 책을 읽어야 하는 까닭이 바로 여기에 있다. 가령 비평가들은 미국 문학을 언급할 때마다 약방의 감초처럼 이 문장을 자주 입에 올린다.

모든 미국 문학은 마크 트웨인이 쓴 『허클베리 핀의 모험』이라는 책 한 권에서 비롯한다. 만약 그 책을 읽으면 아이들이 검둥이 짐을 훔쳐 내는 장면에서 멈추어야 한다. 그 장면이 진짜 결말이다. 그 나머지는 한낱 사기에 지나지 않는다. 그러나 그 책은 우리에게는 가장 훌륭한 책이다. 모든 미국 문학은 그 책에서 시작한다. 이전에도 그런 작품은 없었다. 그 뒤에도 그처럼 훌륭한 작품이 없었다.

마크 트웨인의 『허클베리 핀의 모험』에 사용한 삽화. 헤밍웨이는 이 소설이 미국 문학의 원조라고 생각했다.

헤밍웨이는 미국 문학사에서 트웨인의 대표작 『허클베리 핀의 모험』(1884)처럼 훌륭한 작품은 이전에도 그 이후에도 없다고 잘라 말한다. 물론 조금 과장한다는 혐의가 짙지만, 그의 이 말에는 귀담아들어야 할 내용이 없지 않다. 흔히 '미국의 셰익스피어'로 불리는 트웨인은 이 작품에서 미국 영어를 영국의 표준 영어의 굴레로부터 해방하였다. 엄밀한 의미에서 미국 문학은 트웨인의 이 작품에서 명실상부하게 국민 문학으로서의 면모를 갖추었다고 할 수 있다. 이른바 '점잖은 전통'에서 벗어나려고 한다는 점에서도, 살아 숨 쉬는 구어체 문장을 구사한다는 점에서도 헤밍웨이는 트웨인과 비슷하다.

그러나 키웨스트에 거주할 무렵 헤밍웨이가 출간한 작품이라면 뭐니 뭐니 해도 상업적으로 성공한 첫 번째 장편소설 『무기여 잘 있어라』를 빼놓을 수 없다. 『태양은 다시 떠오른다』로 미국 문단에 혜성처럼 떠오른 그는 두 번째 장편소설로 작가로서의 입지를 더욱 굳게 다졌다. 앞의 작품을 출간하기 전만 해도 가능성 많고 재능 있는 작가로 인정받았지만 『무기여 잘 있어라』를 출간한 이후 그는 현대 소설의 대가의 반열에 올랐기 때문이다.

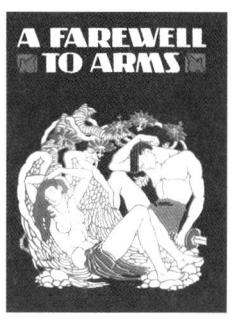

『무기여 잘 있어라』
(1929)

헤밍웨이가 키웨스트에 사는 동안 나라 안팎으로 엄청난 일이 일어났다. 미국에서는 『무기여 잘 있어라』가 출간되던 1929년 10월 뉴욕 월스트리트의 증권 시장이 몰락하면서 10여 년에 걸친 경제 대공황이 몰아닥쳤다. 이 무렵 자본주의에 대한 회의와 함께 사회의식을 강조한 작품이 『유산자와 무산자』이다. 이 작품은 헤밍웨이가 유일하게 미국을 지리적 배경으로 삼은 장편소설일 뿐 아니라, 1930년대에 출간한 유일한 장편소설이다.

그러나 이 작품은 문학의 사회적 기능을 강조하는 비평가들은 말할 것도 없고 사회의식에 비교적 무관한 비평가들에게서도 주목받지 못하였다. 이 소설은 작가 헤밍웨이에게도 미국의 자본주의를 비판하면서 독자들에게 사회의식을 고취하는 데 이렇다 할 도움이 되지 못한 실패작이었다. 어떤 의미에서는 그가 문학의 정치적 기능에 무게를 실은 이데올로기적인 작품을 쓰겠다고 의도한 것부터가 잘못이었는지도 모른다. 그가 계급 투쟁을 역설하는 작품을 쓴다는 것은 마치 마르크스주의 계열의 작가가 탐미적인 작품을 쓰는 것과 크게 다르지 않기 때문이다. 처음부터 그는 정치적 이데올로기를 염두에 둔 문학 작품을 인정하지 않았다. 이 점과 관련하여 헤밍웨이는

"작품에 좌파와 우파란 없다. 오직 좋은 작품과 나쁜 작품이 있을 뿐이다."라고 잘라 말한다.

만약 『유산자와 무산자』에서 어떤 의미를 찾는다면 헤밍웨이의 세계관이 이 작품을 분수령으로 조금씩 변모한다는 점이다. 지금까지 그는 사회와 '단독 강화'를 맺는 개인주의적 성향의 인물을 주로 다루었다. 사회 문제와 정치 문제를 외면한다는 이유로 그동안 그는 적잖이 비판받았다. 가령 영국의 소설가 윈드햄 루이스는 "헤밍웨이보다 정치에 완전히 무관한 작가를 상상하기 어렵다."라고 했고, 아치볼드 매클리시도 그를 두고 "정치적으로 무책임한 작가"라고 못 박았다. 마치 이 점을 의식한 듯이 헤밍웨이는 『유산자와 무산자』에 이르러 처음으로 개인주의보다는 공동선을 지향하는 태도를

1937년 스페인 내전을 취재 중인 헤밍웨이.

보이기 시작하였다. 경제 대공황을 겪으며 대부분 지식인이 그러했듯이 그도 사회의식에 처음으로 눈떴기 때문이다. 주인공 해리 모건은 죽기 직전에 "인간은 아무리 해도 혼자서는 정말로 기회가 없어."라며 고귀한 형제애의 정신을 깨닫는다. 그러나 이 주제는 한낱 공허한 구호에 그칠 뿐, 작품에서 구체적이고 극적으로 형상화되지는 못하였다. 1944년 하워드 혹스는 험프리 보가트와 로렌 바콜을 주연으로 삼아 이 작품을 영화로 만들었다. 이때 할리우드에서 각색을 맡은 사람이 바로 윌리엄 포크너였다.

한편 1936년 유럽에서는 제2차 세계대전의 전주곡이라고 할 스페인 내전이 일어났다. 바로 이해에 헤밍웨이는 북아메리카뉴스연합(NANA)으로부터 특파원 자격으로 스페인 내전에 관한 뉴스 기사를 보도해 달라는 부탁을 받는다. 마누엘 아사냐가 이끄는 좌파 인민전선 정부와 프란시스코 프랑코를 중심으로 한 우파 반란군 사이에 벌어진 이 내전이 3년 남짓 계속되는 동안 스페인 전역은 초토화되다시피 하였다. 북아메리카뉴스연합이 제시하는 재정 지원 조건이 좋은 데다 평소 스페인 공화 정부를 지지해 왔고 또 한 번 전쟁에 참가하고 싶은 모험심이 발동하자 이 제안은 헤밍웨이에게 거절하기 어려운 달콤한 유혹이었다. 결국, 이 제안을 받아들여 그는 다시 한 번 전쟁에 참여하여 2년 동안 스페인을 세 번 방문하는 등 인민전선 정부를 위해 직접 또는 간접으로 노력하였다. 이 무렵 그는 위험을 무릅쓰고 『스페인 땅』(1938)이라는 영화 대본을 쓰고 영화 촬영에도 직접 또는 간접으로 참여하였다.

9. 마사 겔혼과 쿠바의 아바나

　　스페인 내전은 어니스트 헤밍웨이의 모험심을 충족해 주고 작품의 소재를 제공한 것 말고도 개인적으로 또 다른 각별한 의미가 있었다. 그는 이곳에서 앞으로 세 번째 아내가 될 마사 겔혼과 깊은 관계를 맺게 되었다. 헤밍웨이가 그녀를 처음 만난 것은 1936년 12월 마사가 크리스마스 휴가 여행으로 가족과 함께 키웨스트를 방문했을 때였다. 그는 단골 바 슬로피 조에서 마사를 처음 만나면서 거의 첫눈에 반하였다. 젊고 맵시 있는 그녀에게는 남성을 황홀하게 하는 매력이 있었다. 미모의 금발 저널리스트 마사는 폴린 파이퍼와 10년 넘게 살아온 헤밍웨이의 관심을 끌기에 충분하였다. 그가 네 살 연상 폴린에게 싫증을 느끼고, 아홉 살 연하의 젊은 마사에게 매력을 느낀 것은 어찌 보면 당연하였다. 첫 번째 아내 해들리와 비교하면 마사는 그녀의 딸이 될 정도로 나이가 어렸다.

　　헤밍웨이가 폴린을 점차 멀리하고 마사와 가까이한 데에는 또 다른 이유가 있었다. 두 번이나 제왕절개 수술을 하여 아이를 낳은 폴린은 의사의 권고대로 헤밍웨이와 섹스할 때 체외사정을 할 수밖에 없었는데 그는 이에 대해 적잖이 불만을 품어 왔다. 더구나 얼마 전에 헤밍웨이는 지난 4년간 사귀었던 제인 메이슨과 헤어졌고, 마사 역시 몇 년간 관계를 맺었던 프랑스 저널리스트와 헤어지려 하고 있었다. 이러한 이유만으로도 두 사람은 충분히 서로 가까워질 수 있었다. 마사가 키웨스트에 머무는 동안 헤밍웨이는 그녀에게 보트 운전과 낚시질 그리고 사냥 등을 가르쳐 주었다.

　반파시즘 정서가 강하고 스페인 공화파에 동조하던 헤밍웨이와 마사는 함께 스페인 내전을 취재하자는 데 의견을 모았다. 이 무렵 마사는 『콜리어스 위클리』에 소속되어 스페인 내전을 취재하고 있었다. 헤밍웨이는 그녀가 여성의 몸으로 온갖 위험을 무릅쓰고 전쟁터를 누비는 용기와 인내에 찬사를 보냈다. 그러던 중 1937년 초엽 마사가 스페인에 오면서 두 사람의 관계는 급속도로 가까워졌다. 이해 두 사람은 함께 바르셀로나에서 크리스마스를 보냈다. 1940년 12월 폴린과 이혼하자마자 헤밍웨이는 곧바로 마사와 결

오리 사냥에 나선 헤밍웨이 가족. 왼쪽부터 그레고리, 존, 어니스트, 그와 새로 결혼한 아내 마사, 패트릭이다. 어니스트의 아들들은 모두 마사의 존재를 인정했고, 특히 아버지에게 대등한 태도를 보이는 새어머니를 지지하였다. 당시 마사는 33세의 젊은 여인이었기에 아이들과 쉽게 소통할 수 있었다. 후일 그레고리는 자신을 유모 에이다에게 늘 맡겼던 친엄마 폴린보다 마사를 더 좋아했다고 고백했다.

혼하였다. 정식으로 결혼하기 전에 그들은 이미 4년 동안이나 불규칙하게 동거 생활을 하고 있었다.

미주리 주 세인트루이스 태생으로 명문 가문 출신인 마사는 여성 저널리스트로 꽤 이름을 날렸다. 독일에서 아돌프 히틀러가 권력을 잡고 점차 부상하는 상황을 보도하는가 하면, 체코슬로바키아에서 일어나는 정치적 소요를 직접 취재하기도 하였다. 제2차 세계대전이 일어나자 그녀는 이러한 일련의 사건을 소재로 한 『전장(戰場)』(1940)이라는 장편소설과 『타인의 마음』(1941)이라는 단편집을 출간하였고, 핀란드·홍콩·버마·싱가포르·영국 등지에서도 전쟁을 취재하였다. 공식적인 기자 자격증이 없는 마사는 들것 운반인으로 위장하고 취재할 정도로 현장 경험을 무척 중시한 저널리스트였다.

1941년 마사는 버마(현재의 미얀마)의 산악지대를 거쳐 중국의 충칭에 이르는 '버마 루트'에 대한 단독 취재에 나섰다. 사진은 충칭에서 취재를 마친 마사와 헤밍웨이 그리고 중국 국민당 병사들.

1933년에는 독일에 세워진 최초의 나치 집단 수용소인 다하우 수용소를 최초로 취재하여 보도하였다.

헤밍웨이는 마사 겔혼과 결혼하기 전인 1939년 4월 쿠바의 수도 아바나 근교로 거처를 옮겼다. 물론 폴린과 별거하는 동안에도 그는 아바나의 암보스 문도스 호텔에서 머물렀다. 헤밍웨이는 아바나에서 마사를 만나 곧바로 그 근교에 저택을 임대하였다. 19세기 중엽 스페인 카탈루냐 출신의 건축가 미겔 파스쿠알 이 바거가 지은 이 저택은 아바나에서 24킬로쯤 떨어진 언덕 위에 자리 잡고 있었다. 헤밍웨이는 마사와 결혼하자마자 그녀의 제안으로 이 집을 사들여 '전망 좋은 집'이라는 뜻으로 '핑카 비히아'라고 이름을 붙였다. 집값은 『누구를 위하여 종은 울리나』를 출간하여 받은 첫 인세로 치렀다.

쿠바의 아바나 근교에 있는 어니스트의 저택 핑카 비히아. 이곳에서 그는 20여 년 동안 살았다.

핑카 비히아의 서재. 그는 야외 생활을 하는 동안에도 틈틈이 많은 책을 읽었다.

1946년 핑카 비히아에 찾아온 아들 패트릭, 그레고리와 함께 시간을 보내는 헤밍웨이. 그는 한때 57마리의 고양이를 기른 적도 있었다. 마사는 집 안을 온통 차지한 헤밍웨이의 고양이들을 몹시 싫어했다.

그는 1939년 중반부터 1960년까지 20여 년 동안 이 집에 살면서 작품을 썼다. 그가 이렇게 한곳에서 오래 산 것은 이번이 처음이었다. 15에이커 대지에 테니스 코트와 수영장, 그리고 농가가 딸린 아주 큰 저택이었다. 헤밍웨이는 키웨스트에서 공작을 키웠던 것처럼 쿠바에서는 고양이를 키웠다. 1940년 초엽에는 해들리와 낳은 첫아들 존과 폴린과 낳은 두 아들 패트릭과 그레고리가 가끔 핑카 비히아를 방문하여 머물기도 하였다.

1959년 쿠바 혁명이 성공을 거둔 뒤 헤밍웨이는 피델 카스트로가 이끄는 쿠바 정부와 친밀한 관계를 유지하였다. 쿠바의 공산주의 혁명을 두고 헤밍웨이는 '훌륭한 혁명'이니 '정직한 혁명'이니 하며 치켜세웠다. 심지어 1960년에는 헤밍웨이의 이름을 붙인 스포츠 낚시대회에서 카스트로에게 우승배를 수여하기도 하였다. 쿠바의 공산주의 혁명을 반대하는 미국 정부에서는 헤밍웨이의 이러한 행동을 곱게 볼 리 없었다. 그리하여 이 무렵 미국 연방수사국(FBI)에서는 헤밍웨이를 예의주시하고 있었다. 한편 쿠바 정부는 1960년 가을 외국 재산을 상당 부분 몰수하였고, 미국 정부는 그해 10월 쿠바와 모든 외교 관계를 단절하면서 부분적으로 통상 금지령을 내렸다. 1961년 4월 피그스 만(灣) 침공 이후 쿠바가 공산주의 국가임을 선언하자 미국과 쿠바의 관계는 더욱 악화일로에 놓여 있었다.

헤밍웨이와 마사 부부가 쿠바에 사는 동안 제2차 세계대전이 일어나 세계는 다시 한 번 전쟁의 회오리바람에 휩싸이고 있었다. 그는 미 해군에 자원하여 필라 호를 타고 카리브 해 쿠바 해안에서 독일 잠수함을 수색하였다. 물론 독일 잠수함을 한 척도 발견하지 못했지만, 그 공로가 인정되어 1947년 미국 정부로부터 훈장을 받았다.

그 뒤에 헤밍웨이는 유럽에 특파원으로 파견되어 활약하였다. 조금 과

장되었다는 혐의가 짙지만, 그는 노르망디 상륙 작전에 참가하는가 하면, 독일군에 함락된 파리를 탈환하는 데에도 한몫하였다. 그런데 그가 이렇게 전쟁에 직접 참여한 것은 어디까지나 불법적인 행동이었다. 제네바 협정에 따르면 전쟁 특파원은 무장할 수 없도록 규정되어 있었다.

소설가, 여행 작가 그리고 저널리스트로서 나름대로 활약하던 마사 겔혼과 헤밍웨이의 결혼 생활은 생각처럼 원만하지 않았다. 해들리 리처드슨이나 폴린 파이퍼와 달리 마사는 순종적이지도 헌신적이지도 않았기 때문이다. 저널리스트로서 야심만만한 마사는 전쟁 특파원으로서 성공적인 직업을 좀처럼 포기하려고 하지 않았다. 한마디로 자신의 자아를 내세우면서 헤밍웨이의 의지에 굴복하려고 하지 않았다. 달리 말하면 그녀는 단순히 유명한 작가의 아내로 남아 있고 싶지 않았던 것이다. 이러한 태도는 그녀가 장편소설 『전장』을 출간할 때 '마사 헤밍웨이'라는 이름을 사용하지 않고 "마사 겔혼(지금은 어니스트 헤밍웨이의 아내)"이라고 표기한 데에서도 단적으로 드러난다.

기질적으로나 직업적으로나 마사는 헤밍웨이의 이전 두 아내처럼 그의

런던에서 어니스트는 『타임』의 여기자 메리 웰시를 만나 교제하기 시작했다. 그는 곧 노르망디 상륙 작전을 취재했고(그사이 마사는 병원선에 숨어 있다가 내리자마자 체포되어 미국으로 송환되었다) 이어서 제4 보병 사단에 합류하여 프랑스 중북부의 랑부예에서 프랑스 비정규군을 지휘했다. 1944년 8월에 찍은 이 사진에서 어니스트는 파리-아니면 적어도 여행자 클럽과 리츠 호텔 바-를 '해방하러' 가는 길에 지도를 들여다보고 있다.

기분을 맞추어 주지 않았다. 그는 마사가 뉴스 보도 일로 오랫동안 집을 비우는 것이 마음에 들지 않았고 마침내 자주 화를 내기 시작하였다. 1943년 마사가 이탈리아 전선을 취재하기 위해 집을 비웠을 때 헤밍웨이는 그녀에게 보낸 편지에서 "당신은 전쟁 특파원이야, 내 침대를 지키는 아내야?"라고 따져 물었다. 저명한 저널리스트인 마사로서는 남편의 이러한 간섭을 참을 수 없었다. 헤밍웨이는 연합군이 프랑스 셰르부르 근처에서 전개하는 상륙작전 D데이에 참가할 계획을 세우고 있었는데 마사도 참가하려고 한다는 소식을 듣자 그녀를 만류하였다. 그러나 온갖 위험을 무릅쓰고 해상 경로를 이용하여 전쟁으로 파괴된 런던에 도착한 마사는 헤밍웨이에게 이제는 참을 만큼

1944년 봄, 런던의 돌체스터 호텔 객실에 있는 어니스트. 그는 마사가 쿠바에 머무르며 헤밍웨이 집안의 안주인이 되어 주기를 바랐으나, 그녀는 가난한 사람들을 취재하러 아이티로 떠나기도 하고 어니스트가 낚시하러 간 사이에 그의 수고양이들을 모두 거세시키기도 하여 화를 돋우었다. 마사가 콜리어 사 소속 종군 특파원으로 전황을 취재하러 유럽으로 떠나겠다고 선언하며 그에게도 그렇게 하라고 요구했을 때, 두 사람 사이의 긴장은 극도로 고조되었다. 화가 난 어니스트는 콜리어 사에 전화해서 자신이 마사 대신 종군 특파원으로 일하겠다고 제안하기도 했다.

참았다며 선전포고를 하였다. 결혼 초부터 삐걱거리던 두 사람의 결혼 생활은 4년 넘게 크고 작은 갈등을 빚은 끝에 마침내 이혼하기에 이르렀다.

같은 의사 집안에서 태어나 자라났으면서도 헤밍웨이와 마사의 생활 방식은 사뭇 달랐다. 그녀는 조금 지나치다 싶을 만큼 청결과 위생에 신경 쓰는 반면, 헤밍웨이는 목욕이나 샤워도 자주 하지 않았다. 마사는 처음에는 장난기로, 나중에는 정색을 하고 그를 '돼지'라고 부르며 비아냥거렸다. 이 점에 대해 그녀는 "실제로 나는 비정상적일 만큼 청결하지는 않다. (……) 그러나 어니스트는 몹시 더럽고, 내가 지금까지 알고 있는 사람 중에서 가장 청결하지 않은 사람 가운데 하나였다."라고 불평을 털어놓았다.

따지고 보면 마사가 결혼한 대상은 인간 헤밍웨이가 아니라 작가 헤밍웨이였다. 그리고 그녀의 결혼 동기로는 사랑의 정열보다는 작가적 야심이 더욱 중요하게 작용하였다. 결혼한 다음에도 두 사람은 성적으로 양립할 수 없었다. 헤밍웨이가 섹스를 동물적인 본능의 충족으로 간주했다면, 마서는 섹스에 낭만적이고 예술적인 의미를 부여하였다. 모두 네 번에 걸친 헤밍웨이의 결혼 중에서 마사와의 결혼 생활이 가장 짧은 까닭도 바로 거기에 있다. 처음 두 아내에게서 세 아들을 낳은 헤밍웨이는 무척 딸을 갖고 싶어 하였다. 그러나 폴린은 이미 아이를 낳을 수 없는 상태였고, 마사는 언제 헤어질지도 모르는 상황에서 그와 잠자리를 같이하여 아이를 낳고 싶지 않았다. 두 사람 관계가 나빠졌을 때 마사는 성적 쾌락 때문이 아니라 헤밍웨이에게 고통을 주려고 일부러 다른 남자와 관계를 맺으려고 하였다. 헤밍웨이는 좀처럼 인정하지 않으려고 했지만, 실제로는 그가 마사를 버린 것이 아니라 오히려 그녀에게 이혼 당하였다. 마사와의 이혼은 열아홉 살 때 애그니스 쿠로스키에게 배반당했던 경험만큼이나 그에게 충격이 컸다. 강한 의지력으로 보나 지

2008년 미국에서 마사 겔혼 탄생 100주년을 기념하여 발행한 우표.

적인 면으로 보나 그녀는 자신과 필적할 만한 유일한 여성이었기 때문이다. 어머니 그레이스 말고 그의 의지를 꺾고 심지어 그를 지배하려고 한 여성은 마사밖에 없었다.

남녀가 헤어지는 데에는 열세 가지 이유가 있다지만 헤밍웨이가 마사 겔혼과 헤어진 데에는 또 다른 이유가 있었다. 헤밍웨이가 자동차 사고로 병원에 입원해 있을 때 병문안을 온 마사가 남편에게 이상야릇한 웃음을 지었다는 것도 이혼 사유 중 하나였다. 헤밍웨이는 마사가 자신을 비웃은 것으로 오해했던 것이다. 어쩌면 실제로 비웃었는지도 모른다. 마사는 자신의 일에 자부심을 느끼고 있었다. 『런던 데일리 텔레그래프』는 그녀를 "20세기에 가장 훌륭한 전쟁 특파원 중 한 사람"으로 높이 평가할 정도였다. 실제로 그녀는 60여 년에 걸친 저널리스트 경력에서 세계 곳곳에서 일어난 갈등과 전쟁에 참가하여 기사를 보도해 왔다. 미국 체신부가 마사를 기념하는 우표를 발행할 정도이니 저널리스트로서의 그녀에 대한 평가를 쉽게 짐작할 수 있다.

헤밍웨이가 이곳에서 가장 오래 거주했기 때문이기도 하겠지만, 플로

쿠바 아바나에 있는 호텔 암보스 문도스. 어니스트는 『누구를 위하여 종은 울리나』의 첫 장을 이곳에서 집필했다.

리다의 키웨스트와 비교할 때 쿠바의 핑카 비히아는 그에게 창작의 산실과 같았다. 그는 스페인 내전을 소재로 삼은 『누구를 위하여 종은 울리나』를 암보스 문도스 호텔에서 처음 집필하기 시작하였다. 핑카 비히아로 이주한 뒤로는 이 작품의 대부분을 카리브 해와 로키 산맥에서 집필하였다. 헤밍웨이가 쓴 작품 중에서 흔히 "가장 충만하고 가장 심오하고 가장 진실한 작품"으로 일컫는 이 장편소설은 그의 문학에서 분수령과 같은 역할을 하였다. 『유산자와 무산자』에서 처음 씨앗을 뿌린 사회의식이 이 작품에서 이르러 싹터서 자랐기 때문이다. 주인공 로버트 조던은 한 인간이 자신의 사사로운 감정이나 이해관계에서 벗어나 좀 더 나은 사회를 위한 공동선이 존재한다는 사실을 깊이 깨닫는다.

10. 메리 웰시와 아이다호 주의 케첨

어니스트 헤밍웨이는 마사 겔혼과 소원한 상태에 있던 1944년 런던에서 신문기자요 특파원으로 활약하던 메리 웰시를 만나 사귀기 시작하였다. 메리는 마사와 마찬가지로 헤밍웨이보다 나이가 아홉 살 아래였다. 미네소타 주 출신인 메리는 두 번 결혼에 실패한 뒤에 헤밍웨이를 만났다.『시카고 데일리 뉴스』에서 일하던 그녀는 런던에서 휴가를 보내던 중 런던의『데일리 익스프레스』와 미국의 시사 주간지『타임』의 런던 지사에서 새로운 일자리를 찾았다. 파리에서 근무하던 그녀는 1940년 파리가 독일군에 함락되자 런던으로 돌아와 전쟁을 취재하였다. 그녀가 헤밍웨이를 처음 만난 것은 바로 이 무렵이었다. 그동안 메리와 관계를 맺고 있던 미국의 소설가 어윈 쇼가 그녀를 헤밍웨이에게 소개한 것으로 알려졌다.

야심 많고 독립적인 마사 겔혼과는 달리 메리는 헤밍웨이의 정서적 욕구를 잘 알고 있었으며 어떻게 해서든지 그의 기분을 맞추어 주려고 애썼다. 뒷날 메리는 "나는 [헤밍웨이가 주인이기를 바랐고, 나보다 더 강하고 더 똑똑하기를 바랐으며, 그가 얼마나 위대하고 내가 얼마나 왜소한지를 끊임없이 상기시켜 주고 싶었다."라고 털어놓았다. 이렇게 비굴한 메리에 대해 마사는 왜 그녀가 "짐승 같은 사람을 주인으로 모시고 노예 생활"을 하는지 도무지 이해할 수 없다고 말한 적이 있다. 어찌 되었든 마사와 이혼한 지 넉 달 뒤인 1946년 3월 헤밍웨이는 메리와 네 번째로 결혼하고 쿠바의 핑카 비

어니스트의 진정한 사랑 필라에 타고 있는 두 사람. 그와 메리의 결혼 생활은 사랑이 넘치는 만큼 다툼도 잦았다. 그들은 심지어 결혼식 당일에도 싸웠다. 뒷날 아들 잭은 어니스트가 메리를 떠나보내려는 의도에서 함부로 대했더라도 메리는 그런 술수에 넘어가지 않았으리라고 술회했다. 메리는 어니스트를 몹시 사랑했기에 고통과 소외감을 느끼면서도 어떡하든 그의 곁을 지키려고 했다. 잭은 만일 어니스트가 메리에게 하듯이 다른 사람들을 함부로 대했다면 모두 그의 곁을 떠났으리라고 말했다.

히아에서 살았다. 메리 웰시가 헤밍웨이의 네 아내 중에서 그와 가장 오래 살았고 또 마지막 아내로 남을 수 있었던 이유는 단지 그가 갑자기 자살했기 때문만은 아니다. 해들리처럼 메리도 헤밍웨이가 원하는 것이라면 무엇이든 들어주고, 기분을 맞추어 주고, 아내로서 고분고분하고, 헌신적이었기 때문이다. 메리는 마지막 아내로서 노벨 문학상의 수상과 메이요 병원의 치료 같은 헤밍웨이의 영욕을 함께한 반려자였다.

그러나 메리도 헤밍웨이와의 결혼 생활에서 크고 작은 갈등과 시련을 겪을 수밖에 없었다. 무엇보다도 남편이 젊은 여성들과 애정 행각을 벌이기 때문이었다. 헤밍웨이보다는 아홉 살이나 나이가 어렸지만, 메리도 어느덧 오십 대에 접어들었다. 그러나 나이 예순이 넘은 헤밍웨이는 이탈리아의 베네치아 출신의 젊은 여성 아드리아나 이반치치, 아일랜드 출신의 비서 겸 애인 밸러리 댄-스미스와 관계를 맺는 등 여전히 정력을 과시하였다. 아무리 헌신적인 메리로서도 때로는 좌절하지 않을 수 없었다.

1953년 헤밍웨이는 메리와 함께 동아프리카로 두 번째 수렵 여행을 떠났다가 여행 중에 아프리카에서 두 번에 걸쳐 비행기 사고와 들불로 중상을 입었다. 그리하여 한때 헤밍웨이가 사망했다는 풍문이 전신을 타고 전 세계에 퍼지기도 하였다. 그는 병원에 입원하여 자신의 사망 기사를 읽으며 코웃음 쳤다. 그만큼, 그는 이 무렵 전 세계가 주목하는 작가가 되었다. 1954년 12월 그는 미국 작가로서는 다섯 번째로 노벨 문학상을 받는 영예를 안았다. 건강이 나쁘다는 이유로 시상식에 참석하지 못하겠다고 하자 쿠바 주재 스웨덴 대사가 핑카 비히아로 직접 그를 방문하여 상패를 전달하였다.

1940년에 『누구를 위하여 좋은 울리나』를 출간하고 난 뒤 헤밍웨이는 이렇다 할 작품을 집필하지 못한 채 창작적 에너지가 거의 소진된 상태에 있었다. 그래서 비평가들은 이제 '파파의 시대'는 마침내 종말을 고하였다고 선언하였다. 이러한 비판을 만회라도 하려는 듯이 그로부터 10년 뒤 헤밍웨이는 『강을 건너 숲 속으로』(1950)라는 장편소설을 출간했지만, 비평가들은 냉담한 반응을 보였다. 지금까지도 이 소설은 헤밍웨이 장편소설 중에서 가장 실패한 작품이라는 평가를 받는다.

그러나 1952년 헤밍웨이는 『노인과 바다』를 출간하여 아직도 건재하다는 사실을 전 세계에 입증하였다. 키웨스트에 있을 때와 마찬가지로 그는 쿠바에 살면서도 바다낚시를 즐겨 하였으며, 그 경험은 그가 살아 있을 때 출간한 마지막 작품인 이 소설에서도 잘 드러나 있다. 그는 이 작품을 1952년 9월 1일 자 『라이프』에 전재한 뒤 곧바로 단행본으로 출간하여 낙양의 지가를 올렸다. 이듬해 이 소설

『노인과 바다』(1952)

은 퓰리처상 소설 부문에서 수상하였으며, 1954년에는 문학가에게 수여하는 최고의 영예라고 할 노벨 문학상을 받는 데 견인차 역할을 하였다.

한때 헤밍웨이는 그가 한 행동 때문에 미국은 말할 것도 없고 전 세계에 뉴스거리가 되었다. 그러나 1950년대에 이르러서는 그저 '헤밍웨이'라는 사실만으로도 큰 뉴스거리가 되었다. 쿠바에 살 때 헤밍웨이가 길거리에 나타나면 사람들이 몰려와 "파파! 파파!"라고 외쳐 대면서 환호할 정도였다. 이 무렵 헤밍웨이는 대중에게서 거의 우상 숭배와 다름없는 대접을 받았다. 1951년 기사보다 사진을 주로 싣는 미국의 잡지 『루크』에서는 그에게 아프리카 수렵 여행 비용으로 1만 5천 달러를 지급하겠다고 나섰다. 단 한 가지 조건은 잡지사에서 사진사 한 사람을 딸려 보낸다는 것이었다. 수렵

1954년 10월 28일, 어니스트 헤밍웨이는 노벨 문학상 수상자로 선정되었다. 스톡홀름에서 상을 받기에는 그가 너무 쇠약했기에 같은 해 12월 쿠바 주재 스웨덴 대사가 핑카 비히아에서 그에게 상을 전달했다. 어니스트는 상금으로 3만 5,000달러를 받았고, 금메달은 쿠바 민중에게 헌정했다.

여행에 관한 글을 써주면 1만 달러를 더 주겠다고 하였다. 그는 1951년 9월 아프리카로 떠났고, 사냥하여 잡은 표범을 옆에 두고 지긋이 미소를 지으며 찍은 그의 사진이 이 잡지에 실려 세상 사람들의 눈길을 끌었다.

1959년 4월 피델 카스트로가 쿠바에서 권력을 잡자 헤밍웨이는 아이다호 주 케첨에 17에이커 대지의 저택을 구입하였다. 헤밍웨이와 메리는

헤밍웨이와 카스트로.

쿠바를 떠나 이번에는 아이다호 주 선밸리 근처 시골 마을로 거처를 옮겼다. 1960년 7월 헤밍웨이는 마지막으로 쿠바를 방문한 뒤 뉴욕을 거쳐 스페인으로 갔다. 그리고 미국으로 돌아오고 나서 케첨에서 칩거하다시피 하였다. 비록 몸은 미국에서도 벽지 중의 벽지라고 할 수 있는 아이다호 주 마을로 옮겨 왔지만, 정신적으로는 쿠바의 일을 쉽게 뇌리에서 떨쳐 내지 못하였다. 쿠바에 사는 동안 그는 한편으로 FBI에 고용되어 쿠바에서 활약하는 '불순분자들'을 색출하는 스파이 노릇을 하였고, 다른 한편으로 FBI로부터 끊임없이 감시를 받았다. 누구보다도 파시즘을 싫어했던 그는 쿠바에서 나치 동조자들을 잡기 위해 자신이 직접 소규모 스파이 단체를 조직하였다. '크룩 팩토리(악당 공장)'라고 부른 이 단체는 주로 헤밍웨이의 술친구들과 몇몇 전문적인 스파이로 구성되어 있었다. 그는 스페인 내전에서 파시즘에 맞서 소련 편에 서 있었으며, 쿠바의 혁명가 피델 카스트로와 가깝게 지냈다. 이런저런 사건으로 그는 FBI와 갈등을 빚을 수밖에 없었고, 그 뒤 FBI로부터 10여 년 동안 감시를 받고 있었던 것이 사실이다.

11. 헤밍웨이의 여성들

어니스트 헤밍웨이의 여성들은 하나같이 그가 전쟁 중에 만났거나 전쟁과 관련이 있다는 공통점이 있다. 이렇듯 그에게 전쟁과 사랑은 아주 밀접하게 관련되어 있었다. 여러 번 전쟁을 겪은 만큼 그는 어느 작가보다도 여성 편력이 많았다. 결혼의 실패와 이혼을 개인의 패배로 간주하면서도 그는 무려 네 번이나 정식으로 결혼했고, 여러 여성과 염문을 뿌리면서 어떤 때는 육체적 관계를 맺기도 했고 또 어떤 때는 정신적인 사랑으로만 끝난 때도 있었다. 이 점과 관련하여 윌리엄 포크너는 "만나는 여자마다 결혼해야 한다고 생각하는 데 헤밍웨이의 실수가 있었다."라고 날카롭게 꼬집은 적이 있다. 40여 년간 헤밍웨이의 행적을 보면 포크너의 말에도 일리가 있다.

헤밍웨이는 도대체 왜 이렇게 여러 번 결혼하고 여러 번 이혼했을까? 그는 필립 영 교수의 정신분석 비평을 끔찍이 싫어해서 만약 권투 선수인 아치 무어가 시합하다가 다리를 잃어도 영은 아마도 그를 정신적 외상의 희생자로 진단할 것이라며 비꼬기도 하였다. 그러나 위 물음에 제대로 대답하려면 조금이나마 정신분석이 필요할 것 같다. 열아홉 살 때 첫사랑 애그니스 쿠로스키에게서 배신당한 이래 그에게는 좀처럼 여성을 믿지 못하는 버릇이 생겼다. 그래서 아내가 자신을 배신하기 전에 자신이 먼저 아내를 배신하곤 하였다. 이러한 자기방어적인 태도는 여성뿐 아니라 친구들과의 관계에서도 엿볼 수 있다. 셔우드 앤더슨이나 거트루드 스타인의 경우처럼 헤밍웨이는 친구에게서 공격받기 전에 자신이 먼저 친구를 공격하는 식으로 대응하였다. 병적이라고 할 만큼 누구보다도 자기중심적이었던 헤밍웨이는 아내에게서 먼저 이혼당하는 것을 차마 받아들일 수 없었다. 다만 예외가 있다면 세 번째 아내 마사 겔혼의 경우이다. 앞서 언급했듯이 마사가 먼저 헤밍웨이에게 이혼을 요구했고, 그는 그녀의 요구를 받아들일 수밖에 없었다.

헤밍웨이의 여성 편력을 좀 더 자세히 살펴보면 일정한 패턴이 드러난다. 십 대와 이십 대에는 연상의 여성과 결혼하거나 사귀지만, 나이가 들면서 연하의 여성과 결혼하거나 사귄다. 가령 이탈리아 전선에서 막 돌아온 뒤 미시간 북부에서 휴양하고 있을 때 그가 처음으로 관계를 맺은 여성도 그보다 나이가 몇 살 많았다. 결혼까지 이르지는 못했어도 애그니스 쿠로스키 역시 그보다 일곱 살이나 많았다. 첫 번째 아내 해들리 리처드슨은 그보다 무려 여덟 살이나 연상이었고, 폴린 파이퍼도 그보다 네 살이 많았다. 해들리와 폴린 사이에 잠시 사귀었던 더프 트위스든도 폴린과 동갑이었다. 그러나 헤밍웨이는 삼십 대와 사십 대에 접어들면서부터는 자신보다 훨씬 어린 여성과 결혼하거나 사귀기 시작한다. 마사 겔혼과 메리 웰시, 낸시 슬림 혹스는 헤밍웨이보다 아홉 살, 제인 메이슨은 그보다 열 살이 어리다. 그런가 하면 헤밍웨이는 오십 대에 들어서부터는 아예 십 대 여성들과 사귄다. 가령 아드리아나 이반치치와 밸러리 댄-스미스 등이 그러하다.

더구나 헤밍웨이는 동시에 두 여성을 사랑하기도 하였다. 해들리 리처드슨과 결혼 생활을 하는 동안 더프 트위스든을 만났고, 해들리와 폴린 파이퍼를 동시에 사랑하였다. 또한, 폴린 파이퍼와 제인 메이슨, 폴린 파이퍼와 마사 겔혼, 마사 겔혼과 메리 웰시, 메리 웰시와 낸시 슬림 혹스의 경우처럼 그는 동시에 다른 여성을 사랑하였다. 그는 헌신적인 아내와 결혼 생활을 계속하면서, 앞으로 새로운 아내가 될 젊은 여성과 애정 행각을 벌이곤 하였다. 어찌 보면 그는 언제나 오직 한 여성만을 사랑할 수 없었는지도 모른다.

또 한 가지 눈여겨봐야 할 것은 헤밍웨이가 새 작품을 쓸 때면 으레 아내와 이혼하거나 새로운 여성을 만난다는 점이다. F. 스콧 피츠제럴드는 한 친구에게 보낸 편지에서 헤밍웨이는 새 작품을 쓸 때마다 새 여성이 필요하다고 밝힌 적이 있다.

나는 어니스트가 훌륭한 책을 쓸 때마다 새로운 여성이 필요하였다는 이론을 제시한다. 일련의 단편소설과 『태양은 다시 떠오른다』를 쓸 때 한 여성이 있었다. 지금은 폴린이 있다. 『무기여 잘 있어라』는 훌륭한 작품이다. 훌륭한 책을 또 한 권 쓴다면 어니스트한테는 또 다른 새 아내가 필요할 것이다.

이 편지에서 피츠제럴드는 헤밍웨이가 여러 번 결혼한 것을 넌지시 비꼬는 듯하다. 그러나 농담 속에 진담이 들어 있다고 피츠제럴드의 이 말에는 그냥 무시해 버릴 수 없는 진실이 담겨 있다. 그의 말대로 헤밍웨이에게 소설 창작과 여성 사이에는 밀접한 함수 관계가 있다. 그가 『태양은 다시 떠오른다』를 집필할 때 첫 번째 아내 해들리 리처드슨이 필요했다면, 『무기여 잘 있어라』를 쓰기 위해서는 두 번째 아내 폴린 파이퍼가 필요하였다. 『누구를 위하여 종은 울리나』와 『노인과 바다』의 경우도 예외가 아니어서 이 두 작품을 집필할 때에도 헤밍웨이에게는 새로운 여성이 필요하였다. 피츠제럴드는 '훌륭한 책'이라고 못 박아 말하고 있지만, 훌륭한 책이 아닌 작품을 쓸 때에도 헤밍웨이에게는 늘 새로운 여성이 필요하였다.

그러고 보니 헤밍웨이가 왜 소설 집필과 섹스가 동일한 동력에서 비롯한다고 말했는지 알 만하다. 그는 한마디로 "가장 훌륭한 작품은 누군가를 사랑하고 있을 때 쓸 수 있다."라고 잘라 말한다. 실제로 1950년대에 이르러 그는 창작 에너지가 거의 소진되어 이렇다 할 작품을 내놓지 못하고 있었다. 바로 이 무렵 이탈리아에서 아드리아나 이반치치가 쿠바로 와서 석 달 동안 헤밍웨이와 함께 살았다. 조금 과장하여 말하자면 『강을 건너 숲 속으로』와 『노인과 바다』는 아드리아나가 없었다면 쓸 수 없었을지도 모른다. 그녀에 대해 헤밍웨이는 셋째 아들 그레고리에게 "아드리아나는 꿈꾸기에 너무 아름답다. 잠에서 깨어나면 전날보다 더 기운이 나고 낱말이 나한테서 쏟아져 나온다."라고 말하였다. 이렇듯 여성은 그에게 예술적 영감을 불어넣어 줄 뿐 아니라 예술적 활력을 채워 주었다. 그런 점에서 헤밍웨이는 19세기 러시

1950년 헤밍웨이는 아드리아나 이반치치와 그녀의 어머니를 쿠바로 초청하여 두 사람은 1951년 2월 첫 주까지 그곳에 머물렀다. 아드리아나가 18세 소녀였던 시절에 그녀를 만난 적이 있는 헤밍웨이는 그녀에 대한 연정을 여전히 품고 있었다. 그는 『노인과 바다』의 표지 디자인을 아드리아나에게 맡겼다.

아의 문호 레프 톨스토이와 비슷한 데가 있다. 톨스토이는 이반 투르게네프에게 "나는 무엇인가를 쓸 수 있기 전에 먼저 사랑의 열정을 경험하여야 한다."라고 고백한 적이 있다.

한편 헤밍웨이는 새로운 아내를 맞이할 때마다 장소를 옮긴다는 점도 눈여겨볼 필요가 있다. 해들리와 결혼한 직후 그가 미국을 떠나 파리로 이주했다는 것은 앞서 이미 언급하였다. 파리에서 해들리와 이혼하고 폴린과 재혼한 뒤 헤밍웨이는 파리 생활을 청산하고 미국으로 돌아간다. 재혼과 더불어 그는 플로리다 주 최남단 키웨스트 섬에 새로운 거처를 마련하였다. 뒷날 폴린과 이혼하고 마사 겔혼과 세 번째로 결혼한 뒤에는 거처를 키웨스트에서 쿠바의 아바나 근처로 옮겼다. 그리고 마사와 이혼하고 네 번째 아내 메리 웰시와 결혼한 뒤에는 다시 아바나 근처에서 미국 아이다호 주 선밸리 근처 케첨으로 이주하였다. 헤밍웨이가 이렇게 새로 아내를 맞을 때마다 삶의 터전을 옮기는 것은 어쩌면 전 부인과의 관계를 모두 청산하고 새로운 삶을 시작하려는 상징적 몸짓인지도 모른다. 네 아내와 새로운 거처를 도식으로 그려 보면 다음과 같을 것이다.

해들리(프랑스의 파리) ⇨ 폴린(플로리다 주의 키웨스트) ⇨ 마사(쿠바의 아바나) ⇨ 메리(아이다호 주의 케첨)

12. 거인의 죽음

　　어니스트 헤밍웨이는 열아홉 살에 신문기자와 전쟁 영웅이 되었고, 열아홉 살에 실연했으며, 스물두 살에 결혼하여 스물세 살에 유럽 특파원이 되었고, 스물네 살에 아버지가 되었다. 비교적 짧은 시간에 그의 삶에서 그처럼 많은 일이 한꺼번에 일어났다. 일본 개화기의 선각자 후쿠자와 유키치(福澤諭吉)는 언젠가 문명론을 설파하면서 일본적 특징을 일신이생(一身二生) 또는 일인양신(一人兩身)이라고 불렀다. 한 몸으로 두 삶을 살았다는 뜻이다. 일본의 봉건제와 서양 문명을 동시에 경험하면서 그가 느낀 충격은 실로 엄청났을 것이다. 그런데 헤밍웨이는 한 몸으로 두 삶이 아니라 세 삶, 아니 네 삶을 살았다. 후쿠자와처럼 급변하는 시대에 태어났기 때문이 아니라 오대양 육대주를 자기 집 앞마당처럼 누비며 살았기 때문이다. 요즈음에는 여기저기서 '지구촌', '세계화'를 외쳐 대지만, 헤밍웨이야말로 참다운 의미의 지구촌 주민이라고 할 만하다.

　　더구나 헤밍웨이는 집 안보다는 주로 집 밖에서, 실내보다는 주로 야외에서 생활하였다. 집 안 거실에 편안히 앉아서 가족과 다정하게 담소하거나 음악을 듣는 그의 모습은 상상하기 쉽지 않다. 또한, 그가 주민센터에서 서류를 발급받거나 세무서에서 세금 신고하는 모습도 좀처럼 떠올리기 어렵다. 그가 자리에 앉아 있을 때라고는 카페나 술집에서 친구들과 술을 마시거나 투우장에서 투우를 관람할 때뿐이다. 나머지 시간은 대부분 운동을 하거나

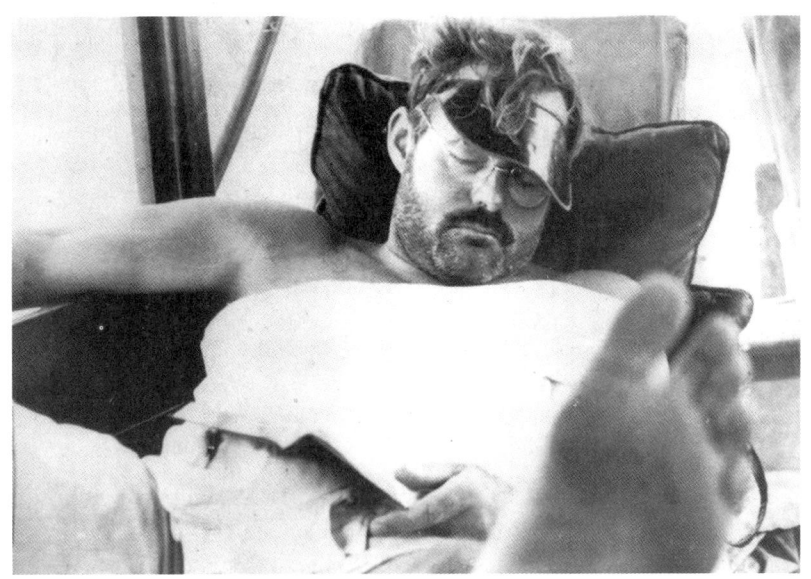

헤밍웨이는 폭탄을 맞은 적도 있었고, 뇌진탕을 일으킨 적도 있었으며, 장기 세 개가 한꺼번에 파열된 적도 있었다. 시력과 청력을 일부 잃었고, 척추뼈가 으스러진 적도 있었으며, 화상을 입기도 하였다. 그러나 그는 살아남았다.

사냥을 하거나 낚시를 하였다. 심지어 그는 길을 걸을 때조차 섀도복싱을 하며 걸을 정도였다.

 이처럼 주로 야외에서 분주하게 살아왔기에 헤밍웨이는 만년에 이르러 그 대가를 톡톡히 치렀다. 오십 대에 들어서자 그는 벌써 노년 티가 역력히 났다. 그의 몸은 185센티미터 가까운 신장에 체중이 110킬로그램이 넘는 건장한 체구였지만, 건강을 소홀히 하고 몸을 학대한 탓에 나이 예순이 넘으면서 그 후유증이 나타나기 시작하였다. 게다가 그는 젊은 시절에 자주 사고를 당하고 질병에 시달렸다. 존 도스 패서스는 "어니스트처럼 강건한 사람치고 그처럼 그렇게 많은 시간을 침대에 누워 지내는 사람을 본 적이 없다."라고 털어놓을 정도였다.

특히 헤밍웨이가 평생 마신 술은 그의 건강에 치명적이었다. 열다섯 살 때부터 술을 마시기 시작한 그는 삶에서 술만큼 즐거움을 주는 것도 없다고 고백할 정도로 음주를 즐겼다. 동생 레스터에 따르면 1930년대 후반 키웨스트에서 살 무렵 헤밍웨이는 날마다 스카치 위스키를 17잔씩 마셨다. 쿠바의 아바나 근교에 살 때에도 그는 잠자리에 들 때 샴페인 한 병을 침실에 가지고 들어갔다가 다음 날 아침 침실에서 나올 때 빈 병을 들고 나왔다. 그러다 보니 육십 대로 접어들면서 헤밍웨이는 알코올 중독에 고혈압, 당뇨병으로 시달렸다. 특히 사십 대 후반부터 증세가 나타나기 시작한 고혈압은 약으로 조절되지 않을 정도로 심각한 상태에 이르렀다. 또한, 신장염과 간염 진단을 받았고, 혈색소침착증의 의심을 받았다. 그 밖에도 그는 우울증과 편집증 같은 정신질환에 시달리기도 하였다. 한마디로 그의 몸은 온갖 질병이 기생하는 숙주와 같았다.

또한, 이 무렵 헤밍웨이는 FBI가 자신을 쫓고 있다는 망상과 강박관념에 시달렸기에 세계 최고의 병원으로 손꼽히는 미네소타 주 로체스터에 있는 메이요 병원에서 전기 충격 치료를 받았다. 이 치료 때문에 체력이 약해지고 기억력이 상실되어 이제 작가로서 글을 쓸 수 없는 상태에 이르렀다. 결국, 헤밍웨이는 1961년 7월 2일 새벽 7시경에 케첨의 자택에서 엽총으로 자살하였다. 비록 온갖 질병에 시달리고 있었다고는 하지만, 평소 자살을 비겁한 행위로 간주하고, 자살한 아버지를 겁쟁이라고 비난했던 그가 스스로 목숨을 끊은 까닭은 무엇이었을까?

자살하기 한 달 전인 1961년 6월 자신의 삶과 관련하여 헤밍웨이는 "인간은 무엇에 관심을 갖는가?"라고 스스로 질문을 던진다. 그러면서 "건강하

1960년 1월부터 7월까지 마지막 부인 메리와 함께 쿠바에 머물던 그는 하루하루 몸이 쇠약해졌지만, 『위험한 여름』의 집필에 매달렸다. 이 시기에 그는 고양이들에 둘러싸여 살았다. 그중 한 마리에 '외톨이'라는 별명을 붙여 주고 술을 가르치기도 하였다. 우유에 위스키를 타주면 외톨이는 아주 좋아했다. 헤밍웨이는 글이 잘 풀리지 않았고, 심각한 우울증에 시달렸으며 건강도 몹시 나빠진 상태였다.

게 사는 것. 일을 잘하는 것. 친구들과 함께 식사하고 술을 마시는 것. 침대에서 즐기는 것"이라고 대답하였다. 이 네 가지는 그가 평생토록 탐닉했던 것들이었다. 그러나 이 무렵 그는 그중에서 어느 것 하나 제대로 즐길 수 없는 처지가 되었다. 특히 글쓰기를 목숨처럼 소중하게 생각해온 그로서는 이제 더는 작품을 쓰지 못하게 되었다는 사실이 사형 선고나 다름없었을 것이다.

헤밍웨이는 언젠가 자신이 상정하는 천국의 모습을 이렇게 묘사한 적이 있다.

나에게 천국은 맨 앞줄 좌석 두 개를 차지하고 있는 큼직한 투우장, 그 바깥에는 나 말고는 아무도 낚시를 할 수 없는 송어가 사는 개울, 그리고 읍내에 멋진 집 두 채가 있는 곳이면 될 것이다. 두 집 중 한 채에 일부일처주의자인 나는 아내와 자식들을 거느리고 그들을 사랑하며 행복하게 살 것이다. 다른 집 한 채에는 아름다운 정부(情婦) 아홉 명을 한 층에 한 명씩 거느릴 것이다.

헤밍웨이가 그리는 천국의 모습은 기독교에서 흔히 말하는 천국의 모습과는 전혀 다르다. 신약성서「요한계시록」에 기록된 대로 '새로운 예루살렘', 즉 모든 사람이 이제 더는 눈물을 흘리지 않고, 죽음도 없고, 애통하거나 아프지도 않은 지복천년의 세계와는 거리가 멀다. 헤밍웨이에게는 투우를 잘 관람할 수 있는 투우장의 특등석, 혼자서 마음껏 송어 낚시를 할 수 있는 맑은 개울이 곧 천국이다. 또 아내와 자식을 거느릴 수 있는 집 한 채에다 정

1961년 7월 2일 헤밍웨이의 자살을 알리는『로스앤젤레스 타임스』1면 기사. 한국에서 장도영이 내각수반을 사임했다는 기사도 보인다.

피델 카스트로가 어니스트의 저택 핑카 비히아를 헤밍웨이 박물관으로 개조했다는 기사를 게재한 쿠바 신문.

어니스트 헤밍웨이와 그의 마지막 부인 메리 웰시가 나란히 누워 있는 케첨의 묘지.

부 아홉 명을 거느릴 수 있는 별채가 있으면 금상첨화다. 한마디로 그가 머리에 그리는 천국은 굳이 천상에 올라가거나 요단 강 건너편으로 가지 않더라도 얼마든지 지상에서 찾을 수 있는 곳이다. 그런데 이러한 지상의 천국마저 헤밍웨이에게는 이제 그림의 떡이 되고 말았다. 그는 스스로 비겁자라는 사실을 인정하면서까지 마침내 스스로 목숨을 끊을 수밖에 없었다. 그는 여러 번 이혼하고, 자살했기에 가톨릭 교회의 규정에 따라 교회에서 정식 미사로 장례를 치를 수 없었고, 다만 묘지에서 가톨릭 교회식으로 장례를 치렀을 뿐이다. 그 뒤 미국 문학의 거인 헤밍웨이는 아이다호 주 선밸리 공동묘지에 묻혀 영면에 늘었다.

헤밍웨이가 사망한 뒤 미망인 메리 웰시가 서재와 가구를 포함하여 핑카 비히아를 모두 쿠바 정부에 기증하였다. 스스로 기증한 것이 아니라 재산을 모두 몰수하겠다는 쿠바 정부의 압력에 못 이겨 마지못해 기증했다는 설도 있다. 어찌 되었든, 쿠바 정부는 이 저택을 헤밍웨이 박물관으로 만들어 그를 기념하였다. 메리는 그림과 책 그리고 아바나 금고에 보관 중인 원고 등 쉽게 운반할 수 있는 품목은 미국으로 가져오기를 희망했지만, 이 무렵 미국과 쿠바의 외교 관계가 단절되어 있었기에 그마저도 결국 포기할 수밖에 없었다. 그러나 뒷날 존 F. 케네디 대통령과 국무부의 주선으로 개인 품목을 가까스로 찾아올 수 있었다.

13. 인간 헤밍웨이와 예술가 헤밍웨이

'어니스트 헤밍웨이' 하면 전쟁 특파원, 아프리카의 사냥꾼, 심해 낚시꾼 등 유난히 야외 생활을 좋아한 데다 야성적이고 활력적인 남성 이미지에 가려 자칫 감수성 예민한 예술가나 지식인과는 거리가 먼 것처럼 보인다. 물론 세계 문학사를 샅샅이 뒤져 봐도 그만큼 활동적이고 정력적인 작가도 찾아보기 어렵다. 이 밖에도 그는 어떤 모습이든 원하는 대로 변신하던 그리스 신화의 해신 프로테우스처럼 변화무쌍한 온갖 이미지와 가면으로 자신을 위장해 왔다. 그에게서 이러한 이미지나 가면을 벗기고 나면 비로소 그의 참모습이 드러난다.

헤밍웨이의 여러 모습 중 하나는 다정다감한 성격이다. 1922년 파리의 몽파르나스에서 그를 처음 만난 미국의 시인 존 필 비숍은 "바로 재능의 순결함이라고 할 타고난 온화함과 정직"에 감동했다고 고백한다. 제임스 서버는 헤밍웨이가 "부드럽고, 이해심 많고, 동정적이며, 인정 많은" 사람이었다고 회고한다. 그의 이러한 면모는 때로 투박하고 오만하고 호전적이기까지 한 그의 성격 때문에 곤잘 묻혀 버리곤 하였다. 돌이켜 보면 어쩌면 이러한 부정적인 성격마저도 수줍음과 내성적인 성격 그리고 예민한 감수성을 감추기 위한 가면에 지나지 않았는지도 모른다.

헤밍웨이의 가장 중요하고 진실한 참모습은 역시 예술을 목숨처럼 소중하게 생각한 성실한 예술가라는 사실을 간과할 수 없다. 그는 평생 흔들리지 않고 문학예술에 헌신한 장인이었다. 작가의 자질에 대해 그는 러디어드 키플링의 재능과 귀스타브 플로베르의 훈련이 필요하다고 말하였다. 그리고 작가는 지적이고, 사심이 없어야 한다고 말하였다. 그는 작가로서 이러한 목표를 달성하려면 무엇보다도 오래 살아남아야 한다고 생각하였다. 그런 만큼, 그는 어느 작가보다도 삶의 덧없음과 속절없음을 절감하였다. 고대 그리스 시대 의사 히포크라테스처럼 그도 인생은 짧지만, 예술은 길다고 생각했을 것이다.

땅은 마침내 침식되고 흙은 바람에 날아가 버린다. 예술가를 제외하고는 사람들은 모두 죽고 어느 것 하나 영원히 남아 있는 것은 없다. (……) 수천 년이 지나면 경제학도 어리석게 보이지만 예술 작품은 영원히 남는다.

언뜻 보면 예술에 대한 헤밍웨이의 이러한 태도는 자못 낭만적으로 보인다. 물론 하루가 다르게 변하는 경제학 이론에 비하면 어쩌면 예술 작품은 영구적일지 모른다. 그러나 궁극적으로 예술 작품도 세월의 풍화작용을 피할 수 없다. 어찌 되었든, 헤밍웨이에게는 뒷날에도 빛이 바래지 않는 산문을 쓰는 것이야말로 이 일회적 삶에서 의미를 찾을 수 있는 일이었다. 또한, 그것은 승자에게 아무것도 주지 않는 이 세계에서 승리의 월계관을 머리에 얹을 수 있는 수단이요 불멸을 획득할 방법이었다. 1925년 무렵 비평가 에드먼드 윌슨, 시인 존 필 비숍, 그리고 F. 스콧 피츠제럴드 등이 헤밍웨이를 19세기의 황폐한 사막에서 미국 문학을 구출하여 약속의 땅으로 인도할 모세 같은 작가로 간주한 것도 그다지 무리는 아닌 듯하다.

헤밍웨이는 언어의 마술사요 언어의 장인이다. 마치 보석 세공사가 보석을 갈고닦듯이 언어를 갈고닦았다. 그는 "우리 시대에나 적어도 내가 본 시대상을 다루기 위해서는 새로운 산문이 필요하다."라고 생각하였다. 새 술은 새 부대에 담아야 하듯이 새로운 시대에는 새로운 산문이 필요하다고 굳게 믿고 있었던 것이다. 그는 넓게는 산문 문체, 좁게는 소설 문체에 그야말로 혁명을 일으켰다. 그가 이룩한 혁신적 문체는 어휘, 구, 절, 문장, 그리고 단락 등 작품 전반에 걸쳐 드러난다. 어휘로 좁혀 보면 그는 앵글로색슨 토착어의 짧고 단순한 어휘를 즐겨 구사할 뿐 아니라 그것마저도 절제하여 제한적으로 사용한다. 중등 교육을 받은 사람이라면 누구나 쉽게 이해할 수 있는 필수 기본 어휘가 대부분이다. 또한, 지시적인 어휘보다는 함축적인 어휘를 사용하려고 애쓴다. 1925년 『우리 시대에』를 출간할 때 출판업자 호러스 라이브라이트에게 보낸 편지에서 헤밍웨이는 자신의 작품에서 한 어휘도 허락 없이 생략하지 말라고 당부한다. 그러면서 "한 마디 어휘를 바꾸면 작품 전체의 기조를 깨뜨릴 수 있다."라고 경고한다. 그만큼 낱말 하나하나를 신중하게 선택하여 적재적소에 사용했던 것이다.

그러나 헤밍웨이는 세월의 풍화작용을 쉽게 받는 속어나 비어는 대화를 제외하고는 좀처럼 사용하지 않고 대화에서마저 절제하여 사용하였다. 그는 사전에 수록된 어휘와 윌리엄 셰익스피어가 사용했을 법한 어휘만을 사용한다고 말한 적이 있다. 그가 속어나 비어 또는 욕설 등을 사용할 때에는 적어도 천여 년 동안 사용되었기에 좀처럼 그 의미가 마모되지 않은 것만을 사용한다고 밝혔다. 그의 작품을 번역하는 외국 번역가들과 가끔 마찰을 빚은 이유도 속어나 비어의 사용 때문이었다.

문장 단위로 넓혀 보면 헤밍웨이는 사실을 있는 그대로 설명하는 평서문을 사용하여 직접적으로 표현하되, 되도록 시적 긴장을 느낄 수 있는 문장을 구사한다. 그의 문장에서 가장 빛을 발하는 것은 대화다. 독자는 작중 인물들의 대화에서 그들의 성격이 살아 숨 쉬는 것을 느낄 수 있다. 헤밍웨이는 『오후의 죽음』에서 황소를 경기에 참여하게 하는 것은 황소가 아니라 어디까지나 투우사에 달렸다고 말한다. 황소는 오직 투우사를 죽이려고 할 뿐, 경기할 생각은 전혀 없다는 것이다. 문학가가 언어를 구사하는 것도 투우사가 황소를 다루는 것과 마찬가지다. 언어를 어떻게 구사하여 최대한의 효과를 얻느냐는 것은 작가의 능력에 달렸을 뿐이다. 헤밍웨이는 경제 원칙에 따라 최소한의 언어로 최대한의 효과를 노리는 언어의 장인이다. 스웨덴의 노벨상 위원회가 헤밍웨이에게 노벨 문학상을 수여하기로 결정했을 때 "현대 내러티브 예술의 강력하고도 스타일을 창조하는 탁월한 능력"을 높이 평가한 것도 그 때문이다.

헤밍웨이처럼 진지한 작가치고 그만큼 폭넓은 독자층을 확보한 작가도 드물다. 중학교와 고등학교 학생에서 일반 독자를 거쳐 문학을 연구하는 대학원생에 이르기까지 수많은 독자가 그의 작품을 읽는다. 문학을 연구하는 전문가 사이에서도 헤밍웨이는 여간 인기가 높지 않다. 보스턴의 한 공공 도서관에서 점잖지 못하다는 이유로 한때 그의 작품을 금지한 적이 있지만, 그것은 도덕적 엄숙주의자들의 해프닝으로 끝나고 말았다.

헤밍웨이는 미국 문학의 테두리를 벗어난 국제적인 작가이기도 하다. 서양 문화권뿐 아니라 동양 문화권에서도 그에 관한 관심은 대단히 크다. 더구나 헤밍웨이가 현대 문학에 끼친 영향은 참으로 엄청나서 그를 비판하는 사람조차도 그의 영향권에서 벗어나지 못한다. 후대 작가들에게 얼마나 큰 영향을 끼쳤는지는 한 예술가의 성공을 가늠하는 좋은 잣대가 된다. 적어도 이 잣대에 따르면 헤밍웨이는 성공한 작가라고 할 수 있다. 제임스 패럴과 존

스타인벡을 비롯하여 레이먼드 챈들러, 대실 해미트, 어스킨 콜드웰, 넬슨 앨그린, 어윈 쇼, 잭 케루악, 앤 비티, 도널드 바틀미, 프레더릭 바틀미, 레이먼드 카버, 코맥 매카시 같은 미국 작가들은 모두 헤밍웨이에게서 한차례 세례를 받았다. 또한, 그레이엄 그린, 앙드레 말로, 장폴 사르트르, 알베르 카뮈, 엘리오 비토리니, 지우세페 베르토 같은 영국과 유럽 작가들도 미국 작가들 못지않게 직접 또는 간접으로 영향을 받았다. 사르트르는 "만약 카뮈가 헤밍웨이의 『태양은 다시 떠오른다』를 읽지 않았더라면 그의 『이방인』은 지금의 작품과는 달라졌을 것이다."라고 말한 적이 있다. 이러한 영향은 라틴아메리카의 작가들, 심지어 한국을 비롯한 동아시아 작가들에게서도 찾아볼 수 있다. 심지어 신문과 잡지 기사, 그리고 영화와 텔레비전 대본에서도 헤밍웨이의 그림자가 자주 어른거린다. 『아프리카의 푸른 언덕』에서 그는 "어떤 작가들은 오직 다른 작가에게 한 문장 쓰는 법을 가르쳐 주기 위해 태어난다."라고 말한다. 그러나 헤밍웨이는 다른 작가들에게 한 문장이 아니라 많은 문장을 가르쳐 주기 위하여 태어났다.

　헤밍웨이에게서 단점이나 약점을 찾기는 그다지 어렵지 않다. 음주와 여성 편력에서도 드러나듯이 그의 사생활은 젊은이들이 본받아야 할 모범적인 것은 아니었다. 헤밍웨이의 부모가 아들에게 느낀 실망과 분노는 곧 중산층 주민의 반응으로 보아도 크게 틀리지 않을 것이다. 프리드리히 니체의 말을 빌려 표현하자면 그는 "인간적인, 너무나 인간적인" 삶을 산 작가였다. 실제로 그는 지나치게 대중의 인기를 의식하고 과대망상적인 행동을 서슴지 않은 때도 있었다. F. 스콧 피츠제럴드는 "[헤밍웨이]나 나나 다 같이 꽤 신경쇠약증에 걸려 있지만, 그것이 나타나는 방법은 서로 다르다. 그 사람은 과대망상승적인 성향을 보이는 반면, 나는 우울증 증세를 보인다."라고 말한 적이 있다. 그야말로 정곡을 찌른 말이다. 피츠제럴드의 말대로 헤밍웨이에게는 과대망상증이 없지 않았다. 그는 자신이 생존한 미국 작가 중에서 가장 뛰어나다고 생각하고 있었다. 또한, 반지적인 태도를 보이면서 비평계와 학계를 경멸한 것도 그의 미덕이라기보다는 한계요 열등감의 표현이라고 볼 수밖에 없다.

그런가 하면 헤밍웨이가 다루는 세계는 편협하다. 필립 영의 지적대로 그것은 포화를 맞고 쓰러진 병사가 허물어진 벽 틈으로 바라본 세계다. 벽이 벌어진 틈만큼만 세계를 바라볼 뿐, 그 이상은 조감하지 못한다. 이렇게 편협한 세계마저도 식물처럼 싹이 트고 자라서 풍성하게 열매를 맺는 유기체적 세계가 아니다. 꺾어지고 뒤틀리고 폭발하고 부패하는 세계다. 한마디로 아담과 하와가 행복하게 살던 에덴동산보다는 선악과를 따 먹고 추방당한 뒤의 에덴동산의 모습에 가깝다.

그러나 달리 생각해 보면 미국 문학사, 아니 세계 문학사를 통틀어 헤밍웨이만큼 문학을 그토록 진지하게 생각한 작가도 드물다. 그는 '진지한' 작가와 '엄숙한' 작가를 엄밀히 구분 짓는다. 젊은 작가 지망생에게 그는 이 두 작가를 혼동해서는 안 된다고 경고한다. 그러면서 "진지한 작가는 매나 말똥가리나 심지어 딱따구리일지 모르지만, 엄숙한 작가는 언제나 피에 굶주린 올빼미와 같다."라고 말한다. '엄숙한' 작가가 야행성 맹금처럼 지나치게 도덕적 엄숙주의에 무게를 싣는 사람이라면, '진지한' 작가는 작가적 목표를 달성하기 위하여 하늘 높이 비상하는 사람이라는 뜻으로 받아들여도 크게 틀리지 않을 것 같다.

더구나 헤밍웨이처럼 솔직한 작가도 찾아보기 쉽지 않다. 체면이나 위선의 가면을 훌훌 벗어던진 채 그는 용기 있게 기존 질서나 인습에 과감하게

"모든 사람의 삶은 똑같은 방식으로 끝난다. 단지, 어떻게 살고 어떻게 죽느냐에 따라 각자가 서로 다를 뿐이다." -어니스트 헤밍웨이.

도전하였다. 기존 질서에 순응하는 사람은 훌륭한 소시민은 될 수 있을지언정, 뛰어난 작가가 되기는 어렵다. 헤밍웨이는 개인의 삶을 포기하고 예술가의 길을 택한 사람이었기에 비록 개인으로서는 실패하고 불행한 삶을 살았을지 몰라도 예술가로서는 성공을 거두었다고 할 수 있다. 쉽게 눈에 띄는 이러한 한계와 단점에도 헤밍웨이는 그가 살던 20세기 전반기의 모습을 진솔하게 묘사하였다.

18세기에 활약한 영국 역사가 에드워드 기번은 장자크 루소에 관해 "위대하지만 불행한 사람, 나는 그를 존경하면서 동시에 그에게 연민을 느낀다."라고 말한 적이 있다. 헤밍웨이에 대해서도 이와 똑같은 말을 할 수 있을 것 같다. 오늘날 기준으로 보면 그렇게 길다고 할 수 없는 예순두 해를 살았고, 또 니체의 말대로 "너무나 인간적인" 불행한 삶을 살았지만, 좁게는 미국 문학사, 넓게는 세계 문학사에 헤밍웨이만큼 굵직한 획을 그은 작가도 없다. 그의 작품을 읽는 독자들은 인간 헤밍웨이에게 동정을 느끼는 한편, 작가 헤밍웨이를 존경하지 않을 수 없다. 한마디로 그는 예술의 제단에 자신의 삶을 바친 20세기 문학의 거인이라고 할 수 있을 것이다.

제2장

'길 잃은 세대'의 초상
『태양은 다시 떠오른다』

　미국 문학사는 19세기 중엽 보스턴을 중심으로 한바탕 찬란한 꽃을 피운다. 문학사가들은 이를 두고 '미국 문예부흥' 또는 '뉴잉글랜드 문예부흥'이라는 꼬리표를 붙인다. 그도 그럴 것이 이 무렵 소설과 시와 에세이 장르에 두루 걸쳐 너새니얼 호손, 허먼 멜빌, 에드거 앨런 포, 랠프 월도 에머슨, 헨리 데이비드 소로, 월트 휘트먼 같은 문인들이 마치 경쟁이라도 하듯이 눈부시게 활약했기 때문이다. 이때부터 미국 문학은 명실공히 좁게는 영국 문학, 넓게는 유럽 대륙 문학에서 비로소 젖을 떼고 '국민 문학'이라는 이유식을 시작하였다. 그 뒤 미국 문학은 잠시 소강상태에 있다가 1920년대에 이르러 다시 한 번 꽃을 피운다. 그래서 이 무렵의 미국 문학을 흔히 '제2의 개화(開花)'라고 부른다.

　미국의 문예부흥기에 미국 문학이 독자적인 민족 문학으로 발돋움했다면, 제2의 개화기에 이르러서는 미국 문학이 세계 문단의 반열에 우뚝 올라

섰다고 할 수 있다. 이 무렵에 활동하면서 미국 문학을 다시 한 번 꽃피우는 데 크게 이바지한 작가가 바로 어니스트 헤밍웨이다. 헤밍웨이는 흔히 F. 스콧 피츠제럴드와 윌리엄 포크너와 함께 20세기 전반기 '미국 문단의 삼총사'로 일컬어진다. 19세기가 저물던 무렵 거의 같은 시기에 태어나고, 거의 같은 시기에 데뷔한 이 세 사람은 미국 문학에서는 말할 것도 없고 세계 문학에서 뛰어난 작가로 명성을 얻었다. 그들은 미국이 정치적·경제적·군사적으로만 세계 최강국이 아니라 문학과 예술에서도 강대국임을 여실히 보여 주었다.

헤밍웨이의 작품 중에서도 『태양은 다시 떠오른다』(1926)는 미국 문학사에서 획기적인 작품으로 평가받는다. 무엇보다도 이 소설은 초기 모더니즘 계열의 대표적인 작품에 속한다. 물론 포크너의 『고함과 분노』(1929)나 『내 죽으며 누워 있을 때』(1930)처럼 형식적 실험을 시도하지는 않았지만, 나름대로 이전의 전통적인 소설과 여러 가지 측면에서 크게 다르다. 마크 트웨인의 『허클베리 핀의 모험』(1884)은 말할 것도 없고 거의 같은 시대에 출간된 시어도어 드라이저의 『미국의 비극』(1925)과도 큰 차이가 난다. 이렇듯 『태양은 다시 떠오른다』는 미국 문학사에서 리얼리즘이나 자연주의의 전통에서 벗어나 모더니즘의 이정표를 세웠다는 점에서 큰 의미가 있다. 헤밍웨이의 전기 작가 제프리 마이어스는 이 소설을 "헤밍웨이의 가장 뛰어난 작품"으로 평가하는가 하면, 헤밍웨이 연구가 린다 와그너-마틴은 이 작품을 "헤밍웨이의 가장 중요한 작품"으로 지목한다. 가장 '뛰어난' 작품이건 가장 '중요한' 작품이건 이 소설은 본격적인 의미에서 헤밍웨이의 첫 장편소설로서 '헤밍웨이 문학'이라는 높은 산을 오르는 사람에게는 반드시 넘어야 할 첫 번째 관문이다. 출간된 지 90년 가까운 지금 이 작품은 미국 문학사는 말할 것도 없고 세계 문학사에서도 거의 고전이 되었다.

1. 논픽션에서 실명 소설로

어니스트 헤밍웨이는 1925년 7월 스페인의 팜플로나를 방문하기 전만 해도 『태양은 다시 떠오른다』를 투우에 관한 논픽션으로 구상하고 있었다. 그러나 투우 축제가 끝나고 며칠 뒤 그는 이 작품을 논픽션이 아니라 소설로 쓰고 싶어졌다. 그래서 그해 7월 21일, 공교롭게도 그의 생일에 이 작품을 처음 집필하기 시작하였다. 당시 그가 이 작품의 제목을 '축제'를 뜻하는 스페인어 '피에스타'로 정한 것은 바로 그 때문이다. 앞서 말했듯이 1927년 영국

스페인 팜플로나의 거리 모습. 헤밍웨이는 기회가 있을 때마다 이곳에서 열리는 투우 축제에 참석했다.

에서는 이 작품이 실제로 '피에스타'라는 제목으로 출간되었다. 아직도 영국에서는 이 제목을 본제로 삼고 미국의 제목을 부제로 삼아 '피에스타: 태양은 다시 떠오른다'라는 제목으로 출간하고 있다.

 헤밍웨이는 9주일 동안 심혈을 기울여 『태양은 다시 떠오른다』를 집필하였다. 그의 창작 습관에 비추어 보면 9주일은 장편소설 한 편을 완성하기에는 아주 짧은 기간이라고 할 수 있다. 이 소설을 출간한 지 20여 년이 지난 1948년 헤밍웨이는 "이 소설을 쓰기 전만 해도 나는 소설을 쓰는 것에 대해 아무것도 모르고 있었다. 그래서 완전히 피곤해질 때까지 아주 빠른 속도로 써나갔다."라고 술회하였다. F. 스콧 피츠제럴드에게 그는 "소설 쓰는 방법은 오직 한 가지밖에 없다. 결말까지 쉬지 않고 곧장 써 내려가는 것이다."라고 말하기도 하였다. 그렇다면, 헤밍웨이가 이처럼 비교적 짧은 기간에 첫 장편소설을 집필할 수 있었던 비결은 무엇일까? 『캔자스시티 스타』의 기자로 있을 때 그는 "누구의 삶이든 만약 진실하게 말하기만 한다면 한 편의 소설이 될 수 있다."라고 말한 적이 있다. 이 말은 헤밍웨이가 자신을 두고 한 말로 봐도 크게 틀리지 않다. 요즈음 기준으로 보자면 그렇게 오래 산 것은 아니었지만, 드라마와 같은 역동적인 그의 삶은 한 편의 소설, 그것도 박진감 넘치는 작품이라고 할 수 있다. 그가 출간한 대부분 소설에서 그가 살아온 삶의 궤적을 읽을 수 있지만, 『태양은 다시 떠오른다』에서는 그의 체취가 더욱 강하게 풍긴다. 이 소설은 두 번째 장편소설 『무기여 잘 있어라』(1929)와 함께 저자의 자전적 요소가 가장 많이 드러나는 작품이다.

 『태양은 다시 떠오른다』의 주인공 제이크 반스는 여러모로 헤밍웨이의 분신으로 볼 수 있다. 제1차 세계대전에 참전했다는 점, 전쟁 중에 심하게 부상했다는 점에서도 그러하다. 미국인으로 프랑스 파리에서 신문사 해외 특파원으로 일하면서 작가로서의 길을 모색하고 있다는 점도 서로 비슷하다. 그런가 하면 제이크도 헤밍웨이처럼 고기를 낚으면서 전쟁에서 입은 심리적 외상을 치료할뿐더러 투우를 관람하며 삶의 방향을 새롭게 모색하기도 한다. 그 밖에도 두 사람 사이의 공통점을 얼마든지 찾아볼 수 있다.

더구나 이 작품은 자전적 요소가 돋보일 뿐만 아니라 소설 장르의 관점에서 보면 '실명(實名) 소설'에 속한다. 실명 소설은 17세기에 프랑스를 중심으로 한때 큰 인기를 끌었던 장르로 지금도 '로망 아 클레(roman à clef)'라고 부른다. 가령 마들렌 드 스퀴데리는 『키루스 대왕』(1649~1653)에서 이 유형의 소설을 처음 발표하여 관심을 끌었다. 19세기에는 영국 소설가 토머스 러브 피콕이 『악몽의 수도원』(1818)에서, 20세기에 들어와서는 올더스 헉슬리가 『대위법』(1928)에서 이 장르의 소설을 썼다. 미국 문학으로 좁혀 보면 피츠제럴드가 『낙원의 이쪽』(1920)에서, 마이클 알린이 『초록색 모자』(1924)에서 이 장르의 소설을 조심스럽게 실험하였다.

'로망 아 클레'란 글자 그대로 '열쇠가 달린 소설'이라는 뜻이다. 열쇠로 문을 열 수 있듯이 실명 소설에서는 작품에 나타난 단서만 잘 이용하면 독자들은 작품에 등장하는 작중 인물들이 과연 어떤 실재 인물에 바탕을 두고 있는지 비교적 쉽게 알아차릴 수 있다. 실재 인물을 모델로 삼아 작중 인물을 만들었다고 하여 이 유형의 소설은 흔히 '모델 소설'이라고도 부른다. 좀 더 넓은 의미에서 실명 소설은 실재 인물에서 작중 인물을 빌려 올 뿐 아니라 더 나아가 실제 사건에서 플롯을 빌려 오기도 한다.

헤밍웨이는 피츠제럴드나 알린처럼 『태양은 다시 떠오른다』를 실명 소설로 썼다. 이 작품의 초고를 쓸 때만 해도 헤밍웨이는 실재 인물의 이름을 그대로 사용하였다. 가령 제이크 반스는 헤밍웨이의 이름을 줄여 '헴'이라고 하였고, 브렛 애슐리는 그녀의 모델인 레이디 더프 트위스든의 이름 그대로 '더프'라고 하였다. 그러나 헤밍웨이는 초고를 수정하면서 실재 인물의 이름을 버리고 허구적인 이름으로 바꾸었다. 작중 인물들의 이름을 이렇게 바꾸어 놓았어도 몇몇 독자는 작가가 어떤 실재 인물을 모델로 삼았는지 쉽게 알 수 있었다. 그래서 이 소설이 처음 출간되었을 때 모델이 된 사람들을 둘러싸고 온갖 소문과 억측이 난무하기도 하였다.

방금 언급했듯이 제이크 반스는 여러모로 헤밍웨이의 초기 단편 작품에 등장하는 닉 애덤스가 성장한 인물이자 작가의 분신으로 봐도 크게 틀리지 않다. 이 무렵 파리의 카르티에라탱이나 몽파르나스에서 살던 작가나 저널리스트라면 헤밍웨이가 누구를 모델로 삼아 작중 인물들을 만들어 냈는지 쉽게 알아차렸을 것이다. 뒷날 해럴드 롭이 『옛날 그대로』(1959)라는 책을 출간하면서 헤밍웨이가 이 소설에서 작중 인물로 삼은 실재 인물들이 좀 더 분명하게 드러났다. 예를 들어 제1차 세계대전 이후 등장한 신여성을 상징하는 브렛 애슐리는 영국 여성으로 얼마 전에 이혼한 레이디 더프 트위스든이었고, 그녀의 약혼자 마이크 캠벨은 더프의 연인이었던 영국인 패트 거스리였

어니스트가 『태양은 다시 떠오른다』에 등장하는 페드로 로메로의 모델이 되었던 투우사의 아들 안토니오 오르도네스와 함께 투우 경기를 관람하고 있다.

다. 빌 고턴은 헤밍웨이와 어렸을 적 친구인 빌 스미스이거나, 도널드 오그던 스튜어트였을 것이다. 유대인이라는 이유로 다른 작중 인물로부터 따돌림 받는 작가 로버트 콘은 여러모로 해럴드 롭과 비슷하다. 또한, 우아한 솜씨로 투우를 벌이는 페드로 로메로는 '니뇨 데 라 팔마'라는 별명으로 더 잘 알려진 스페인 론다 출신 투우사 카에타노 오르도네스였다.

헤밍웨이는 『태양은 다시 떠오른다』에서 실존 인물 못지않게 실제로 일어난 사건에서 플롯을 빌려 오기도 하였다. 가령 헤밍웨이나 트위스든, 해럴드 같은 사람들은 센 강 좌안 카르티에라탱과 몽파르나스 지역에서 술과 환락을 찾아 부나비처럼 카페와 댄스홀을 드나들었다. 또한, 그들은 헤밍웨이 부부와 함께 한두 차례 스페인의 팜플로나에서 열리는 산페르민 투우 축제에 참가하였다. 이곳에서 트위스든을 두고 남자들 사이에서 한바탕 싸움이 벌어지기도 하였다. 그런가 하면 그들은 스페인의 나바라 주 부르게테 근처에 있는 이라티 강에서 낚시질을 즐기기도 하였다. 이 밖에도 산페르민 축제 기간 중 벌어지는 투우에 대한 묘사는 대부분 실제 경기에 바탕을 두고 있다.

물론 헤밍웨이는 실제 사건에서 작품의 플롯을 가져오되 어디까지나 자신의 창작 의도에 따라 자유자재로 취사선택하였다. 예를 들어 작품 속 애슐리와 페드로의 관계와는 달리 더프 트위스든과 오르도네스는 애정 행각을 벌인 적이 없었다. 또한, 작품에는 로버트 콘이 페드로와 주먹싸움을 벌이는 것으로 나와 있지만 실제로는 그러한 일이 일어나지 않았다. 작품에서 제이크와 빌이 목가적으로 낚시를 즐기는 부르게테의 이라티 강도 실제로는 물이 너무 오염되어 낚시하기에 적절하지 않았다.

2. 길 잃은 세대

『태양은 다시 떠오른다』의 주제나 의미를 쉽게 이해하려면 어니스트 헤밍웨이가 이 작품의 제사(題詞)로 사용한 글을 좀 더 찬찬히 눈여겨봐야 한다. 그는 소설 본문이 시작되기 전 첫머리에 두 제사를 사용한다. 그중 하나는 거트루드 스타인이 어느 대화에서 했다는 말, "당신들은 모두 길을 잃은 세대요."라는 한마디이다. 그러나 정확히 말하자면, 처음 이 말을 한 사람은 스타인이 아니라 파리에 있는 어느 자동차 정비소의 주인으로 알려졌다. 정비소 주인은 스타인의 자동차 수리를 맡은 수리공에게 불만을 표출하면서 전쟁이 끝난 당시의 혼란한 사회 분위기에서 불성실하고 무책임한 태도를 보이는 젊은이들을 질타하는 뜻에서 이런 말을 내뱉었다. 얼마 뒤 스타인은 헤밍웨이에게 "당신들은 길 잃은 세대요. 그러니 나하고 논쟁하지 마오. 정비소 주인의 말 그대로 당신은 하나같이 길 잃은 세대요."라고 말하였다.

헤밍웨이가 이 작품의 제사로 사용하는 두 번째 글은 구약성서 「전도서」에서 따온 말이다. "한 세대는 가고 한 세대는 오되 땅은 영원히 있도다. 해는 뜨고 해는 지되 그 떴던 곳으로 빨리 돌아가고, 바람은 남으로 불다가 북으로 돌아가며 이리 돌고 저리 돌아 그 불던 곳으로 돌아가고, 모든 강물은 다 바다로 흐르되 바다를 채우지 못하며 어느 곳으로 흐르든지 그리로 연하여 흐르느니라"(1장 4~7절). 얼마 전까지만 해도 「전도서」의 저자는 솔로몬으로 알려졌지만, 현대 신학계에서는 새로운 저서에 유명한 현자의 이름을 붙

1920년대 헤밍웨이를 비롯한 국외 이주 작가들에게 대모의 역할을 했던 거트루드 스타인. 사진에서 뒤에 보이는 여성은 스타인과 동성애 관계에 있었던 동거인 앨리스 B. 토클라스이다.

여 저서에 무게를 싣던 당시의 관행을 「전도서」의 저자가 그대로 따른 것으로 보아 그는 예루살렘 사원 근처에 거주하던 한 지식인일 것으로 보는 견해가 우세하다. 저자가 누구든 간에 「전도서」는 삶을 달관한 사람이 자신의 세계관이나 인생관, 행복관 등을 아무 거리낌 없이 자유롭게 적은 글이다. 한편으로는 삶의 비극과 비참과 허무를 느끼고, 다른 한편으로는 그것들을 초월하여 새로운 삶을 모색하려는 내용을 담은 책이다.

거트루드 스타인의 대화에서 빌려 온 첫 번째 제사에 무게를 싣는다면 『태양은 다시 떠오른다』는 이른바 '길 잃은 세대(génération perdue)'를 다룬 작품이라고 할 수 있다. 헤밍웨이는 한때 이 작품의 제목을 '피에스타' 말고도 '길 잃은 세대'로 정한 적이 있었다. '길 잃은 세대'는 흔히 '잃어버린 세대'니 '상실의 세대'니 하는 말로 번역하기도 하지만, 아무래도 정확한 번역어로 보기 어렵다. 무엇을 잃어버리고 무엇을 상실했는지 잘 드러나 있지 않을 뿐더러 자칫 세대를 잃어버리고 상실했다는 뜻으로 받아들일 수 있기 때문이다. 한마디로 '길 잃은 세대'는 제1차 세계대전 직후 삶의 방향 감각을 상실한 젊은 세대를 일컫는 표현이다. 여기서 '길'이란 인류 역사에서 그 유례를 찾아보기 힘든 대전쟁이 일어나기 전 인류가 지니고 있던 도덕이나 윤리, 가치관이나 세계관, 즉 인간이 나아가야 할 삶의 좌표나 방향을 말한다. 제임스 조이스의 전기를 처음 쓴 허버트 고먼은 이 작품이 "엄청난 정신적 붕괴와 목표를 상실한 세대"를 묘사한다고 지적한다.

인류가 수천 년 동안 쌓아온 문명이 전쟁으로 하루아침에 잿더미로 변하자, 많은 예술가와 지식인이 전통적인 가치관에 깊은 회의를 느꼈고, 이러한 위기 상황에서 새로운 가치관과 질서를 모색하려고 하였다. 1920년대 미국에서 한때 '문명화된'이라는 말이 크게 유행한 적이 있었다. 이것은 바로 전쟁 이전 세대의 가치관을 극복하고 새로운 방향을 모색하려는 태도를 가리키는 말이었다. 역사에서 전대미문의 전쟁을 일으킨 세대야말로 겉으로는 문명인을 자처하지만, 실제로는 야만인과 다를 바 없었기 때문이다.

전쟁을 겪고 나서 삶의 좌표와 방향을 거의 잃어버린 젊은 세대는 새로운 삶의 방식이나 가치를 찾아 방황하였다. 이 무렵 그들은 19세기 말엽과 20세기 초엽의 낡은 관습과 인습의 벽을 과감하게 허물어 버리고 가히 혁명적이라고 할 만한 새로운 삶의 방식을 받아들였다. 이러한 변화는 작게는 의상·태도·행동 방식·언어·섹스, 크게는 사고방식·가치관·세계관 등 거의 모든 영역에서 폭넓게 나타났다. 이처럼, 과거에는 당연한 것으로 생각하고 받아들이던 모든 것이 심각한 도전을 받기 시작하였다. 이 무렵 여대생들은 브렛 애슐리를 흉내 내었으며, 남자 대학생들은 제이크 반스 같은 인물의 말투를 흉내 내었다. 한마디로 전쟁이 끝난 1910년대 말과 1920년대는 유동성의 시대이자 실험의 시대요, 회의의 시대이자 환멸의 시대였던 것이다.

1920년대를 흔히 '재즈 시대' 또는 '광란의 시대'라고 일컫는다. '재즈 시대'라고 부르는 것은 이 무렵 흑인을 중심으로 유행하던 재즈에 대한 취향이 일반에 널리 확산했기 때문이다. '광란의 시대'라고 부르는 것은 삶의 여러 영역에 걸쳐 전통적인 가치관을 뒤흔들어 놓는 요란한 소리가 여기저기에서 들려왔기 때문이다. 그런데 이 '광란'의 소리는 엄격한 도덕과 윤리를 강조하는 빅토리아 시대의 낡은 굴레를 끊어 버리는 소리였다. 여성들은 긴 치마를 벗어 버리고 짧은 스커트를 입고 사내아이처럼 머리를 짧게 깎는 헤어스타일이 크게 유행하였다. 전쟁에 참가하여 환멸을 느낀 제대 군인은 말할 것도 없고 전쟁에 참가하지 않은 남성들도 덩달아 술과 파티로 흥청거렸다. 그리하여 한 역사가는 이 시대를 두고 "만취 상태로 보낸 기나긴 주말"에 빗대기도 한다.

　헤밍웨이는 『태양은 다시 떠오른다』에서 제1차 세계대전 직후 고국을 떠나 파리에서 생활하던 젊은이들을 작중 인물로 삼는다. 이렇게 고국을 등지고 파리에서 거주한 사람들을 흔히 '국외 추방자'라고 부른다. 그러나 엄밀히 말하면 고국에서 추방당하였다기보다는 스스로 고국을 떠나온 사람들이기에 '국외 이주자'라고 부르는 것이 더 정확하다. 이 무렵 유럽의 화폐와 비교하면 미국의 달러 가치가 아주 높아서 유럽에서 사는 쪽이 생활비가 훨씬 적게 들었다. 이러한 환율의 차이에 따른 경제적 이유로 많은 미국인이 파리에서 살았다. 1921년에서 1924년 사이 파리에 거주한 미국인의 수는 적게는 6천 명, 많게는 3만 명에 이르렀다. 영어를 사용하는 사람들을 모두 합하면 무려 이십여만 명이나 되었다. 그리하여 1925년에 『파리 트리뷴』은 파리를 '미국의 병원', '미국의 도서관', '미국의 상공회의소'라고 부를 정도였다. 미국 사회를 파리에 그대로 옮겨 놓은 것과 별반 다르지 않다는 말이다.

1920년대 프랑스 파리의 카페 르돔. 헤밍웨이를 비롯한 국외 이주자들이 이곳을 자주 드나들었다.

젊은 작가들이 파리에서 작가 수업을 받거나 작가로 생활한 데에는 또 다른 이유가 있었다. 예술의 메카라고 할 파리에서는 어느 나라 어느 도시보다도 예술적 자유가 허용되었다. 이 무렵 미국에서는 모더니즘의 대부라고 할 제임스 조이스의 작품 『율리시스』(1922)를 불태우고 금서로 지정하였다. 아직도 청교도적인 도덕적 엄숙주의에서 완전히 벗어나지 못한 미국은 이렇게 문학가들과 예술가들에게는 억압의 공간이었다. 거트루드 스타인, 피츠제럴드, 존 도스 패서스, 이디스 워튼, 에즈라 파운드, 헨리 밀러, 아치볼드 매클리시, 윌리엄 포크너, 헤밍웨이 같은 미국 작가들과 시인들이 파리로 이주한 것은 바로 그 때문이다. 포드 매덕스 포드, 사뮈엘 베케트, 조이스 같은 영국 작가나 아일랜드 작가들도 고국을 등지고 파리에서 작품 활동을 하기도 하였다. 그런데 이러한 국외 추방자들이나 이주자들은 대부분 제1차 세계대전에 직접 참전했거나, 그 전쟁으로부터 직접 또는 간접으로 영향을 받은 사람들이다. 그들 중 대부분은 '길 잃은 세대'였다.

헤밍웨이는 『태양은 다시 떠오른다』에서 이러한 국외 이주자들이나 '길 잃은 세대'가 살아가는 삶의 모습을 설득력 있게 다룬다. 로버트 콘 한 사람을 제외하고는 직접 또는 간접으로 전쟁에 참전한 소설의 작중 인물들은 휴전 이후 삶에서 아무런 의미를 찾지 못한 채 흥청망청 술을 마시고 춤을 추고 한 장소에서 다른 장소로 끊임없이 옮겨 다니면서 삶을 영위해 간다. 그들은 거의 예외 없이 알코올 중독자이거나 그에 가까운 증상을 보인다. 가령 우울증, 불안감, 강박관념, 성적 부적응이나 무능 등이 바로 그것이다. 제이크의 자기 연민도, 브렛의 일탈적 행동도 따지고 보면 궁극적으로는 알코올 중독증과 무관하지 않다.

파리에서 문학 수업을 받던 헤밍웨이를 지도해준 제임스 조이스(1882~1941).

그런데 미국 역사의 맥락에 비추어 보면 작중 인물들이 쉴 새 없이 마시는 술은 또 다른 의미를 지닌다. 이 무렵 미국에서는 금주법이 한창 맹위를 떨치던 시기였다. 기독교여성연합(WCTU)이 주축이 되어 금주 운동을 전개하였다. 금주 운동가들은 "축복받은 절대 금주의 나라 미국!"이라는 깃발을 내걸고 시위와 집회를 벌였다. 그리하여 1919년 의회에서 제18차 헌법 수정안이 통과되면서 마침내 미국에서는 술을 제조하거나 유통하거나 판매하는 일이 모두 금지되었다. 그러나 금주법은 실패로 돌아갈 수밖에 없었다. 시민은 이 법을 정부가 자신의 자유와 권리를 간섭하고 억압하기 위해 만들어낸 것으로 생각하였기 때문이나. 놀랍게도 이 법은 음주를 줄이기는커녕 오히려 장려하는 결과를 낳았다. 더욱이 술의 제조와 판매를 둘러싸고 조직범죄가 널리 퍼져 큰 사회 문제가 되기도 하였다. 결국, 금주법은 시행한 지 14년 만에 그 효력이 정지되기에 이르렀다. 『태양은 다시 떠오른다』에서 작중 인물들이 술독에 빠져 있다시피 술을 많이 마시는 것은 시대착오적이라고 할 미국의 금주법에 대한 비판이요 반작용으로 볼 수도 있다.

주인공 제이크 반스는 전쟁에서 비행 도중 적군의 기습을 받고 성기에 상처를 입는다. 이 상처에 대해 헤밍웨이는 한 번도 명시적으로 밝히지 않기에 주인공의 말이나 생각을 찬찬히 음미해 봐야 비로소 그 상처의 성격을 깨달을 수 있다. 헤밍웨이는 한밤중에 제대로 잠을 이루지 못하는 제이크의 입을 빌려 "그 많은 부위 중에서 하필 이곳에 부상을 입다니. 참으로 기묘한 일이라는 생각이 들었다."라고 말한다. 제이크는 부상을 입고 밀라노 병원에서 치료를 받고 있을 때 연락장교가 병실로 그를 방문한 일을 떠올린다.

참으로 우스꽝스러운 일이었다. 처음으로 우스꽝스러운 일이었다. 나는 온몸에 붕대를 칭칭 감고 있었다. 하지만 그들은 이미 그 장교에게 그것에 대해 설명했던 것이다. 그는 그 멋진 연설을 했다. "귀관은 외국인, 영국인(외국인은 누구나 영국인이었다)으로서 목숨보다도 더 소중한 것을 바쳤다." 이 얼마나 멋진 연설이란 말인가. 그 연설을 채식(彩飾) 장식해 사무소에 걸어 놓고 싶다. 그 장교는 조금도 웃지 않았다. 그는 내 입장에 서서 생각하고 있었던 것이 아닌가 싶다. "체 말라 포르투나! 체 말라 포르투나!(재수가 없었어! 재수가 없었다고!)"

국부에 치명상을 입은 제이크는 성적 흥분은 느끼되 성행위는 할 수 없

1957년 헨리 킹 감독이 연출한 「태양은 다시 떠오른다」의 한 장면. 대단한 미모의 여배우 에바 가드너가 브렛 애슐리 역할을 맡았고, 타이런 파워가 제이크 반스의 역을 맡았다.

다. 따라서 브렛 애슐리를 사랑하면서도 그녀를 성적으로 만족하게 할 수 없다는 데 깊은 절망감을 느낀다. 다른 신체 부위도 아니고 성기에 부상을 입었다는 것은 자못 상징적이다. 비단 남성으로서 생식능력을 상실한 데에서 그치지 않는다. 제1차 세계대전 이후 젊은 세대가 느끼던 정신적 불모나 심리적 무능과 비극적 상실감을 보여 주는, 더할 나위 없이 좋은 상징이다. 또한, 1920년대에 풍미한 무능력과 환멸, 좌절 등을 보여 주는 상징이기도 하다. 제이크처럼 그들도 삶에 대한 욕구를 느끼면서도 막상 그 욕구를 의미 있는 행동으로 옮길 수 없었다. 이처럼, 이 소설은 20세기 초엽의 시대정신, 좀 더 구체적으로 제1차 세계대전 직후 1920년대의 시대적 불안을 다룬 작품이다.

미국의 출판업자 앨프리드 하코트는 『태양은 다시 떠오른다』가 출간되기에 앞서 "헤밍웨이의 첫 소설이 이 나라를 뒤흔들어 놓을 것이다."라고 말하였다. 그의 예상대로 '길 잃은 세대'를 다룬 이 작품이 미국 문단과 사회에 준 커다란 충격은 무척 신선하였다. 한편으로는 내용이나 형식 면에서 이전의 미국 문학이 일찍이 보여줄 수 없었던 새로운 모더니즘으로 주목받았다. 다른 한편으로는 아직도 빅토리아 시대의 도덕관과 윤리의식에 젖어 있던 세대에게 이 소설은 마치 조용한 공원에 폭탄을 터뜨린 것처럼 크나큰 충격이 아닐 수 없었다. 심지어 그의 어머니 그레이스 헤밍웨이조차 아들에게 편지를 보내 "비평가들은 네 스타일과 언어를 구사해 세상을 묘사하는 능력을 많이 칭찬하는 듯하지만, 점잖은 사람들은 네가 그렇게 천박한 인간 계층의 삶과 습관을 영구화시키는 데 그런 큰 재능을 사용한다는 사실을 늘 안타깝게 생각하고 있다."라고 말할 정도였다. 그러면서 그녀는 소설 한 장 한 장을 읽을 때마다 혐오감으로 메스꺼움을 떨쳐 버릴 수 없다고 아들에게 불쾌한 심정을 털어놓기도 하였다.

3. '견고한' 세대와 '길 잃은' 세대

『태양은 다시 떠오른다』를 제대로 이해하려면 두 제사 중에서 두 번째 제사에 무게를 실어야 한다. 실제로 어니스트 헤밍웨이는 거트루드 스타인의 말보다는 「전도서」의 말에 훨씬 더 무게를 실었다. 그는 이 소설을 출간한 찰스 스크리브너스의 편집자 맥스웰 퍼킨스에게 보낸 편지에서 이 소설이 '길 잃은 세대'에 관한 작품이 아니라고 못 박아 말한다. "공허하고 신랄한 풍자가 아니라 '땅은 영원히 있도다'라는 메시지를 주인공으로 삼은 엄청난 비극"이라고 말하였다. 헤밍웨이는 자신의 전기를 쓴 칼로스 베이커에게도 작중 인물들은 오직 외부의 힘으로 "여러모로 강타당했을지는 몰라도" 무엇인가 잃어버린 것은 아니라고 분명히 밝힌다. 그러면서 그는 "잃어버리다니, 천만의 말씀. 우리는 교육받지 않았지만, 아주 견고한 세대다."라고 말한다. 이 '견고한(solid)'이라는 형용사와 '길 잃은(lost)'이라는 형용사 사이에는 의미 면에서 천양지차(天壤之差)가 있다.

이 점과 관련하여 비평가 시비 오설리번은 헤밍웨이의 첫 작품을 두고 "제1차 세계대전 이후 황무지로 변해 버린 유럽에서 어떻게 처신할 것인지 그 방법을 가르쳐 주는 예절 안내서"라고 정의한다. 피츠제럴드도 이 작품이 "로맨스이자 안내서"라고 말한 적이 있다. 여기서 그가 말하는 '안내서'란 오설리번이 말하는 예절 안내서의 뜻으로 받아들여도 무방할 것이다. 한마디로 헤밍웨이는 이 작품에서 삶의 무의미보나는 삶의 의미, 질망보다는 소망,

헤밍웨이가 파리 체류 시절에 살았던 카르디날 르무안 가에서 멀지 않은 곳에 있는 콩트르에스카르프 광장. 이곳은 '길 잃은 세대' 작가와 화가 등 예술가들이 자주 모이던 장소였다.

상실보다는 구원을 더 중요하게 생각하였다.

　헤밍웨이는 '길 잃은 세대'를 중심적인 인물로 다루되, 어디까지나 작가는 그들과 거리를 두고 다룬다. 그의 입장은 제이크 반스의 태도에서 엿볼 수 있다. 제이크 반스는 '길 잃은 세대'에 속한 인물이기는 하지만, 그렇다고 그들처럼 퇴폐적이고 방탕하고 무책임하지만은 않다. 그는 마이크 캠벨이나 빌 고턴, 로버트 콘 같은 인물의 가치관을 그대로 수용하거나 추종하려 하지 않는다. 오히려 그들의 가치관에 의문을 품으면서 새로운 삶의 방향을 모색한다고 말하는 편이 더 정확할 것이다. 제이크는 남아메리카로 함께 여행을 떠나자고 한사코 조르는 콘에게 "이봐, 로버트, 다른 나라에 간다고 해서 달라지는 건 없네. 나도 벌써 그런 짓 모조리 해봤지. 이 나라에서 저 나라로 옮겨 다닌다고 해서 자네 자신에게서 달아날 수 있는 건 아냐. 그래 봤자 별거 없어."라고 충고한다. 달리 말하면 근본적으로 생각과 마음을 바꾸지 않는 한 아무리 이곳저곳 장소를 옮겨 다녀도 삶에서 달라지는 것은 아무것도 없다는 것이다.

적어도 이 점에서 이 소설은 비도덕이고 비윤리적인 작품이 아니라 오히려 도덕적이고 윤리적인 작품이다. 이 작품에서 도덕적 중심에 서 있는 제이크는 겉보기와는 달리 여전히 근면과 노동을 소중하게 생각하는 미국 중서부 지방의 가치를 대변한다. 브렛 애슐리나 로버트 콘처럼 물려받은 돈으로 놀고먹는 인물보다는 노동으로 생계를 유지하는 페드로 로메로 같은 투우사나 비록 몸을 팔더라도 자기 힘으로 살아가는 조젯 같은 창녀가 더 건강하다고 생각한다. 적어도 이 점에서 제이크는 피츠제럴드의 『위대한 개츠비』(1925)의 화자요 작중 인물인 닉 캐러웨이와 비슷한 유형이다. 이 소설에서 닉은 제이 개츠비에게 "그 인간들은 썩어 빠진 무리예요. 당신 한 사람이 그 빌어먹을 인간들을 모두 합쳐 놓은 것만큼이나 훌륭합니다."라고 말한다. 이 말은 작가 헤밍웨이가 제이크의 입을 빌려 퇴폐적이고 방탕하게 살아가는 '길 잃은 세대'를 두고 하는 말로 받아들여도 크게 무리가 없을 듯하다. 유연하고 회복력이 강한 제이크는 비록 육체적 상처는 어떻게 할 수 없을지 몰라도 정신적으로는 다시 굳건히 일어서려고 몸부림치는 인물이다.

4. 헤밍웨이 주인공과 규범적 주인공

어니스트 헤밍웨이는 『태양은 다시 떠오른다』에 등장하는 작중 인물들이 '견고한' 인물들이라고 말했지만, 그들이 모두 그러한 범주에 들어가는 것은 아니다. 이 작품의 작중 인물은 가치관이나 생활방식에 따라 크게 두 부류로 나뉜다. 제이크 반스를 비롯하여 빌 고턴과 페드로 로메로는 '견고한' 부류에 속하는 반면, 로버트 콘과 마이클 캠벨과 브렛 애슐리 등은 '견고하지 못한' 부류에 속한다. 전자의 작중 인물들은 '길 잃은 세대'라고 할 수 있는 후자의 작중 인물들과는 여러모로 차이가 난다. 전자가 도덕적으로나 정신적으로 건강한 부류에 속한다면, 후자는 도덕적으로 병들고 피로에 지친 부류에 속한다. 이 작품은 제이크-빌-페드로와 로버트-마이클-브렛의 두 축을 중심으로 작동한다.

이렇게 『태양은 다시 떠오른다』를 비롯하여 그의 작품들을 읽다 보면 다른 작가들의 작품에 등장하는 작중 인물과는 뚜렷이 구분되는 헤밍웨이 특유의 주인공을 만나게 된다. 그의 작품에 등장하는 작중 인물들은 누가 보더라도 금세 알아차릴 수 있을 만큼 분명한 특징을 지닌다. 그래서 비평가들은 그들을 흔히 '헤밍웨이 주인공'이라고 일컫는다. '닉 애덤스'라는 인물이 등장하는 초기 단편소설에서 장편소설에 이르기까지 그의 작품 전반에 등장하는 그들 '헤밍웨이 주인공'에게서는 몇 가지 공통점을 찾아볼 수 있다.

첫째, 남성적이며 야성적인 헤밍웨이 주인공은 지적인 활동보다는 육체적 활동에 더 큰 관심을 기울인다. 헤밍웨이 주인공은 집 안이나 실내보다는 주로 집 밖이나 야외에서 활동한다. 그의 작품에서는 거실에 앉아서 음악을 듣거나 책을 읽거나 조용히 휴식하는 인물의 모습을 상상하기 어렵다. 작중 인물들은 강가나 개울 또는 드넓은 바다에서 낚시질하거나, 숲이나 들판에서 사냥하거나, 아니면 밖에서 스포츠와 모험을 즐긴다. 그들은 '생각하는 인간'이 아니라 '행동하는 인간'이다.

둘째, 헤밍웨이 주인공은 남성적이고 야성적인 특성에 어울리지 않게 감수성이 아주 예민하다. 1930년대 미국의 주간지 『뉴요커』는 헤밍웨이를 풍자한 만화 한 컷을 실은 적이 있다. 근육질 팔뚝에 복슬복슬 털이 난 손이 빨간 장미꽃 한 송이를 움켜쥐고 있다. 그리고 '어니스트 헤밍웨이의 영혼'이라는 제목이 붙어 있다. 헤밍웨이 주인공의 이중적 성격을 이 만화보다 더 생생하고 실감 나게 표현할 수 없을 것이다.

셋째, 일찍이 폭력과 죽음에 노출된 헤밍웨이의 주인공은 남달리 폭력과 죽음의 세계에 깊은 관심을 보인다. 초기 단편소설 중의 하나인 「인디언 부락」(1924)에서 나이 어린 닉 애덤스는 의사인 아버지를 따라 인디언 부락에 가서 분만 중인 인디언 여성의 남편이 자살하는 장면을 목격한다. 또 「살인자들」(1927)에서 닉은 시카고 같은 대도시에서 독버섯처럼 자라는 폭력 조직이 얼마나 큰 위력을 과시하는지 몸소 체험하기도 한다. 청년이 된 헤밍웨이 주인공은 전쟁터에서 삶과 죽음의 경계선을 넘나든다. 이러한 관점에서 보면 전쟁터를 투우장으로 옮겨 놓은 것과 같은 투우도 크게 다르지 않다.

넷째, 늘 폭력과 죽음에 강박 관념이 있는 헤밍웨이 주인공은 되도록 추상적이고 이론적인 것을 배격하고 좀 더 구체적이고 감각적인 즐거움을 만끽하려고 한다. 예를 들어 『태양은 다시 떠오른다』에서 작중 인물들은 이것

저것 먹고 술도 마시며 흥청거린다. 그런데 술을 마셔도 술의 종류에 무척 신경을 쓰고, 음식을 먹어도 음식이 맛있는 식당에 유별나게 관심을 기울인다. 또한, 섹스 같은 감각적 경험을 중시하기도 한다. 헤밍웨이의 작품을 읽다 보면 독자들은 청각·시각·후각·미각·촉각 등 온갖 감각이 활짝 열리는 것을 느낀다. 또한, 도덕과 윤리 같은 추상적 개념도 헤밍웨이는 매우 구체적으로 표현한다. 산문집 『오후의 죽음』(1932)에서 그는 "도덕이란 어떤 행동을 한 뒤에 기분이 좋은 것이고, 부도덕이란 어떤 행동을 한 뒤에 기분이 나쁜 것이다."라고 정의한다. 이렇게 그에게는 도덕마저 개인의 기분에 달렸을 뿐이다.

다섯째, 헤밍웨이 주인공은 전통적인 신을 믿지 않는다. 다시 말해서 내세보다는 현세, 피안보다는 차안을 더 중요하게 생각한다. 가령 주인공이 기도하는 정황만 봐도 그러하다. 『태양은 다시 떠오른다』에서 제이크 반스는 산페르민 축제가 재미있게 해달라고 기도한다. 브렛 애슐리는 성당에서 나오자마자 집시 캠프에 가서 점을 본다. 『무기여 잘 있어라』의 마지막 장면에서 주인공 프레더릭 헨리는 캐서린 바클리가 죽지 않게 해달라고 기도한다. 그러나 그 기도는 초월자를 향한 간구라기보다는 마치 종소리가 들리면 침을 흘리는 파블로프의 개처럼 위기에 놓였을 때 기계적으로 내뱉는 상투적인 말일 뿐이다. 헤밍웨이 주인공이 먹고 마시는 것에 지나칠 만큼 관심을 두고 섹스에 탐닉하는 것도 이처럼 내세의 구원을 믿지 않기 때문이다. 만약 내세가 없다면 그들은 현세의 삶을 만끽해야 할 것이다.

이러한 헤밍웨이 주인공 중에도 그들 나름대로 행동 규범을 정해 놓고 그에 따라 처신하려고 애쓰는 작중 인물들이 있다. 흔히 '코드 히어로' 또는 '규범적 주인공'이라고 일컫는 작중 인물이 바로 그들이다. 그들은 '삶'이라는 승산 없는 싸움에서 사람답게 처신할 방법을 모색한다. 즉, 무질서와 고통과 비참 그리고 폭력과 죽음이 난무하는 세계에서 균형을 잃지 않고 적절하게 살아가는 방법을 터득하려고 애쓴다. 규범적 주인공은 이렇게 적절하게 살아가는 방법으로 위엄·용기·인내·절제 같은 몇 가지 원칙을 지키려고 한다. 한마디로 헤밍웨이가 말하는 '압력에서의 우아함'을 보여 주려고 끊임없이 노력한다.

이러한 규범적 주인공 중에는 단편소설 「50만 달러」(1927)에 등장하는 권투 선수 잭이 있다. 약속한 대로 권투 시합에서 패배하려고 그는 초인간적 노력을 아끼지 않는다. 「패배하지 않는 사람들」(1926)에 등장하는 주인공 마누엘도 이 범주에 속한다. 나이가 많은 데다 부상을 입었지만, 그는 투우사로서 끝내 포기하지 않고 경기를 벌인다. 「프랜시스 매코머의 짧지만 행복한 생애」(1936)에서 수렵 사냥 안내인으로 등장하는 영국인 윌슨도 주인공 프랜시스를 죽기 전에 잠시나마 행복하게 해준다는 점에서 규범적 주인공으로 볼 수 있다. 장편소설 중에서는 『누구를 위하여 종은 울리나』의 주인공 로버트 조던, 그리고 『노인과 바다』(1952)의 주인공 산티아고가 대표적인 규범적 주인공이다.

『태양은 다시 떠오른다』에서 투우사 페드로 로메로는 두말할 나위 없이 규범적 주인공의 반열에 오른다. 그는 벨몬테나 마르시알 같은 투우사와는 달리 죽음을 두려워하여 거짓 동작을 하지 않고 투우사로서 명예롭게 자기 역할을 다한다. 제이크 반스가 페드로를 좋아하는 까닭도 바로 여기에 있다. 어떤 의미에서는 제이크도 이 범주에 속한다고 볼 수 있다. 그는 좀처럼 주어진 상황에 굴복하거나 불평을 늘어놓지 않고 인간으로서 위엄을 잃지 않은 채 꿋꿋하게 살아간다는 점에서 다른 작중 인물들과는 다르다. 페드로처럼 완벽한 규범적 주인공은 아닐지 몰라도 적어도 규범에 따라 살아가려는 인

헤밍웨이는 투우에 지칠 줄 모르는 열정을 보였다. 그가 삶과 죽음을, 이를테면 격렬한 죽음을 목격할 수 있는 유일한 장소는 전쟁터와 투우장이었다. 그에게 투우는 백지의 공포와 맞서는 작가의 글쓰기와 다르지 않았다.

물임이 틀림없다. 열등감과 자기 연민에 빠져 있을 뿐 아니라 전쟁 이전의 낡은 가치관과 낭만적 환상에 젖어 있는 로버트 콘이나, 지나치게 술을 마시고 쉽게 분노를 표출하는 마이크 캠벨 등과 비교하면 제이크의 성격은 한결 돋보인다.

제이크 반스가 전형적인 규범적 주인공이거나 그에 가까운 인물이라면 브렛 애슐리는 그러한 인물이 되려고 노력하는, 말하자면 장인 밑에서 수학하는 도제 같은 인물이다. 작품 첫머리에서 그녀는 뚜렷한 목적의식 없이 이 남자 저 남자와 어울리며 방탕하게 살아간다. 이혼 경험이 있는 브렛은 현재 남편과 이혼 절차가 끝나는 대로 마이크 캠벨과 결혼하기로 약속했으면서도 제이크와 절망적인 사랑에 빠지는가 하면, 로버트 콘과 함께 스페인의 휴양

도시 산세바스티안으로 여행을 떠나고 젊은 투우사 페드로 로메로를 좋아하여 한때 그와 함께 달아나기도 한다. 그래서 그녀를 '비치 우먼', 즉 심술궂고 음란한 여성으로 간주하는 비평가들이 더러 있다. 적어도 브렛은 피츠제럴드가 '플래퍼'라고 부른 신여성, 즉 말괄량이 여성이라고 할 만하다. 짧게 깎은 단발머리에 남성이 즐겨 입는 스웨터를 입고 남자 모자를 쓰는 등 전통적인 여성적 아름다움과는 거리가 멀다. 뭇 남성과 벌이는 애정 행각은 빅토리아 시대의 전통적인 요조숙녀와는 거리가 멀어도 한참 멀다. 어찌 되었든 비평가 제임스 네이글은 브렛 애슐리를 두고 헤밍웨이가 창조해낸 "20세기 미국 문학에서 가장 매력적인 여성 중 한 사람"이라고 말한다.

그러나 브렛은 점차 쾌락주의적이고 찰나적인 삶을 버리고 규범적인 인물이 보여 주는 가치관을 받아들이기 시작한다. 페드로와 함께 스페인의 마드리드로 달아났던 그녀는 결국 젊은 투우사의 장래를 생각해서 그를 돌려보내기로 결심한다.

"제이크, 정말 기분이 말할 수 없이 좋아요."
"그래야지."
"화냥년이 되지 않기로 결정하니 여간 기분이 좋은 게 아니에요."
"아무렴."
"말하자면 그게 우리가 하느님 대신 믿는 거죠."
"하느님을 믿는 사람들도 있지. 그런 사람도 꽤 많아." 내가 말했다.
"하느님은 내게는 별로 효험이 없었어요."

여기서 "우리가 하느님 대신 믿는 것"이란 다름 아닌 긴장과 고동과 절망의 삶에서도 반드시 지켜야 할 행동 규범을 뜻한다. 그 행동 규범은 기독교인들이 믿는 전통적인 신과 똑같은 위치를 차지한다. 말하자면 신을 상실한 그들에게 그것은 종교와 크게 다르지 않다. 적어도 이 점에서 『태양은 다시 떠오른다』는 『무기여 잘 있어라』처럼 한 젊은 주인공이 온갖 고통과 좌절을 겪으며 삶의 본질을 조금씩 터득해 가는 성장 소설로 읽을 수 있다. 제이크 반스는 프레더릭 헨리처럼 좌절과 절망을 겪으며 삶에 대한 인식의 폭을 조금씩 넓혀 간다. 마침내 삶의 인식이나 통찰에 이르는 그들은 가히 영웅이라고 할 만하다. 바로 이 점에서 헤밍웨이의 이 두 소설은 고대 신화처럼 영웅의 탄생을 다루는 작품으로 읽어도 좋을 것이다.

5. 소설 문체의 혁명가

어니스트 헤밍웨이의 『태양은 다시 떠오른다』는 내용이나 주제 못지않게 형식이나 스타일이 눈길을 끈다. 헤밍웨이가 소설가가 되기 위해 받았던 작가 수업은 크게 두 단계로 나뉜다. 첫 번째 단계는 신문사에서 수습기자 생활을 하면서 기사 작성과 관련하여 받은 교육이다. 고등학교를 갓 졸업한 뒤 『캔자스시티 스타』에서 수습기자로 있을 때 그는 『기사 작성 지침서』에 나온 대로 육하원칙에 따라 글을 쓰는 방법뿐 아니라 되도록 간단명료하게 쓰는 방법을 배웠다. 이때 헤밍웨이는 ① 짧은 문장을 사용할 것, ② 첫 단락은 짧게 시작할 것, ③ 힘찬 영어를 사용할 것, ④ 부정 구문을 사용하지 말고 긍정 구문을 사용할 것 등을 훈련받았다.

헤밍웨이가 받은 두 번째 교육은 주로 선배 작가들로부터 받은 문학 수업이었다. F. 스콧 피츠제럴드, 에즈라 파운드, 거트루드 스타인 등이 바로 그의 멘토들이었다. 피츠제럴드는 헤밍웨이에게 "작품의 행동이 작중 인물들 사이에서 저절로 이루어지도록 하라."라고 가르쳤다. 다시 말해서 인위적으로 플롯을 구성하려고 하지 말고 작중 인물들에게 모든 것을 맡기라고 권한 것이다. 작중 인물들의 성격과 행동을 충실히 묘사하다 보면 플롯은 저절로 구성된다는 것이다.

피츠제럴드의 충고를 받아들여 헤밍웨이는 『태양은 다시 떠오른다』에서 중심적인 화자도 주인공도 없다시피 한 소설을 썼다. 제이크 반스가 작품의 화자와 주인공 역할을 맡고 있지만, 처음에는 투우사가 주인공이었다. 그 뒤에 주인공은 로버트 콘으로 바뀌었다가 다시 브렛으로 바뀌었다. 마침내 헤밍웨이는 "이야기는 어쩌면 아예 어떤 주인공도 없는 편이 더 나을지도 모른다."라고 판단하기에 이르렀다. 이것이 제이크가 화자나 주인공 역할을 맡으면서도 전통적인 소설의 화자나 주인공과는 적잖이 차이가 나는 까닭이다.

더구나 이 작품의 원고를 읽은 피츠제럴드는 헤밍웨이에게 도입부에서 적어도 2천 5백 개의 어휘를 삭제하라고 충고하였다. 그러자 헤밍웨이는 출판사에 전보를 보내 교정쇄의 처음 30쪽을 아예 통째로 들어내 달라고 부탁하였다. 이 30쪽에 해당하는 부분은 다름 아닌 스페인의 팜플로나 투우 축제에 관한 부분이다. 헤밍웨이는 이 부분을 삭제하고 작중 인물들이 보헤미안처럼 파리에서 생활하는 대목에서 곧바로 소설을 시작한다. 카르티에라탱과 몽파르나스에서 전개되는 '길 잃은 세대'의 삶은 제2부에서 다룰 스페인의 팜플로나 장면과 대위법적 대조를 이룬다. 그러다 보니 이 소설은 얼핏 초점도 없이 어정쩡하게 시작하는 것 같지만, 실제로는 방황과 모색이라는 작품의 주제에 그야말로 안성맞춤인 구성이 되었다. 이 작품에는 "시작도 없고 끝도 없다."라고 불평하는 비평가들이 있지만, 그들은 이 소설의 형식이 주제와 얼마나 유기적으로 잘 맞아떨어지는지 제대로 이해하지 못한다는 비판을 피하기 어렵다.

T. S. 엘리엇과 제임스 조이스가 에즈라 파운드에게서 창작 기법을 배웠듯이 헤밍웨이도 파운드에게서 소설 기법을 배웠다. 이 무렵 파운드는 젊은 작가들이나 시인들의 원고를 꼼꼼히 읽고 푸른색 잉크로 수정해 가면서 과감하게 삭제하였다. 헤밍웨이가 파운드에게서 배운 기법은 한두 가지가 아니다. 예를 들어 그는 젊은 작가에게 되도록 형용사나 부사를 사용하지 말고

명사나 동사를 사용하라고 가르쳤다. 형용사나 부사를 사용할 때에는 '좋다' '빠르게' 등 아주 구체적인 어휘만을 골라서 사용할 것을 권하였다. 가령 날씨를 묘사할 때 헤밍웨이는 "날씨가 따뜻한 봄날 저녁이었다."라고 말할 뿐 군더더기를 붙여 장황하게 묘사하지 않는다.

파운드는 헤밍웨이에게 주관적인 생각이나 값싼 감상주의에서 빠지지 말고 감정을 최대한으로 억제하여 최소한의 어휘로 표현하라고 가르쳤다. 또 이미지나 장면을 제시하되 구체적으로 설명하지 말고 직접 제시하라고 충고하였다. 이처럼, 헤밍웨이는 파운드에게서 이미지즘이나 모더니즘 기법을 배웠다. 이렇게 시처럼 '언더스테이트먼트' 기법을 강조하다니 보니 때로는 논리적인 연관성이 부족하다는 인상을 주기도 한다. 가령 헤밍웨이는 "포도주 맛이 좋아서 나는 포도주를 많이 마셨다."라고 말하는 대신 "포도주는 맛이 좋았다. 나는 그것을 많이 마셨다."라고 말함으로써 인과관계를 일부러 차단하려고 한다. 이러한 기법은 적어도 『태양은 다시 떠오른다』에서 제1차 세계대전 이후 논리나 이성을 더는 믿지 않는 '길 잃은 세대'의 삶을 묘사하는 데에는 오히려 걸맞은 방법이라고 할 수 있다. 이 작품의 마지막 장면에서 헤밍웨이는 파운드에게서 배운 기법을 유감없이 발휘한다.

"아, 제이크, 우리 둘이 얼마든지 재미있게 시간을 보낼 수도 있었는데." 브렛이 말했다.
앞쪽에는 카키복을 입은 기마순경이 교통정리를 하고 있었다. 그가 바통을 들었다. 그러자 자동차가 갑자기 속력을 낮추자 브렛 몸이 내 쪽으로 쏠렸다.

산세바스티안에서 혼자 휴식을 취하고 있는 제이크 반스는 브렛 애슐리로부터 전보를 받고 곧 마드리드에 도착한다. 그는 브렛과 식사한 뒤 택시를 타고 시내 구경을 한다. 위 인용문은 택시 안에서 두 사람이 주고받는 대화 내용이다. 브렛의 첫 문장은 그녀가 로버트 콘과의 연애며, 열아홉 살밖에 되지 않은 페드로 로메로의 관계를 염두에 두고 말하는 장면이다. 이 말을 들은 제이크는 직접 행동으로 옮기지는 못했어도 그렇게 생각하는 것만으로도 기분이 좋지 않느냐고 반문한다. 헤밍웨이는 이 장면에서 의도적으로 많은 부분을 생략한다. 위 대화만 봐서는 브렛이 다시 약혼자인 마이크 캠벨에게 돌아갈 것인지, 섹스 없이 사랑만 하는 제이크와 관계를 계속 이어 나갈 것인지, 아니면 로버트 콘과 관계를 다시 시작할 것인지 도무지 알 수가 없다. 브렛의 미래와 관련하여 헤밍웨이는 모든 가능성을 활짝 열어 놓는다. 적어도 이 점에서 이 소설은 열린 결말로 끝맺는다.

이렇게 전통적인 소설처럼 어떤 식으로든지 작품의 결말을 맺지 않고 '열린' 상태로 남겨 두는 것도 모더니즘 소설의 특징이다. 나머지는 독자들이 알아서 판단할 일이다. 다만 브렛과 제이크의 대화 사이에 삽입된 세 문장의 서술이 그나마 단서가 될 뿐이다. 제복을 입은 기마순경이 바통을 들고 교통정리 하는 모습이 자못 상징적이다. 그동안 '길 잃고' 방황해온 두 사람이 탄 택시는 교통순경의 지시에 따라 갑자기 속도를 늦춘다. 새로운 방향이나 새로운 질서의 가능성을 은근히 암시하는 것으로 받아들일 수 있다. 이 작품에서 결말이 곧 이 작품의 중심 주제라고 할 수 있다. 제목 그대로 오늘 떠오른 태양이 내일 다시 떠오르듯이 작중 인물들의 행동은 작품이 시작한 원점으로 되돌아간다. 삶의 무의미성을 이 작품의 주제로 본다면 적어도 열린 결말은 이 주제에 썩 잘 들어맞는다. 「전도서」 저자의 "헛되고 헛되며 헛되고 헛되니 모든 것이 헛되도다."라는 말대로 작중 인물들의 일상적 삶은 태양처럼 반복에 반복을 거듭할 뿐이다.

　헤밍웨이가 거트루드 스타인에게서 배운 기법은 무엇보다도 어휘를 사용하는 방법이다. 기자 생활을 하면서 헤밍웨이는 효과적으로 글을 쓰기 위해서 어휘 하나하나를 신중하게 선택해야 한다는 사실을 이미 터득하였다. 스타인에게서는 단순하고 명료한 어휘를 사용하되 그것마저도 최소한으로 사용할 것을 배웠다. 헨리 제임스는 "제1차 세계대전으로 말미암아 어휘가 모두 고갈해 버렸다."라고 말한 적이 있다. 실제로 헤밍웨이가 사용하는 언어의 팔레트에는 어휘라는 페인트가 아주 제한되어 있다. 그는 비교적 제한된 어휘를 구사하여 작품을 쓴다. 그래서 어휘 하나하나를 최대한 아끼고 적절한 어휘를 잘 선택하여 효율적으로 사용하려고 한다. 『태양은 다시 떠오른다』를 비롯한 그의 작품에서 헤밍웨이가 즐겨 구사하는 미니멀리즘의 문체는 스타인에게서 영향 받은 바가 자못 크다. 그가 구사하는 어휘는 마치 맑은 시냇물에서 갓 건져낸 조약돌처럼 단단하면서도 투명한 빛을 발한다.

　더구나 스타인은 헤밍웨이에게 'and' 같은 등위접속사를 사용하여 집적적(集積的) 효과나 점증법적 효과를 노리라고 권하였다. 헤밍웨이는 그침표나 머무름표, 또는 붙임표나 묶음표 같은 구두점을 최대한 피한 채 전보문 같은 짧은 평서문을 즐겨 사용한다. 그는 이 짧은 평서문을 흔히 실로 염주 알을 꿰듯이 등위접속사로 연결한다. 또한, 그는 스타인에게서 동일한 어휘나 구를 반복하여 최면적 효과를 자아내는 수법을 배우기도 하였다.

　이 무렵 미국 비평계의 거목이라고 할 에드먼드 윌슨은 이미 헤밍웨이의 첫 단편집 『우리 시대에』(1925)를 평하면서 "헤밍웨이의 산문은 일급이다."라고 칭찬을 아끼지 않았다. 또 다른 비중 있는 비평가 콘래드 에이컨도 "오늘날 헤밍웨이보다 더 훌륭한 대화를 쓰는 사람이 있다면 나는 어느 작가에게서 그것을 찾아야 할지 잘 모르겠다."라고 말하면서 그의 대화 구사법을 극찬하기도 하였다. 이렇듯 작품의 주제나 내용은 차치하더라도 헤밍웨이가 소설 형식과 문체에 끼친 영향은 무척 크다. 그의 뒤를 이어 그를 흉내 내는 모방자들이 우후죽순처럼 생겼지만, 남의 목소리를 흉내 내는 복화술사처럼 시늉만 내다가 결국에는 문단에서 자취도 없이 사라졌다. 미니멀리즘 전통에 속하는 작가들만이 나름대로 헤밍웨이 전통을 이어받아 미국적 문체로 발전시키고 있다.

    헤밍웨이가 이룩한 업적은 궁극적으로는 20세기 서구 예술사의 전반적인 맥락에서 이해하고 평가해야 한다. 단순히 '미국 작가'라는 꼬리표를 떼어낼 때 비로소 그의 진면목을 이해할 수 있다. 가령 그는 12음 기법을 창안하여 전통적 음악의 영역을 넓힌 아르놀트 쇤베르크, 사실주의 화풍을 타파하고 입체파 전통을 수립한 파블로 피카소 등과 어깨를 나란히 하며 20세기 예술을 새로운 방향으로 이끌었다. 그들은 하나같이 20세기 예술에서 획기적이고 기념비적인 예술가였다. 헤밍웨이는 작가들이 어떻게 글을 써야 할지, 또 독자들은 어떻게 작품을 읽어야 할지를 제시하며 현대 문학에 새로운 이정표를 세운 소설가인 것이다.

제3장

전쟁과 사랑
『무기여 잘 있어라』

　미국의 시인이자 극작가로 하버드 대학교에서 수사학 교수를 지낸 아치볼드 매클리시는 어니스트 헤밍웨이를 두고 "스무 살 전에는 전쟁 베테랑이었고, / 스물다섯 살에 유명해졌으며, 서른 살에 대가가 되었다."라고 노래하였다. 1920년대 헤밍웨이처럼 프랑스 파리에서 국외 추방자 또는 국외 이주자로 생활한 매클리시는 누구보다도 헤밍웨이를 잘 알았다. 헤밍웨이가 스물다섯 살에 유명해졌다고 노래한 것은 그가 이 무렵 본격적인 의미에서 첫 장편소설『태양은 다시 떠오른다』(1926)를 출간하였기 때문일 것이다. 그러나 좀 더 정확히 말하자면 이때 헤밍웨이의 나이는 스물다섯이 아니라 스물일곱 살이었다. 아니면 스물다섯 살이 되던 1924년에 단편 소품집『우리 시대에』를 파리에서 출간한 것을 두고 그렇게 말한 것인지도 모른다. 어찌 되었든 서른 살에 헤밍웨이가 대가가 되었다는 말은 사실이다. 『무기여 잘 있어라』(1929)를 출간한 것은 정확히 *그*가 서른 살이 되던 해였기 때문이다.

플로리다 주 키웨스트 섬에 있는 헤밍웨이의 저택. 그는 두 번째 아내 폴린의 재정적 도움으로 이 집을 구입했다. 『무기여 잘 있어라』를 집필하면서 그는 한동안 여기에 머물렀다.

『태양은 다시 떠오른다』로 하루아침에 작가로서 명성을 얻은 헤밍웨이는 두 번째 장편소설 『무기여 잘 있어라』를 출간함으로써 소설가로서의 입지를 굳혔다. 그는 미국 문단은 말할 것도 없고 세계 문단에서 크게 명성을 떨쳤다. 에즈라 파운드나 거트루드 스타인, F. 스콧 피츠제럴드 밑에서 도제 생활을 끝내고 그제야 장인의 반열에 올랐던 것이다. 헤밍웨이는 이 무렵 작가로서뿐 아니라 '파파 헤밍웨이'라는 이미지와 함께 전 세계적으로 사랑받는 대중의 우상이 되었다. 텁수룩한 수염에 술잔을 들고 있는 모습은 그의 상징이 되다시피 하였다.

헤밍웨이는 비교적 오랜 시간을 두고 『무기여 잘 있어라』를 집필하였다. 『태양은 다시 떠오른다』를 9주 만에 집필했던 것과는 달리 이 작품을 쓰는 데 무려 15개월이나 걸렸다. 물론 첫 작품도 정성 들여 다듬고 또 다듬었지만, 이 작품은 보석을 가공하듯이 더욱 심혈을 기울여 수정하고 개작하였다. 1928년 3월 파리에서 처음 이 작품의 초고를 쓰기 시작한 이래 미국 플로리다 주의 키웨스트, 두 번째 아내 폴린 파이퍼의 친정집이 있는 아칸소 주의 피고트, 미주리 주 캔자스시티, 와이오밍 주의 셰리던 등 미국 전역을 옮겨 다니면서 이 작품을 집필하였다. 마침내 초고를 완성한 곳은 와이오밍 주의 빅혼 근처였고, 마지막에는 다시 파리로 돌아와 1929년 6월까지 최종 원고에 매달렸다. 그는 『무기여 잘 있어라』를 단행본으로 출간하기 전에 『스크리브너스 매거진』에 연재하였다. 그는 잡지사로부터 원고료로 1만 6천 달러를 받았다. 당시 그에게는 엄청난 금액이었다. 이 잡지의 6월호 분은 보스턴에서 부도덕하다는 이유로 판매 금지 처분을 받았다. 그러나 아이러니하게도 이

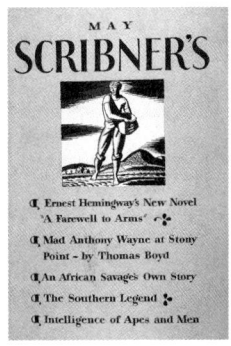

1929년 헤밍웨이의 『무기여 잘 있어라』를 연재한 『스크리브너스』 잡지.

러한 처분 덕분에 잡지는 날개 돋친 듯이 팔려나갔고, 그의 작품은 독자들로부터 선풍적인 인기를 끌었다. 그해 9월에 초판이 출간되자마자 3만 부 이상 팔렸고 4개월이 지나자 8만 부 이상 팔렸다. 이로써 헤밍웨이는 예술적으로 뿐만 아니라 재정적으로도 독립할 수 있게 되었다.

1. 첫사랑의 실연과 『무기여 잘 있거라』

　작가가 작품을 쓰는 이유는 크게 세 가지다. 첫째는 자아를 표현하고 싶은 충동이다. 낭만주의 전통에 서 있는 작가들이나 시인들이 주로 여기에 속한다. 영국의 낭만주의를 대표하는 시인 윌리엄 워즈워스의 말대로 그들에게 작품이란 "강력한 감정의 흘러넘치는 분출"과 다름없다. 그래서 그는 "침잠 가운데에서 회상한 감정"에서 작품이 나온다고 하였다.

　둘째는 쓰라린 과거의 경험에서 벗어나고 싶은 충동이다. 말하자면 작가가 글을 쓰는 것은 목구멍을 가로막고 있는 가래를 뱉어 내는 것과 같다. 기침하여 가래를 뱉듯이 작가는 작품을 집필함으로써 과거에 겪은 쓰라린 고통과 악몽에서 벗어나려고 한다. 이러한 관점에서 보면 창작 행위란 한낱 질병을 치료하기 위한 치유 행위에 지나지 않는다. 헤밍웨이는 언젠가 "나는 돈을 받건 받지 않건 행복하기 위해 글을 써야 한다. 하지만 그런 재능을 가지고 태어난다는 것은 끔찍한 질병이다."라고 털어놓은 적이 있다. 그러면서 그는 "나는 글 쓰는 것을 좋아한다. 그런데 그렇게 되면 사태가 더 나빠서 질병이 악으로 바뀐다."라고 말한다.

　셋째는 작가는 각박한 현실로부터 도피하고 싶은 충동에서 글을 쓴다. 지그문트 프로이트를 비롯한 정신분석학자들은 예술 창작 행위를 "죽음을 애도하는 행위"라고 불렀다. 예술가들이 작품을 창작하는 것은 곧 현실 세계에서 얻지 못한 그 무엇을 끊임없이 슬퍼하는 행위라는 뜻이다. 다시 말해서 예술가들은 하나같이 현실 세계에서 얻지 못한 것들을 예술이라는 환상의 세계를 빌려 대리 만족을 느끼고자 한다. 그러므로 그의 이론에 의하면 예술 창작이란 예술가가 이루지 못한 꿈과 욕망에 대한 보상 행위에 지나지 않는다.

그렇다면 어니스트 헤밍웨이는 어떤 이유에서 작품을 썼을까? 그는 두 번째와 세 번째 이유에서 작품을 썼다. 한편으로는 과거의 기억을 잊고 싶어서, 또 한편으로는 쓰라린 현실에서 도피하기 위해 작품을 썼다. 그러나 좀 더 엄밀히 따져 보면 이 두 가지 이유는 서로 배타적이 아니라 상호 보완적인 관계에 있다. 작가는 과거에 겪은 쓰라린 슬픔과 고통에서 벗어나지 못해서 여전히 괴로워하고, 환상 세계에서 과거에 얻지 못한 욕망을 충족함으로써 그 괴로움에서 벗어나려고 하는 것이다.

헤밍웨이의 창작 동기는 프로이트의 예술 창작 이론과 비교적 잘 맞아 떨어진다. 이책의 1장에서 살펴보았듯이 열아홉 살의 젊은 나이로 제1차 세계대전에 참가하여 이탈리아 전선에서 중상을 입은 헤밍웨이는 밀라노로 후송되어 그곳 미국 적십자 병원에서 치료를 받는다. 그곳에서 만난 애그니스 쿠로스키는 그가 미국에 돌아가자마자 곧바로 그에게 절교를 선언하였다.

몇 년의 세월이 흐르도록 실연의 상처를 씻지 못한 헤밍에이는 좀처럼 마음의 평정을 찾지 못하고 결국 프랑스 파리에 이주하여 그곳에서 작가의 길을 모색했지만, 그마저 뜻대로 되지 않았다. 어느 날 센 강 좌안의 한 카페에서 친구와 함께 술을 마시던 그는 친구에게 자기는 작가로서 운이 없다고 한탄하였다. 친구는 이렇게 말하였다. "자네 작품이 팔리지 않는 까닭은 말이야, 자네가 그동안 고통을 당해본 적이 없기 때문인지도 몰라. 자네는 고통에 대해 잘 모르잖아?" 그러자 헤밍웨이는 버럭 화를 내며 "뭐, 고통을 모른다고! 고작 그렇게밖에 생각하지 않는군!" 하며 그에게 애그니스 쿠로스키

젊은 나이에 연상의 첫사랑 상대였던 애그니스에게 실연당한 경험은 이후 헤밍웨이의 삶과 문학에 결정적으로 영향을 끼쳤다.

에게서 실연당한 이야기와 함께 이탈리아 전선에서 겪었던 온갖 고통스러운 경험을 들려주었다.

    이 일이 있은 지 얼마 뒤 헤밍웨이는 자신이 겪은 뼈저린 경험을 소설 형식으로 원고지에 옮기기 시작하였다. 그의 대표작 중 하나로 일컫는 『무기여 잘 있어라』가 탄생하는 순간이었다. 그가 이 소설을 쓴 것은 프로이트가 말하는 "죽음을 애도하는 행위"와 크게 다르지 않았다. 현실에서 이루지 못한 꿈을 소설을 통해 보상받으려 했기 때문이다. 게다가 다른 작가들과 마찬가지로 헤밍웨이에게도 문학 작품을 창작하는 것은 강박관념에서 벗어나기 위한 수단이었다. 단편소설 「아버지와 아들」(1933)에서 그는 주인공 닉 애덤스의 입을 빌려 "좋지 않은 어떤 일을 글로 쓸 때 그는 그것으로부터 벗어날 수 있었다. 글로 표현함으로써 그러한 많은 일에서 해방되었다."라고 밝혔다. 이렇듯 헤밍웨이에게 창작 행위는 심리적 갈등이나 긴장을 해소하는 치유 수단이었다.

2. 죽음과 사랑의 교향악

『무기여 잘 있어라』는 『태양은 다시 떠오른다』보다 3년 늦게 출간되었지만, 이 작품에서 다루는 사건은 앞 작품보다 앞선다. 제1차 세계대전이 끝난 지 무려 10년이 지나서 출간된 『무기여 잘 있어라』는 전쟁 중 이탈리아 전선에서 일어난 사건을 다루는 반면, 『태양은 다시 떠오른다』는 1918년 전쟁이 휴전에 들어간 뒤 참전 용사들이 파리에서 생활하는 모습을 그리고 있다. 이탈리아 전선에서 앰뷸런스 부대원으로 근무하는 미국인 장교 프레더릭 헨리는 우연히 스코틀랜드 출신 간호사 캐서린 바클리를 만난다. 그녀와의 관계는 일종의 게임처럼 시작되었지만, 그가 중상을 입고 후방 병원에 입원하고 난 뒤부터 두 사람은 진지한 관계로 발전한다. 그리고 프레더릭은 임신한 캐서린을 병원에 남겨둔 채 다시 전선으로 떠난다. 전투 중에 소속 부대와 연락이 두절된 채 퇴각하던 그는 이탈리아 헌병의 검문을 받고 탈영 혐의로 총살당하기 직전, 탈리아멘토 강물 속으로 뛰어들어 구사일생으로 목숨을 건진다. 캐서린과 다시 만난 그는 이탈리아 국경을 넘어 중립국 스위스로 피신하여 그곳에서 캐서린의 출산일을 기다리며 잠시나마 목가적인 생활을 즐긴다. 그러나 그녀는 아기를 분만하던 중에 사망하고 프레더릭은 먼 이국땅에 홀로 남겨진다.

이 소설은 언뜻 전쟁의 잔혹성과 비인간성을 고발하는 일종의 반전(反戰) 소설처럼 보인다. 실제로 이 작품 곳곳에서 선생을 날카롭게 비판하는 구절을 읽을 수 있다. 예를 들어 프레더릭의 부하 기술병은 "아무것도 깨닫지 못하고 또 깨달을 능력도 없는 계급이 있어요. 그런 부류 때문에 지금 이런 전쟁이 벌어지고 있는 겁니다."라고 말한다. 이탈리아인 군의관인 리날디도 프레더릭에게 "정말로 지긋지긋한 전쟁이야. 내 말을 믿게나."라고 말한다. 적어도 소설 장르적 관점에서 보면 이 작품은 에리히 마리아 레마르크의 『서부 전선 이상 없다』(1929), 리처드 올딩턴의 『한 영웅의 죽음』(1929), 로버트 그레이브스의 『모든 것이여, 안녕』(1929) 같은 전쟁 소설과 같은 장르에 속한다. 헤밍웨이의 작품을 포함하여 이 세 소설이 모두 같은 해에 출간되었다는 사실이 무척 흥미롭다.

한편, 적지 않은 비평가들은 이 소설을 삶과 죽음이 엇갈리는 긴박한 전쟁터를 배경으로 펼쳐지는 사랑 이야기로 읽었다. 헤밍웨이도 『무기여 잘 있어라』를 '자신이 쓴 『로미오와 줄리엣』'이라고 밝히면서 이 작품은 젊은 남녀의 비극적 사랑을 그린 연애 소설이라고 말한 적이 있다. 그의 말대로 이 작품은 윌리엄 셰익스피어의 비극 같은 사랑 이야기로 읽기에 크게 무리가 없다. 온갖 장애를 겪으며 애틋하게 사랑한다는 점에서도 그러하고, 그 사랑이 비극적 결말로 끝난다는 점에서도 그러하다. 다만 차이가 있다면 셰익스피어의 비극이 두 가문의 불화와 갈등 때문에 빚어진다면, 헤밍웨이의 작품에서는 생물학적 우연이나 우주의 질서가 주인공을 파멸로 몰아넣는다. 어찌 되었든 이 두 작품에서 주인공들은 인간의 자유의지와 상관없이 초월적 힘에 의해 비극을 맞는다.

3. 인식론적 소설

『무기여 잘 있어라』는 단순한 반전 소설이나 애정 소설의 차원을 뛰어넘는다. 어떤 의미에서 이 작품은 인식론적인 소설로 읽을 수 있다. 다시 말해서 주인공이 온갖 고통과 좌절을 겪으면서 삶에 대한 지식이나 통찰을 조금씩 터득해 가는 과정을 그린 작품이다. 헤밍웨이는 삶과 죽음이 교차하는 전쟁터에서 삶의 의미를 배웠다. 그는 평소 전쟁만큼 작가에게 좋은 경험도 없다고 생각하였다. 헤밍웨이는 옛날부터 현대까지 전쟁에 참가한 사람들이 쓴 수기를 한데 모아 『전쟁하는 인간들』(1942)이라는 책을 편집한 적이 있다. 이 책의 서문에서 그는 "전쟁에서 인간의 마음과 인간의 정신을 배우라."라고 말한다. 이렇듯 그에게 전쟁터는 삶의 의미를 배울 수 있는 일종의 교육장 같은 곳이었다.

이처럼 헤밍웨이에게 삶과 죽음이 교차하는 전쟁터는 일상적 삶을 극적으로 보여 주는 더할 나위 없이 좋은 은유다. 일상 세계의 생존경쟁이나 투쟁을 축소해 놓은 것이 다름 아닌 전쟁터다. 정글의 법칙이나 적자생존의 법칙은 일상적 삶뿐만 아니라 전쟁터에서도 그대로 찾아볼 수 있다. 손에 총과 칼을 들고 있지 않았을 뿐, 일상 세계에서도 인간은 수없이 서로 상처를 입히고 죽인다. 헤밍웨이 주인공들이 전쟁터에서 싸우는 것은 허먼 멜빌의 작품에서 주인공들이 드넓은 바다에서 온갖 위험을 무릅쓰고 항해하는 것과 같은 상징적 의미가 있다.

『무기여 잘 있어라』의 도입부에서 화자이자 주인공인 프레더릭 헨리는 사춘기를 갓 벗어난 순진한 청년으로 삶에 대해 거의 무지한 상태다. 그러다가 병아리가 달걀을 깨고 나오듯이 그는 점차 무지의 벽을 깨고 인식의 단계에 이른다. 프레더릭의 자기인식 과정은 군부대 위안소가 상징하는 욕정과 무질서의 세계에서 캐서린이 상징하는 사랑과 질서의 세계로 옮겨 가는 과정에서 구체적으로 나타난다. 또는 '이성의 뱀'이라고 할 리날디에서 '믿음의 비둘기'라고 할 군종신부로 옮겨 가는 과정으로 볼 수도 있다. 소설 첫머리에서 헤밍웨이는 프레더릭의 입을 빌려 군종신부를 두고 이렇게 말한다.

우리는 역시 다른 점이 많지만, 취향이 많이 닮은 친구였다. 그는 내가 모르는 것, 일단 배워도 늘 잊어버리는 것을 언제나 알고 있었다. 나는 나중에 그것을 깨닫게 되었지만, 그때는 그것을 알지 못했다.

이 문장은 이 작품의 주제를 파악하는 데 아주 중요한 실마리가 된다. 특히 여기서 무엇보다도 찬찬히 눈여겨봐야 할 것은 '알고 있었다'와 '나중에' 그리고 '그때'라는 세 낱말이다. 주인공은 '그때'는 미처 몰랐지만 '나중에' 그 무엇인가를 '알게' 되었다고 고백한다. 이 소설은 주인공이 전쟁 중 온갖 일을 겪으면서, 자신은 몰랐지만, 군종신부는 이미 알고 있던 바로 '그것'을 조금씩 배워 나가는 과정을 그린 작품이다. 그렇다면 이 소설의 주제를 밝히는 것은 곧 주인공이 나중에 깨닫게 되는 '그것'이 과연 무엇인지를 찾아내는 일일 것이다.

이 작품에서 작중 인물 프레더릭과 화자 프레더릭을 엄밀히 구별해야 하는 까닭이 바로 여기에 있다. 이 간격을 제대로 측정함으로써 프레더릭이 작품 첫 부분과 끝 부분에서 어떻게 달라졌는지를 알 수 있다. 고백체의 일인칭 소설인 탓에 프레더릭이 동시에 두 역할을 맡고 있다는 사실을 자칫 놓치기 쉽지만, 좀 더 꼼꼼히 따져 보면 두 역할 사이에는 큰 차이가 있음이 드러난다. 소설의 도입부에서 프레더릭은 자신의 자아나 삶에 대해 별로 아는 것이 없었다. 전쟁이 일어나기 전 그는 홀로 이탈리아에 유학하여 로마에서 건축학을 공부하고 있었으며, 제1차 세계대전이 일어나자 이탈리아어를 할 수 있다는 것 말고는 뚜렷한 이유 없이 이탈리아군에 입대하였다. 이 무렵 그는 음주와 섹스 그리고 전투에서 느끼는 짜릿한 스릴 말고는 뚜렷한 존재 이유를 찾지 못하고 있었다. 한마디로 삶의 방향 감각을 상실한 채 '비현실적인' 삶, 어떤 일에도 '개의치 않는' 삶을 살고 있었던 것이다. 군의관 리날디는 그가 미국인이 아니라 자신과 똑같은 이탈리아인이라고 말한다. "우린 똑같아. 자네는 진짜 이탈리아인이야. 온통 불과 연기뿐 속은 텅 비었어." 이 '온통 불과 연기뿐'이라는 표현에서도 단적으로 드러나듯이 이 무렵 프레더릭은 연기처럼 실체 없는 무의미한 삶을 살고 있었다.

이러한 프레더릭에게 그동안 잃어버렸던 자아를 되찾고 삶에 대한 새로운 통찰과 인식을 얻게 해주는 인물이 바로 캐서린 바클리다. 특히 그녀와의 사랑을 통해 그는 삶의 의미를 깊이 깨닫는다. 그렇다면 캐서린은 프레더릭을 이 세상에 다시 새롭게 태어나도록 돕는 산파 같은 역할을 하는 셈이다. 프레더릭은 처음 그녀를 만날 때 장교 위안소로 매춘부를 찾아가는 것보다는 그녀를 만나는 편이 조금 더 낫다고 솔직히 털어놓는다. 그러나 그녀를 계속 만나면서 점차 사랑의 의미를 깨닫는다. 그녀에게 애징을 느끼는 것은 비단 중상을 입고 병원에 입원한 신세이기 때문만은 아니다. 프레더릭은 자신이 그녀에게 '미쳐' 있었다고 고백할 정도로 캐서린을 깊이 사랑하게 된다.

1932년 프랭크 보제이즈 감독이 연출한 「무기여 잘 있어라」의 한 장면. 할리우드 인기 배우 게리 쿠퍼가 프레더릭 헨리 역을 맡았고 헬렌 헤이스가 캐서린 바클리 역을 맡았다. 할리우드에서는 1957년 찰스 비더 감독 연출로 록 허드슨이 프레더릭 헨리 역을 맡고 제니퍼 존스가 캐서린 바클리 역을 맡아 이 작품을 다시 한 번 영화화했으나 전편에 비해 크게 성공하지 못하였다.

이 작품의 후반부에 이르러 프레더릭이 그레피 백작을 만나 함께 당구를 치는 장면을 보면 캐서린에 대한 그의 사랑이 과연 어떠한지 쉽게 미루어 볼 수 있다.

"자네가 삶에서 가장 소중하게 생각하는 건 뭔가?"
"제가 사랑하는 사람입니다."
"그건 나도 마찬가지야. 그건 지혜가 아니지. 자넨 삶을 소중하게 생각하나?"
"물론이죠."
"나도 그래. 그게 우리가 갖고 있는 전부니까."

작품 첫머리에서 캐서린은 프레더릭과 첫 키스를 한 뒤 그에게 관심을 보이지만, 그는 그녀에게 별다른 감정을 느끼지 않는다. "나는 캐서린 바클리를 사랑하지 않았으며, 또 앞으로도 사랑하지 않으리라는 사실을 잘 알았다. 이것은 마치 카드 대신 말로 하는 브리지 게임 같은 것이었다."라고 말한다. 또 프레더릭은 부상당한 뒤 야전 구급소로 찾아온 군종신부에게 "전 사랑을 하지 않습니다."라고 고백하기도 한다. 이러한 고백과 그가 그레피 백작에게 자신의 삶에서 가장 소중한 것은 사랑하는 사람이라고 한 고백 사이에는 엄청난 차이가 있다. 프레더릭은 이제 세상에서 가장 소중하게 생각하는 것이 캐서린에 대한 사랑이라는 사실을 마음 깊이 깨닫는다. 그가 삶을 소중하게 생각하는 것도 바로 사랑하는 사람이 있기 때문이다. 그레피 백작의 말대로 현세가 인간에게 주어진 모든 것이라면 현세에서 이루어지는 인간의 사랑은 더욱 소중할 수밖에 없다.

이렇듯 프레더릭은 캐서린과의 사랑을 통해 남녀 사이의 사랑이 인간의 삶에서 얼마나 중요한지 새삼 깨닫는다. 두 사람의 사랑은 단순한 육체적 관계를 넘어 인간과 인간 사이의 정신적 교감이나 교섭을 뜻하는 은유로 볼 수 있다. 이러한 정신적 소통이야말로 삶을 충만하고 의미 있게 한다는 사실을, 그는 처음으로 깨닫게 된 것이다. 비록 두 주인공은 기독교를 믿지 않지만 "사랑은 오래 참고, 친절합니다. 사랑은 시기하지 않으며, 뽐내지도 않으며, 교만하지 않습니다."(「고린도전서」 13장 4절)라는 사랑의 복음을 받아들이고 그것을 몸소 실천하는 듯하다.

4. 구체적인 것의 아름다움

『무기여 잘 있어라』의 주인공 프레더릭 헨리는 전쟁터에서 온갖 고통을 겪고 캐서린 바클리를 사랑하면서 추상적이고 관념적인 것이 얼마나 공허한지 깊이 깨닫는다. 추상적이고 관념적인 것을 무척 싫어하는 그는 구체적이고 물질적인 경험에 무게를 싣는다. 프레더릭은 서슴없이 "나는 생각하도록 만들어진 것이 아니다. 먹고 마시고 캐서린과 같이 자도록 만들어졌다."라고 말한다. 이 구절은 서구 근대화의 이론적 토대를 마련한 르네 데카르트의 관념 철학에 쐐기를 박는 말이다. 데카르트는 일찍이 "나는 생각한다. 그러므로 나는 존재한다."라고 말함으로써 인간의 존재 이유를 다름 아닌 사유에서 찾았다. 그러나 차가운 머리가 아니라 뜨거운 가슴, 이성이 아니라 감성에서 진리를 찾으려는 프레더릭은 작게는 데카르트의 철학, 크게는 서구 근대 철학에 정면으로 맞선다.

이렇게 인간의 사유를 별로 신뢰하지 않는 프레더릭이 추상적이고 관념적인 말들을 끔찍이도 싫어하게 된 데에는 그럴 만한 까닭이 있다. 그가 생각하기에 그러한 말들은 전쟁의 폭력과 무의미를 감추거나 정당화하기 위한 술수에 지나지 않기 때문이다. 또한, 도살장처럼 살육과 폭력이 난무하는 전쟁을 불러일으킨 장본인들이 다름 아닌 추상적이고 관념적인 것을 중시하는 사람들이라고 생각하기 때문이다.

나는 신성이니 영광이니 희생이니 하는 공허한 표현을 들으면 언제나 당혹스러웠다. 이따금 우리는 고함만 겨우 들릴 뿐 목소리도 잘 들리지 않는 빗속에서 그런 말을 들었다. 또 오랫동안 다른 포고문 위에 다시 붙여 놓은 포고문에서도 그런 문구를 읽었다. 그러나 나는 신성한 것을 실제로 본 적이 한 번도 없으며, 영광스럽다고 부르는 것에서도 조금도 영광스러움을 느낄 수 없었다. 희생은 고깃덩어리를 땅속에 파묻는 것 말고는 달리할 것이 없는 시카고의 도살장과 같았다. (……) 영광이니 명예니 용기니 또는 성스러움이니 하는 추상적인 말들은 마을 이름이나 도로의 번호, 강 이름, 연대의 번호와 날짜와 비교해 보면 오히려 외설스럽게 느껴졌다.

신성·영광·희생·명예·영광 같은 추상적 표현은 프레더릭에게 한낱 알맹이 없는 껍데기요 공허한 메아리에 지나지 않는다. 그때까지 경험에 비추어 볼 때 그러한 추상적 표현의 실체는 존재하지 않았다. 그러고 보니 프레더릭의 생각은 철학에서 말하는 명목론(名目論) 또는 유명론(唯名論)과 비슷하다. 실재론과 대립되는 명목론에 따르면 추상적 개념은 이 세계에 실제로 존재하지 않고 오직 명목상의 이름에 지나지 않는다. 가령 선이나 악 또는 정의 같은 추상적 관념은 한낱 이름일 뿐이다.

이처럼, 프레더릭은 화려하고 우아한 서구 문명과 문화가 허황한 장식이라고, 혹은 추상적이고 관념적인 언어의 바벨탑이라고 생각한다. 그래서 그는 오직 손으로 만질 수 있고 눈으로 볼 수 있으며 귀로 들을 수 있는 것만을 진리로 인정한다. 사물의 구체적인 이름에 주의를 기울이고 구체적인 감각을 지식의 근거로 삼으려고 한다. 프레더릭이 지나치다고 할 만큼 먹고 마시고 섹스하는 일에 탐닉하는 것은 바로 그 때문이다. 적어도 이 점에서 그는 경험론자요 유물론자라고 할 수 있다. 그가 제도화된 종교를 받아들이지 않는 이유는 어찌 보면 지극히 당연하다. 그에게 서구 문명의 주춧돌이라고 할 전통적인 기독교는 한낱 추상적 개념에 지나지 않기 때문이다. 그는 기독교의 신(神)보다는 차라리 이교도의 바쿠스 신을 믿는다고 밝힌다. 시쳇말로 주(酒)님을 믿는 것이다.

5. '생리적 덫'

『무기여 잘 있어라』에서 프레더릭 헨리는 피비린내 나는 전쟁터와 캐서린과의 사랑을 통해 인간의 조건을 깊이 이해한다. 제왕절개 수술 후 출혈이 멈추지 않아 죽어 가는 캐서린을 생각하며 그는 모든 인간이 결국 죽음이라는 '생리적 덫'에 걸려 있음을, 누구도 비극적인 인간 조건을 피할 수 없음을 뼈저리게 느낀다.

> 이제 캐서린은 죽겠지. 내가 바로 그렇게 만든 거야. 인간은 죽는다. 그것이 무엇인지를 몰랐어. 그것에 대해 배울 시간이 없었던 거야. 경기장에 던져 놓은 뒤 몇 가지 규칙을 알려 주고는 베이스에서 벗어나는 순간 공을 던져 잡아 버리거든. 아니면 아이모처럼 아무 까닭 없이 그냥 죽이거나. 또는 리날디처럼 매독에 걸리게 하지. 하지만 결국에는 모두 죽이고 말지. 그것만은 분명해. 결국 살아남는다 해도 종국에는 죽음을 당하는 거야.

이 인용문에서 "그것이 무엇인지 몰랐어. 그것에 대해 배울 시간이 없었던 거야."라는 구절을 눈여겨볼 필요가 있다. 여기에서 '그것'이란 앞서 이미 밝혔듯이 군종신부는 알고 있었지만, 프레더릭은 몰랐던 그 무엇이다. 이제 그는 어렴풋하게나마 '그것'을 깨닫기 시작한다. 그리고 '그것'은 바로 인간이란 이 세상에 태어난 이상 누구나 죽을 수밖에 없다는 엄연한 진리다. 프레더릭이 캐서린에게 "용감한 사람들에게는 아무 일도 일어나지 않아."라고 말하자 캐서린은 "물론 그들도 역시 죽겠죠."라고 대꾸한다. 용감한 사람도 죽고 비겁한 사람도 죽으며, 잘생긴 사람도 죽고 못생긴 사람도 죽는다. 이렇게 모든 사람은 죽음 앞에서 평등할 수밖에 없다.

위 인용문에서 헤밍웨이가 인간의 삶을 야구에 빗대고 있다는 사실에 주목하자. 인간은 누구나 이 세상에 태어나는 순간, 삶이라는 야구장에 들어선다. 초월적 존재자는 인간에게 몇 가지 기본적인 규칙만 가르쳐 주고는 그를 야구장으로 밀어 넣는다. 인간이 베이스를 벗어나는 순간 초월적 존재자는 공을 던져 잡아 버린다. 이러한 비유는 독일의 실존주의 철학자 마르틴 하이데거가 말한 '삶의 피투성(被投性)'을 상기시킨다. 그에 의하면 인간은 자신의 의지와 상관없이 이 황량한 우주에 '던져진' 존재다. 이 엄연한 사실을 외면하지 않고 솔직하게 받아들일 줄 아는 사람만이 스스로 자신의 운명을 결정하는 참다운 영웅이다.

헤밍웨이는 또한 인간의 비극적 삶을 활활 불타는 장작더미 위의 개미에 빗대기도 한다. 캠핑하러 간 프레더릭은 낡은 장작더미에서 개미 떼를 발견한다. 장작개비 한쪽에 불이 붙자 개미들은 다른 쪽으로 옮겨 오지만 불은 금방 그쪽으로도 붙는다. 결국, 개미들은 활활 타오르는 불에 떨어져 죽고 만다. 위스키를 마시기 위해 프레더릭은 컵에 담긴 물을 장작에 쏟아 버리지만, 그것은 개미를 살려 주려는 행동은 아니었다. 물론 물을 맞은 개미 몇 마리는 운 좋게 살아남기도 한다. 이 장면에서 개미의 운명은 곧 인간의 운명이고, 프레더릭은 신과 같은 존재다. 프레더릭이 일부러 개미를 살려 주려고 하지 않았듯이 신도 인간의 불행과 죽음에 무관심하다. 야구의 비유와 함께 비극적인 인간 조건을 실감 나게 보여 주는 대목이다.

앞서 윌리엄 셰익스피어의 비극 『로미오와 줄리엣』을 언급했지만, 『무기여 잘 있어라』도 주제나 형식 면에서 보면 르네상스 시대 비극과 비슷하다. 현대 소설 가운데 이 작품만큼 삶의 비극적 의미를 심오하게 다룬 작품도 드물다. 헤밍웨이는 "나는 이 책이 비극이라는 사실 때문에 불행하지는 않았다. 삶이란 한 편의 비극이라고 믿고 있고 오직 한 가지 결말로밖에는 끝날 수 없다는 사실을 잘 알기 때문이다."라고 말하였다. 여기서 "오직 한 가지 결말"이란 다름 아닌 인생의 종착역인 죽음을 말한다. 이 세상에 태어나는 순간 인간은 누구나 무덤을 향해 한 걸음씩 다가간다. 하이데거가 인간 실존을 왜 "죽음을 향한 행진"이라고 했는지 그 이유를 알 만하다.

프레더릭 헨리는 요양 휴가가 끝나는 대로 다시 전선으로 복귀하라는 명령을 받는다. 이때 캐서린 바클리는 그에게 임신 3개월째임을 알린다. 그동안 목가적인 생활을 해온 두 사람에게 비극의 그림자가 드리운다. 한 사람은 한 치 앞도 내다볼 수 없는 전선으로 떠나고, 다른 한 사람은 미혼모로서 앞으로 닥칠 온갖 어려운 일을 혼자 감당해야 한다. 두 사람은 한동안 아무 말 없이 잠자코 있다. 그러다가 마침내 캐서린이 한 손을 뻗어 프레더릭의 손을 잡으며 말한다.

"화나지 않았죠, 자기?"

"그럼."

"그럼 덫에 걸린 듯한 느낌이 들지는 않나요?"

"약간은 그럴지도 모르지. 하지만 당신 때문은 아냐."

"나 때문이라곤 하지 않았어요. 바보같이 굴지 마세요. 어쨌든 덫에 걸린 기분이 드느냐는 거죠."

"인간이라면 언제나 생리적으로 덫에 걸려 있다는 느낌이 들지."

두 사람의 대화를 좀 더 잘 이해하려면 헤밍웨이가 화자의 입을 빌려 세 번에 걸쳐 사용하는 '덫'이라는 말에 주목해야 한다. '덫'이란 짐승을 꾀어 잡는 기구이지만 '덫에 치이다' '덫에 걸리다'처럼 비참한 상황을 빗대어 말할 때 자주 사용한다. 캐서린이 프레더릭에게 덫에 걸린 짐승 같은 느낌이 들지 않느냐고 묻자, 그는 그러한 느낌이 들지 않는 것은 아니지만, 그녀 때문은 아니며 "인간이라면 언제나 생리적으로 덫에 걸려 있다는 느낌이 들지."라고 대답한다. 이 마지막 문장에서 그가 말하는 "생리적 덫"이란 바로 인간이 숙명처럼 걸머지고 있는 죽음을 가리킨다. 이 세상에서 죽음이라는 '생리적 덫'에서 벗어날 수 있는 사람은 아무도 없다. 삶이란 것도 따지고 보면 '생리적 덫' 속에서 살아가는 것이다.

캐서린은 죽음 말고도 또 다른 '생리적 덫'에 걸려 있다. 그녀는 태생적으로 유난히 골반이 작았다. 스위스 몽트뢰의 농가에서 목가적인 생활을 하며 분만 날짜를 기다리던 캐서린은 어느 날 프레더릭과 함께 산책하던 중 술집에 들러 맥주를 마신다. 그녀는 그에게 "맥주 한 잔 더 해도 괜찮아요? 의사 선생님이 난 골반이 좀 작은 편이라서 꼬마 캐서린을 작게 만드는 게 가장 좋다고 하셨어요."라고 말한다. 프레더릭은 이 말이 조금 마음에 걸리기는 하지만 크게 신경 쓰지 않는다. 그러나 진통을 느껴 병원에 입원한 캐서린은 결국 자연 분만을 하지 못하고 제왕절개 수술을 하지만, 출혈이 멈추지 않는 바람에 끝내 목숨을 잃는다. 이 장면을 쓸 무렵 헤밍웨이의 두 번째 아내 폴린 파이퍼도 제왕절개로 아들 패트릭을 낳았다. 헤밍웨이가 캐서린의 수술 장면을 실감 나게 묘사할 수 있었던 것도 그 덕분이다.

6. 작품의 제목과 결말

『무기여 잘 있어라』의 제목도 생각할수록 그 의미가 예사롭지 않다. 원문의 'arms'를 '무기'로 번역했지만, 이는 '팔'을 가리키는 낱말이기도 하다. 단수형으로 사용할 때와 복수형으로 사용할 때 그 의미가 달라지는 몇 안 되는 명사 가운데 하나다. 헤밍웨이는 이 말을 장기의 양수겸장처럼 두 가지 의미로 사용하였다. 지금 프레더릭은 몇 달 전 전쟁과 '단독 강화' 조약을 맺고 무기에 작별을 고하였다. 특히 카포레토에서 퇴각하던 중 헌병의 심문을 받고 즉결심판으로 사살되기 직전에 강물에 뛰어든 이래 그는 전쟁과 완전히 결별하였다. 세례에서도 볼 수 있듯이 기독교 문화권인 서양에서 물은 새로운 삶, 거듭 태어난 삶을 상징한다. 그런 점에서 프레더릭이 강물에 뛰어든 행위를 일종의 세례로 볼 수 있다. 그에게 전쟁은 이제 자신과는 아무 상관 없는 먼 나라 이야기일 뿐이다.

한편, 프레더릭은 지금 이 병원 장면에서 사랑하는 캐서린의 두 팔에 작별을 고하고 있다. 지금까지 그는 캐서린의 두 팔에 안겨 피곤하고 지친 심신을 위로받으며 행복하기 그지없는 시간을 보냈다. 밀라노 병원에서 치료를 받을 때에도 그러하였고, 마침내 이탈리아군에서 탈영하여 그녀와 재회한 뒤 스위스 몽트뢰에서 생활할 때에도 그러하였다. 그런데 이제 캐서린은 '생리적 덫'에 걸려 다시는 돌아올 수 없는 먼 여행길을 떠나는 중이다. 그렇다면 이 작품의 제목은 "무기여 잘 있어라"뿐만 아니라 "(캐서린의) 팔이여 잘 있어라"로도 해석할 수 있다. '일손'이라는 말이 흔히 일꾼이나 노동자를 가리키는 제유이듯이 여기서 팔은 두말할 나위 없이 신체 전체, 즉 캐서린을 가리키는 제유적 표현이다.

    헤밍웨이는 다른 작품도 마찬가지지만 『무기여 잘 있어라』의 제목을 두고 무척 고심하였다. 그가 작품의 제목을 정할 때에는 성경과 『옥스퍼드 영시 선집』을 주로 참고하였다. 물론 이 작품의 제목을 두고 고심할 때에도 이 두 책에 의존하였다. 원고 수정본을 보면 무려 서른네 가지 제목의 리스트를 만들어 놓았음을 알 수 있다. 고심하고 고심한 끝에 마침내 헤밍웨이가 정한 제목 '무기여 잘 있어라'는 영국 르네상스 시대의 시인이자 극작가인 조지 필의 동명(同名) 시에서 따온 것이다. 본디 이 서정시는 1590년 필이 엘리자베스 1세 여왕의 기사(騎士)가 퇴임하는 것을 축하하기 쓴 작품이다. 시인은 이 작품에서 이제 더 전쟁에서 싸워 여왕에게 봉사할 수 없음을 한탄한다.

    헤밍웨이가 『무기여 잘 있어라』를 쓰면서 가장 고심한 부분은 역시 캐서린 바클리가 분만 중 사망하는 장면이다. 그는 작품을 쓸 때 가장 어려운 일이 결말을 짓는 것이라고 고백하였다. 칼로스 베이커는 헤밍웨이가 이 작품의 마지막 교정쇄를 뉴욕의 찰스 스크리브너스 출판사로 보내기까지 이 장면을 무려 열일곱 번이나 고쳐 썼다고 하고, 그의 전기 작가 제프리 마이어스는 열일곱 번이 아니라 서른두 번 고쳐 썼다고 말한다. 헤밍웨이가 이 작품의 결말을 두고 얼마나 고심했는지 쉽게 미루어 볼 수 있는 대목이다. 그의 이러한 창작 태도는 일단 작품을 쓰면 두 번 다시 수정하지 않는 프랑스의 소설가 오노레 드 발자크와 비교하면 엄청난 차이가 있다. 빚을 갚기 위해 작품을 쓰기 시작한 발자크로서는 한번 쓴 작품을 다듬고 고칠 시간적 여유가 없었을 것이다.

헤밍웨이는『무기여 잘 있어라』의 결말 중에서도 캐서린과 관련한 장면을 가장 고심하였다. 셰익스피어는 덴마크의 왕자 햄릿의 입을 빌려 "죽느냐 사느냐, 이것이 문제로다."라고 독백했지만, 헤밍웨이는 캐서린을 "살릴 것이냐 죽일 것이냐?"를 고민하였다. 여주인공을 살렸다가 죽이고, 죽였다가 다시 살리는 과정을 수없이 거듭하다가 결국 출혈이 멈추지 않아 죽는 것으로 결론지었다. 앞서 언급했듯이 헤밍웨이는 삶이 "오직 한 가지 결말로밖에는 끝날 수 없다."라는 사실을 깊이 깨닫고 있었기 때문이다. 비단 캐서린의 죽음만이 아니다. 그는 어린아이를 살릴 것이냐 죽일 것이냐를 두고도 무척 고민하였다. 고민 끝에 어린아이도 산모와 함께 죽이기로 하였다. 이 무렵 헤밍웨이의 아버지가 시카고 근교 오크파크에서 권총으로 자살하였다는 사실도 그가 캐서린과 어린아이를 사망하게 하는 데 한몫하였다.

이 작품의 원고와 출간된 작품을 비교해 보면 헤밍웨이가 뛰어난 작가라는 사실을 다시 한 번 깨닫게 된다. 그럼 먼저 출간된 작품의 마지막 장면을 인용해 보기로 하자.

그녀는 계속해서 출혈을 한 것 같았다. 그런데 그들에게는 출혈을 막을 방법이 없었다. 나는 병실로 들어가 캐서린이 숨을 거둘 때까지 그녀 옆에 있었다. 그녀는 줄곧 의식을 잃은 상태였고 오래지 않아 숨을 거두었다.

캐서린이 숨을 거둔 뒤 프레더릭 헨리는 병실 밖으로 나오고, 그곳에서 담당 의사를 만났다. 담당 의사는 미안해하며 그에게 도와줄 일이 없느냐고 묻지만, 프레더릭은 아무것도 없다고 대답한다. 프레더릭은 다시 복도 아래쪽으로 걸어가 병실 문 쪽으로 다가간다. 그러자 간호사들이 병실에 아직 들어와서는 안 된다고 말하고, 그는 그들에게 당장 병실에서 나가라고 소리를 지른다. 그 뒤 헤밍웨이는 그 유명한 마지막 장면에서 이렇게 적는다.

그러나 간호사들을 내보내고 문을 닫고 전등을 꺼도 소용이 없었다. 마치 조상(彫像)에 마지막 작별 인사를 하는 것 같았다. 잠시 뒤 나는 병실 밖으로 나와 병원을 뒤로한 채 비를 맞으며 호텔을 향해 발걸음을 옮겼다.

『무기여 잘 있어라』는 말할 것도 없고 헤밍웨이의 모든 작품 중에서도 맨 마지막 장면은 가장 기억에 남을 만하다. 이 마지막 장면을 읽노라면 헤밍웨이가 일찍이 얼마나 놀라운 소설 미학을 완성했는지 알 수 있다. 프레더릭의 감정을 극도로 억제한 채 겉으로 드러난 외부 행동만 담담하게 보여 준다. 그러나 이렇게 절제된 언어 밑바닥에는 주인공의 온갖 감정이 화산의 용암처럼 꿈틀거린다. 공자(孔子)가 『논어』에서 말하는 애이불상(哀而不傷)이나 우륵(于勒)이 말하는 애이불비(哀而不悲)의 절제된 감정과 아주 비슷하다.

더구나 이 마지막 장면에서 헤밍웨이는 이 작품 전체에서 일관되게 사용해온 이미지와 상징을 하나로 수렴하고 있다. 프레더릭과 캐서린이 목가적 생활을 하던 곳이 몽트뢰의 산속이라면 캐서린이 사망하는 병원이 있는 곳은 평지에 있는 로잔이다. 구팅겐 부부의 농가에 눈이 내린다면 이곳 로잔에서는 비가 주룩주룩 내린다. 주인공은 잠시 뒤 병실 밖으로 나와 비를 맞으며 호텔을 향해 발걸음을 옮긴다. 또한, 이 병원은 그들이 행복한 삶을 누리던 가정집과는 거리가 먼 병원이다. 그가 지금 발걸음을 옮기고 있는 호텔도 가정집이 아니기는 마찬가지다. 헤밍웨이는 프레더릭이 싸늘한 시체로 변한 캐서린에게 마지막 작별 인사를 하는 것을 조각품에 대고 작별 인사를 하는 것에 빗댄다.

이 작품은 르네상스 시대의 비극이 흔히 그러하듯이 모두 다섯 부분으로 구성되어 있다. 그런데 다섯 부분의 결말이 거의 같은 이미지로 끝나는 것이 무척 흥미롭다. 제1부에서 제4부에 이르는 처음 네 부는 하나같이 주인공이 한 장소에서 다른 장소로 부지런히 이동하는 것으로 끝을 맺는다. 그러다가 마지막 제5부에 이르러 모든 것이 갑자기 정지된다. 캐서린에게 마지막 이별을 고하는 것은 곧 싸늘한 대리석 조각품에 작별 인사를 하는 것과 같다. 윌리엄 포크너는 언젠가 "삶이란 곧 움직임이다."라고 말한 적이 있다. 뒤집어 말하면 움직이지 않는 것은 곧 죽음이라는 뜻이다. 그런 점에서 대리석 조각만큼 완전히 정지된 상태나 정적인 모습을 보여 주는 것도 없을 것이다.

그러나 프레더릭은 캐서린에게 이별을 고하고 나서 병원을 뒤로한 채 빗속에서 호텔을 향해 걸어간다. 마치 동영상 화면을 잠시 중단했다가 다시 작동시키는 것처럼 정지 상태에서 동작 상태로 옮겨간 것이다. 캐서린은 '생리적 덫'에 걸려 죽음을 맞이했지만, 프레더릭은 언제나 조각품 같은 캐서린의 시체와 함께 머물 수만은 없다. 삶의 의미를 깊이 깨달은 그는 이제 삶을 충실히 살 준비가 되어 있다. 그리고 '삶'이라는 또 다른 전쟁터를 향해 비를 맞으며 묵묵히 걸어가고 있는 것이다.

한편, 헤밍웨이가 현재 출간된 상태로 수정하기 이전 원고의 내용은 여러모로 어설프기 짝이 없다. 방금 앞에서 인용한 "그녀는 계속해서 출혈을 한 것 같았다. (……) 그녀는 줄곧 의식을 잃은 상태였고 오래지 않아 숨을 거두었다."라는 단락 다음에 현재 텍스트의 나머지 부분 대신에 세 단락을 더 추가하였다. 그런데 이 세 단락은 사족 중에서도 사족이라고 할 만하다. 예를 들어 헤밍웨이는 "아주 많은 세부 일이 더 남아 있었다."라고 말한다. 그러면

헤밍웨이는 프랑스 파리에서 『무기여 잘 있어라』의 초고를 처음 쓰기 시작한 이래 여러 곳을 돌아다니며 집필했다. 사진은 그가 이 소설을 쓰며 지냈던 아칸소 주의 피고트에 있는 두 번째 아내 폴린 파이퍼의 친정집이다.

서 프레더릭이 낯선 나라에서 캐서린의 장례를 치르는 데 필요한 장의 절차에 관한 일을 언급한다.

그다음 두 단락은 그때까지 활시위처럼 팽팽하던 긴장을 갑자기 풀어버리는 결과를 낳는다. 마지막에서 두 번째 단락에서 헤밍웨이는 앞에서 등장한 인물들을 다시 불러내어 그 뒤 그들에게 어떤 일이 일어났는지 설명한다. 가령 프레더릭과 같은 방을 사용하던 이탈리아인 군의관 리날디는 매독이 치료되었고 전쟁 뒤 병원을 개업했지만, 군대에서 배운 의술이 별로 도움이 되지 않았다. 또 부대 식당에서 놀림을 받던 군종신부는 전쟁 뒤 파시즘 치하에서 신부 생활을 하고 있다. 그런가 하면 프레더릭 밑에서 운전병으로 근무하던 피아니는 미국에 이민하여 뉴욕에서 택시 운전사가 되었다는 것이다. 그 밖에도 헤밍웨이는 성악가로 등장한 에토레와 시먼스 등의 후일담도 언급한다.

헤밍웨이는 원고본의 맨 마지막 단락을 "나는 1918년 3월 이후 내가 어떤 일을 해왔는지 말할 수 있다."라는 문장으로 시작한다. 여기서 '1918년 3월'이란 제1차 세계대전을 종식한 브레스트-리토프스크 조약을 일컫는다. 그리고 결말은 이렇게 되어 있다.

그날 밤 나는 비를 맞으며 캐서린과 내가 살던 호텔로 돌아가 위층 방으로 들어가 옷을 벗고 마침내 잠을 잤다. 너무나 피곤했기 때문이었다. 아침에 눈을 뜨니 햇살이 창문에 밝게 비치고 있었다. 그러고 나서 갑자기 무슨 일이 일어났는지 깨달았다. 그 뒤 일어난 일을 이야기할 수도 있을 것이지만 그것이 이 이야기의 결말이다.

위 인용문에서 헤밍웨이는 프레더릭이 호텔에 돌아가 어떤 일을 했는지 자세히 언급하지만, 독자들에게는 이렇다 할 감흥을 주지 못한다. 주인공이 저녁을 먹고 화장실에 간 것은 왜 언급하지 않는지 의심이 들 정도다. 다만 "아침에 눈을 뜨니 햇살이 창문에 밝게 비치고 있었다."라는 문장에서 그는 프레더릭의 삶이 그다지 비관적이지만은 않다는 사실을 암시하는 듯하다. 앞서 언급했듯이 헤밍웨이는 마크 트웨인의 『허클베리 핀의 모험』(1884)을 미국 문학사에서 가장 훌륭한 작품으로 평가하면서도 그 작품의 결말에 대해서는 불만을 품고 있었다. 톰과 허클베리 핀 같은 어린아

헤밍웨이가 가장 존경한 '미국 문학의 아버지' 마크 트웨인.

이들이 사일러스 농장에서 검둥이 짐을 훔쳐 내는 장면에서 이 작품을 끝냈어야 한다고 지적한다. "그 장면이 진짜 결말이다. 그 나머지는 한낱 사기에 지나지 않는다."라고 못 박아 말한다. 헤밍웨이의 이 말에 비추어 보면 『무기여 잘 있어라』는 현재 출간된 텍스트의 결말이 '진짜 결말'이다. 위 인용문을 포함하여 원고본의 결말은 한낱 '사기'일 뿐이다.

또한, 위 인용문의 맨 마지막 문장 "그것이 이 이야기의 결말이다."는 소금이 짜다는 진술처럼 싱겁기 그지없다. 그것은 마치 소설을 시작하면서 "이것이 이 이야기의 시작이다."라고 말하는 것과 같다. "그 뒤 일어난 일을 이야기할 수도 있을 것이지만"이라는 문장도 사족이기는 마찬가지다. 그 뒤 일어난 일이 무엇이든 그것은 『무기여 잘 있어라』와는 다른 또 다른 소설이 될 수 있을 뿐이다. 이 소설은 현재 결말 그대로 주인공 프레더릭이 차디찬 캐서린의 시체를 병실에 남겨둔 채 비를 맞으며 혼자서 호텔로 걸어가는 것으로 끝나야 한다.

헤밍웨이가 즐겨 말하는 '빙산 이론'에 따르면 그는 지금 수면 밑에 가라앉아 있는 8분의 7에 해당하는 부분을 독자들에게 보여 주고 있다. 출간된 최종 텍스트의 결말 부분이야말로 물 위에 떠 있는 8분의 1에 해당한다. 빙산이 위엄을 드러내고 수면에 떠 있을 수 있는 것은 8분의 7이 물 밑에 가라앉아 있기 때문이며 훌륭한 작가라면 수면에 떠 있는 나머지 부분만을 독자들에게 보여 주어야 한다고 지적한다. 한마디로 원고본의 결말과 출간된 텍스트의 결말 사이에서는 그야말로 양자적 도약이 일어났다고 할 수 있다.

7. 캐서린은 '아메바'인가

 티 없는 옥이 없듯이 『무기여 잘 있어라』에도 단점이나 한계가 없는 것은 아니다. 처음 출간될 때부터 이 작품은 지나치게 센티멘털리즘에 빠져 있다는 비판을 받았다. 그러나 이 비판은 그다지 설득력이 없다. 센티멘털리즘은 칼과 같아서 잘못 사용하면 사람을 상하게 하는 무기가 될 수도 있지만, 잘만 사용하면 유용한 도구가 될 수 있다. 센티멘털리즘도 문학에서 중요한 기능을 하기 때문이다. 아리스토텔레스가 말하는 카타르시스, 즉 감정의 정화는 차가운 이성에 호소하는 작품보다는 뜨거운 감성에 호소하는 작품에서 더 강렬하게 느낄 수 있다. 물론 어니스트 헤밍웨이의 작품에서 센티멘털리즘은 규칙이라기보다는 예외에 속한다. 비정한 문체를 구사하는 하드보일드 문학에서 센티멘털리즘이 끼어들 여지는 거의 없기 때문이다. 그런데도 헤밍웨이의 작품에서는 이렇게 비정한 가운데에서도 감정의 과잉을 드러내기도 한다. 한 비평가는 그의 이러한 특징을 '반(反)센티멘털한 센티멘털리즘'이라고 부른 적이 있다.

 이 작품에 등장하는 여성 주인공의 성격을 문제 삼는 비평가도 적지 않았다. 이 문제는 센티멘털리즘보다 심각한 것 같다. 특히 페미니즘의 도도한 물결 속에서 보면 더더욱 그러하다. 물론 헤밍웨이가 이 작품을 쓸 무렵만 해도 여성 운동은 지금과 같은 단계에 이르지 못했다는 사실을 염두에 두어야 할 것이다. 어찌 되었든 헤밍웨이는 캐서린 바클리를 헌신적이고 순종적인

영화 「무기여 잘 있어라」에서 캐서린.

영화 「누구를 위하여 종은 울리나」에서 마리아.

영화 「태양은 다시 떠오른다」에서 애슐리.

여성, 즉 천사와 같은 여성으로 묘사한다. 그동안 헤밍웨이의 작품에 호의적인 반응을 보여온 에드먼드 윌슨조차 작가가 여성 작중 인물을 지나치게 수동적으로 묘사한다고 지적한다. 캐서린은 개성 있고, 현실성 있는 여성이라기보다는 순종이나 헌신 같은 추상 개념을 상징하는 인물에 지나지 않는다는 것이다. 또 윌슨은 『누구를 위하여 종은 울리나』에 등장하는 마리아를 마치 단세포 동물인 '아메바'와 비슷하다고 말한다. 최근 들어 주디스 페털리 같은 페미니즘 비평가는 이보다 한 걸음 더 나아가 아예 헤밍웨이를 여성혐오자로 간주하기도 한다.

그러나 이러한 주장은 헤밍웨이의 의도를 자칫 놓치고 있다는 비판을 면하기 어렵다. 앞서 지적했듯이 그는 소망 실현이나 심리적 보상 행위로 이 소설을 집필하였다. 애그니스 쿠로스키에게서 배신당한 실연의 아픔을 여주인공 캐서린을 통해 극복하여 심리적 외상을 치료하려고 했다는 사실을 잊어서는 안 될 것이다. 헤밍웨이는 이 작품을 처음 구상할 때부터 캐서린을 굴욕적일 만큼 순종적이고 헌신적인 여성으로 만들려고 하였다. 마리아와 같은 부류에 속하는 캐서린은 『태양은 다시 떠오른다』에 등장하는 브렛 애슐리와는 사뭇 다르다. 브렛이 여성 운동에 앞장서는 신여성을 대변한다면, 캐서린과 마리아는 어디까지나 가부장 질서에 순응하는 전통적인 여성을 상징하는 인물이다.

『태양은 다시 떠오른다』와 관련한 제2장에서 이른바 '헤밍웨이 주인공'에 대해 언급한 바 있다. 단편소설이건 장편소설이건 헤밍웨이 작품에 등장하는 작중 인물들에게는 누가 보더라도 금세 알아차릴 수 있는 독특하고 분명한 특징이 있다. 그런데 '헤밍웨이 주인공'이라고 하면 주로 남성 작중 인물을 가리킨다. 헤밍웨이 주인공에 맞서 헤밍웨이 여주인공도 상정해 볼 수 있다. 헤밍웨이 여주인공은 자칫 개성이 없다고 할 만큼 남성에게 순종적이고 헌신적이다. 캐서린을 비롯하여 『누구를 위하여 종은 울리나』의 마리아, 그리고 『강을 건너 숲 속으로』에 등장하는 이탈리아의 젊은 백작 부인 레나타는 바로 이 범주에 속한다. 브렛 애슐리나 「프랜시스 매코머의 짧지만 행복한 생애」(1936)에 나오는 마거릿은 오히려 예외적이다.

8. 산문시로서의 소설

어니스트 헤밍웨이를 두고 "스물다섯 살에 유명해졌으며 서른 살에 대가가 되었다."라고 노래한 아치볼드 매클리시는 같은 시에서 "4월의 도시 한 길거리에 있는 목수의 다락방에서 / 그는 호두나무 막대기에서 자기 시대를 위해 문체를 깎았다."라고 노래하기도 하였다. "4월의 도시"는 프랑스의 파리를 말하며, "길거리에 있는 목수의 다락방"은 헤밍웨이가 갓 결혼한 아내 해들리와 함께 지내던, 카르디날 르무안 가에 있는 초라한 아파트를 가리킨다. 바로 이 다락방 같은 아파트에서 헤밍웨이는 단단하기로 이름난 호두나무를 깎듯이 영어 문장을 갈고닦았다.

헤밍웨이는『무기여 잘 있어라』에서 시인이 무색할 만큼 온갖 이미지와 상징 같은 시적 장치를 즐겨 사용한다. 그를 단순히 사실주의자나 자연주의자로 간주할 수 없는 까닭이 바로 여기에 있다. 물론 사실주의 전통에 굳건히 발을 딛고 있지만, 그는 이미지즘이나 상징주의에서도 자양분을 섭취하였다. 그러므로 헤밍웨이를 이미지즘적 사실주의자나 상징적 사실주의자로 보아도 크게 틀리지 않는다. 언어를 최대한 절약하여 경제적으로 사용한다는 점도 그러하고, 감정을 헤프게 늘어놓지 않고 모더니즘의 대부(大父) T. S. 엘리엇이 말하는 '객관적 상관물'을 빌려 응축하여 표현한다는 점도 그러하다.

이러한 객관적 상관물 중에서도 들판과 산, 비와 눈, 비(非)가정과 가정의 대조는 더할 나위 없이 좋은 예가 된다. 이 작품에서 들판·비·비가정은 부

1924년 가난한 무명작가로 파리에서 문학 수업을 받던 시절의 헤밍웨이. 입고 있는 옷이 후줄근하다. 그는 때로 끼니를 거르고도 아내 해들리가 걱정하지 않도록 외식했다고 둘러댔고, 친구와 카페에서 오래도록 술을 마시려고 술잔에 물을 타기도 했다. 궁색해지면 실비아 비치에게 돈을 빌릴 궁리도 했고, 피츠제럴드와 여행 중에 쓴 돈을 아까워하기도 했다. 그러나 그는 단 한 순간도 글쓰기에 대한 집념을 버리지 않았고, 오로지 글을 쓰기 위해 치열하게 살았다. "나는 글을 쓰려고 세상에 태어났고, 여태까지 글을 써왔으며, 앞으로 다시 글을 쓸 거야." 그가 죽기 얼마 전에 남긴 글이다.

패와 질병 그리고 죽음과 깊이 관련되어 있다. 들판에서는 늘 전투가 벌어지고 전염병이 돌고 병사들이 부상당하거나 목숨을 잃는다. 들판은 여성이나 가정과 멀리 떨어져 있는 남성들만의 폭력과 죽음의 세계다. 또 끔찍한 사건이 일어나거나 불길한 일이 일어날 때면 거의 언제나 주룩주룩 비가 내린다. 제1장에서 헤밍웨이는 화자의 입을 빌려 "겨울이 시작되자 장마가 찾아왔고 장마와 더불어 콜레라가 퍼졌다."라고 말한다. 프레더릭이 밀라노 병원에서 치료를 마치고 전선으로 복귀하는 날에도, 카포레토 퇴각 장면에서도, '단독 강화'를 맺고 도피하는 장면에서도, 캐서린이 병원에서 죽어 가는 장면에서도 비는 여전히 내린다. 물론 비를 단순히 기계적으로 불행이나 재앙의 상징으로만 보는 데에는 위험이 따른다. 가령 프레더릭이 캐서린과 함께 호수를 건너 스위스에 도착하는 장면에서는 '상쾌한 비'가 내리기 때문이다. 캐서린이 "저 집들 좀 봐요. 이 광장 참 멋지죠? 저기 아침 먹을 데가 있네요."라고 말하자 프레더릭은 "이 비는 멋지지 않고? 이탈리아에서는 이런 비가 내린 적이 한 번도 없었어. 상쾌한 비야."라고 대꾸한다.

한편, 산·눈·가정은 평화와 안녕과 행복을 상징한다. 들판과 대조를 이루는 산은 군종신부의 고향 아브루치 마을처럼 "날씨는 춥지만 하늘이 청명하고 아주 건조한" 곳이다. 눈은 비와는 여러모로 뚜렷이 대조되는 상징이다. 아브루치 마을은 "길이 꽁꽁 얼어붙어 무쇠처럼 단단한 곳, 날씨가 청명하고 춥고 건조한 곳, 눈조차 바삭바삭하여 가루처럼 흩날리는 곳"으로 이곳에서는 군종신부의 말대로 거룩한 신이 조롱 당하지 않는다. 뒷날 헤밍웨이는 「킬리만자로의 눈」(1936)에서도 눈을 불멸과 영생의 상징으로 사용한다. 눈이 쌓인 산속의 스위스 농가에서 프레더릭과 캐서린은 몇 달 동안이나 목가적인 삶을 살아간다. 비록 법적으로 결혼하지는 않았지만, 어느 부부 못지않게 행복한 가정생활을 꾸린다. 그러나 이러한 목가적 삶은 연극의 막간에 해당할 뿐, 그들의 비극은 점차 종말을 향하여 치닫는다.

제4장

개인에서 사회로
『누구를 위하여 종은 울리나』

　미국뿐 아니라 전 세계를 통틀어 어니스트 헤밍웨이만큼 전쟁에 깊은 관심을 기울인 작가도 드물다. 전쟁이 있는 곳이라면 어느 곳이든 위험을 무릅쓰고 달려갔다. 제1차 세계대전에서 그러했듯이 군인으로 직접 참가한 적도 있고, 그럴 수 없을 때에는 전쟁을 취재하는 특파원 자격으로 참가하였다. 제2차 세계대전 중에는 특파원인데도 영국 공군 비행기에 탑승하고 노르망디 상륙 작전에 직접 참가하며 파리를 탈환하는 데 앞장서는 등 일반 정규군 못지않게 활약하였다. 이러한 행동은 제네바 협정을 위반하는 것이어서 때로는 물의를 빚기도 하였다. 이렇듯 평생토록 전쟁에 지칠 줄 모르는 관심을 보인 헤밍웨이는 서재에 전쟁에 관한 책을 스물여섯 권이나 소장하고 있었다.

　그렇다면 헤밍웨이는 왜 피에 굶주린 늑대처럼 전쟁터를 쫓아다녔을까? 전쟁에 깊은 관심을 기울인 것은 단순한 치기 어린 모험심이나 영웅심 때문만은 아니었다. 전쟁은 작가에게 적잖이 도움이 된다고 판단하였기 때문이다. 산문집 『아프리카의 푸른 언덕』(1935)에서 헤밍웨이는 19세기 러시아의 문호 레프 톨스토이를 언급하면서 "전쟁 경험이 작가에게 얼마나 큰 도움이 되는지"를 이야기한다. 전쟁이야말로 작가에게 가장 중요한 소재의 하나가 될 수 있다는 것이다. 그러면서도 전쟁에 관한 작품을 진실하게 쓰기가 가장 어렵다는 말도 잊지 않는다. 1925년 F. 스콧 피츠제럴드에게 보낸 편지에서도 그는 전쟁이야말로 작가가 작품을 쓰는 데 가장 좋은 소재라고 밝혔다.

그런데 여기서 한 가지 흥미로운 점은 헤밍웨이가 여러 종류의 전쟁 중에서도 특히 내전에 관심을 둔다는 사실이다. 이 점과 관련하여 그는 "작가에게 가장 좋은 전쟁은 내전이다."라고 잘라 말한다. 그러면서 내전이 작가에게 "가장 완전하다."라는 말도 덧붙인다. 헤밍웨이 특유의 생략 어법으로 말하는 탓에 이 '완전하다'는 말을 어떻게 받아들여야 할지 망설이게 된다. 아마도 한 나라 안에서 동족이 벌이는 내전이 국가와 국가 사이에서 일어나는 국제적인 전쟁보다는 훨씬 더 극적이고 비극적이라는 뜻으로 받아들일 수 있을 것이다. 동족상잔의 비극 한국전쟁을 생각해 보면 쉽게 이해할 수 있다.

그리고 보니 헤밍웨이의 친가 쪽과 외가 쪽 할아버지 모두 남북전쟁에 참전했으며, 두 집안은 선조 중에서 용맹스러운 군인이 있다는 사실을 무척 자랑스럽게 생각하였다. 『누구를 위하여 종은 울리나』(1940)에서 주인공 로버트 조던은 남북전쟁 때 용감하게 싸운 할아버지의 모험심과 현재 스페인 내전에 참가한 자신의 경험을 비교한다. 미국의 남북전쟁이 흑인 노예제도를 두고 남북으로 갈라져 싸웠다면, 스페인 내전은 우파와 좌파 같은 정치적 이데올로기를 두고 다툰 싸움이었다.

1. 스페인의 비극

 어니스트 헤밍웨이의 『무기여 잘 있어라』(1929)가 제1차 세계대전 중 이탈리아 전선을 배경으로 쓴 작품이라면, 『누구를 위하여 종은 울리나』는 스페인 내전을 소재로 쓴 작품이다. 미국 작가이면서도 그가 미국을 지리적 배경으로 삼거나 미국적 경험을 소재로 삼아 쓴 작품은 별로 없다는 사실이 흥미롭다. 그의 작품 중에서 실패한 소설로 평가되는 『유산자와 무산자』(1937)만이 플로리다 주 남단 키웨스트 섬을 공간적 배경으로 삼고 있을 따름이다. 그러나 이 작품도 엄밀히 말하면 플로리다만이 아니라 쿠바를 지리적 배경으로 삼고 있다.
 헤밍웨이는 특히 스페인과 스페인 사람들에 남다른 애정을 보였다. 그에게 스페인은 유럽 국가 중에서 유일하게 남아 있는 중세 국가이며 스페인 사람들은 유럽인 중에서 가장 인간적인 사람들이었다. 『누구를 위하여 종은 울리나』의 첫 부분에서 미국 몬태나 주 출신 주인공 로버트 조던은 "스페인 같은 나라는 이 세상에 없죠."라고 말한다. 그러자 옆에 있던 페르난도가 "당신 말이 맞아요. 이 세상에 어딜 가도 스페인 같은 나란 없어요."라고 대답한다. 로버트의 말을 헤밍웨이의 말로 여겨도 무방할 듯싶다.
 헤밍웨이는 어느 비평가에게 보낸 편지에서 "기본적으로 작가는 두 사람을 위해 작품을 쓴다. 완벽하게 하려고, 완벽하지 않다면 멋지게 만들려고 자신을 위해 작품을 쓴다. 그런 뒤 그는 사랑하는 사람을 위해 작품을 쓴다. 그녀가 글을 읽고 쓸 수 있든 없든, 또 그녀가 지금 살아 있든 죽었든 말이다."라고 말한 적이 있다. 그런데 여기서 '사랑하는 사람'을 단순히 연인에만 한정하는 것은 좁은 생각이다. 작가가 사랑하는 대상은 무엇이든 이 범주에 들어갈 수 있기 때문이다. 가령 작가의 고향일 수도 있고 조국일 수도 있고, 아니면 그가 남달리 좋아하는 다른 나라일 수도 있다. 헤밍웨이는 어떤 의미에서 고국보다도 더 사랑한 스페인을 위해 『누구를 위하여 종은 울리나』를 썼는지도 모른다.

헤밍웨이는 이 작품에서 스페인을 중심적인 지리적 배경으로 삼는다. 좀 더 정확히 말하자면 그는 수도 마드리드와 그 남쪽 세고비아 사이에 있는 과다라마 산맥을 이 소설의 중심 배경으로 삼고 있다. 그는 이미 『태양은 다시 떠오른다』(1926)의 후반부에서 스페인의 북부 지방 나바라의 부르게테와 팜플로나를 중요한 배경으로 삼은 적이 있다. 그러나 스페인을 작품 전체의 배경을 삼기는 『누구를 위하여 종은 울리나』가 처음이다. 물론 과거 회상 장면이나 내면 독백 장면에서는 스페인 전역과 미국의 몬태나 주 등을 공간적 배경으로 설정하기도 한다.

한편, 이 작품의 시간적 배경은 공간적 배경과 비교해 볼 때 그렇게 광범위하지 않다. 중심 사건은 스페인 내전이 발발한 이듬해 1937년 여름, 5월 마지막 주 나흘 낮과 사흘 밤 동안 일어난다. 더 자세히 말하면 이 작품에서 핵심적 사건은 토요일 오후에서 그다음 주 화요일 정오까지 벌어진다. 그렇다면 헤밍웨이 작품 중에서 가장 방대한 소설에서 실제 사건이 일어나는 기간은 겨우 70여 시간밖에는 되지 않는 셈이다. 『태양은 다시 떠오른다』에서 중심적인 사건은 프랑스와 스페인을 옮겨 다니며 몇 주 동안 일어나고, 『무기여 잘 있어라』에서는 사건이 대략 2년에 걸쳐 일어난다. 헤밍웨이가 『누구를 위하여 종은 울리나』에서 이렇게 짧은 기간에 내전을 둘러싼 사건을 압축하여 다루는 것은 그의 작가적 역량이다. 플래시백을 통한 과거 회상과 내면 독백 같은 기법, 그리고 대위법적 구성 방법을 효과적으로 구사하여 그는 시간적 제약을 극복한다.

헤밍웨이는 『누구를 위하여 종은 울리나』에서 스페인 내전을 중심적인 배경으로 삼고 있을 뿐 아니라 거기서 핵심적인 소재를 가져왔다. 그가 이 작품을 처음 구상하기 시작한 시기는 1930년대 초엽, 그러니까 1931년 알폰소 13세가 왕위에서 물러나고 스페인 제2공화국이 막 출범한 직후였다. 의회는 우파와 좌파로 첨예하게 대립하고 정국은 걷잡을 수 없이 혼란스러웠다. 시기적으로는 조금 늦게 일어났지만, 그가 예상한 대로 스페인에서는 1936년에 내전이 일어났다. 1936년 7월 17일 모로코에서 프란시스코 프랑코 장군이 일으킨 쿠데타가 도화선이 되어 마침내 전쟁이 시작되었던 것이다.

반(反)파시즘 진영인 인민전선을 소비에트 연방과 각국에서 모여든 의용군인 국제여단이 지원하고, 프랑코파를 파시스트 진영인 나치 독일과 이

스페인 내전을 소재로한 파블로 피카소의 「게르니카」. 헤밍웨이의 『누구를 위하여 좋은 울리나』도 이 내전을 소재로 한 작품이다.

탈리아의 무솔리니 정권, 그리고 안토니우 드 올리베이라 살라자르가 집권한 포르투갈이 지원하여 제2차 세계대전의 전초전 양상을 띠었다. 이때 스페인의 가톨릭교회와 왕당파는 프랑코파를 지원하였다. 영국과 프랑스는 공화국 정부에 군수 물자를 지원했지만, 국제연맹의 불간섭 조약을 이유로 스페인 정부에 대한 지원에는 미온적인 태도를 보였다. 미국은 공식적으로는 중립을 표방하면서도 공화군 측에는 비행기를, 프랑코 측에는 가솔린을 팔아 이익을 챙겼다. 스페인 내전은 1939년 4월 공화파 정부가 마드리드에서 항복하여 프랑코 측의 승리로 끝났다. 3년여 동안 계속된 이 내전으로 말미암아 스페인은 전 지역이 황폐해지다시피 하였다.

스페인 내전은 독일의 나치주의와 소련의 공산주의 그리고 이탈리아의 파시즘 등 유럽의 온갖 정치 이데올로기가 서로 다투는 이념의 각축장이 되었다. 내전이 일어나자 헤밍웨이는 스페인 좌파 공화국 정부를 지원하기 위해 자금을 모으는 데 누구보다도 열정적으로 앞장섰다. 1937년에는 북아메리카뉴스연합의 통신 특파원 자격으로 직접 스페인을 방문하여 내전을 취재하였다. 그는 스페인에 도착한 지 몇 달 되지 않아 스페인 내전을 소재로 한 새로운 소설을 집필하는 중이라고 발표하여 미국 문단은 물론이고 전 세계 문단의 관심을 끌었다.

그러나 헤밍웨이는 내전 중에 차분히 앉아 작품을 집필할 시간적인 여유도 정신적인 여유도 없었다. 내전 중 여러 번 스페인을 오가면서 스페인과 그 국민을 위해 헌신적으로 일하였기 때문이다. 그는 내전이 끝난 직후인 1939년 3월에야 쿠바의 아바나에 있는 암보스 문도스 호텔 방에서 이 소설을 쓰기 시작하여 아바나 근처에 있는 그의 자택 '핑카 비히아', 미국 플로리다 주 키웨스트, 아이다호 주 선밸리 등 여러 지역을 옮겨 다니면서 집필을

특파원 자격으로 스페인 내전에 참가하여 전쟁을 취재하고 기사를 쓰는 헤밍웨이.

계속하였다. 그는 『누구를 위하여 종은 울리나』를 완성하기까지 무려 18개월이 걸렸다. 길이가 긴 탓도 있지만, 『태양은 다시 떠오른다』를 집필하는 데 9주가 걸리고, 『무기여 잘 있어라』를 집필하는 데 15개월이 걸린 것과 비교해 보면 무척 오랫동안 이 원고에 매달린 셈이다. 그만큼 그는 이 소설을 집필하는 데 온 힘을 쏟았다. 이 원고를 읽은 편집자 맥스웰 퍼킨스는 "작가의 기능이 삶의 실재를 보여 주는 것이라면 [헤밍웨이만큼] 이 작업을 그렇게 완벽하게 해낸 사람이 없다."라고 말하였다. 이처럼 퍼킨스는 헤밍웨이가 스페인 내전을 설득력 있게 표현했다고 판단하였던 것이다.

셔우드 앤더슨을 풍자한 『봄의 계류』(1925) 이후 헤밍웨이의 모든 작품이 그러하듯이 『누구를 위하여 종은 울리나』 역시 뉴욕에 본부를 둔 출판사 찰스 스크리브너스에서 출간하였다. 1940년 10월 출간된 이 작품은 초판 7만 5천 권이 곧바로 팔렸고 몇 달 만에 무려 오십만 부 이상 팔려 나갈 정도로 무척 큰 인기를 끌었다. 북어브더먼스 클럽에서 지정 도서로 선정하는가 하면, 소설 부문 퓰리처상

헤밍웨이의 작품을 출간한 뉴욕의 찰스 스크리브너스 출판사.

후보에 올랐다. 심사위원들이 거의 만장일치로 퓰리처 수상을 결정했지만, 선정위원 중 한 사람이 완강히 반대하는 바람에 결국 상을 받지는 못하고 후보작으로 그치고 말았다.

이 작품을 두고 비평가들의 평가는 극단적으로 엇갈린다. 가령 앨프리

드 케이진은 이 소설을 헤밍웨이 작품 중에서 "가장 뒤떨어지는" 작품에 속한다고 평가한다. 그러나 맬컴 카울리나 칼로스 베이커 같은 비평가나 학자들은 이 작품을 헤밍웨이의 "가장 뛰어난" 작품으로 간주한다. 전자의 평가보다는 아무래도 후자의 평가가 옳다고 할 수 있다. "가장 뛰어난" 작품은 아닐지 몰라도 적어도 헤밍웨이 작품 중에서 『태양은 다시 떠오른다』와 『무기여 잘 있어라』, 『노인과 바다』와 더불어 그의 대표작이라는 점에서는 조금도 의심의 여지가 없다.

    헤밍웨이 작품이 흔히 그러하듯이 이 작품에서도 작가의 체취를 강하게 느낄 수 있다. 그러나 이전의 작품과 비교하면 자전적 요소는 비교적 적게 드러난다. 가령 주인공 로버트 조던만 해도 누구를 모델로 삼았는지 불분명하다. 스페인 내란에 직접 참여한 헤밍웨이 자신에 바탕을 둔 인물로 볼 수도 있고, 스페인에서 미국의 지원 부대인 '에이브러햄 링컨 대대'를 이끈 로버트 메리먼에 바탕을 둔 인물로 볼 수도 있다. 이 소설에 등장하는 작중 인물은 크게 세 부류로 나뉜다. 첫째는 헤밍웨이가 상상력을 빌려 빚어낸 순전히 허구적 인물이다. 둘째는 스페인 내전 중 실제로 활약했던 역사적 인물이다. 셋째는 허구적 인물과 실제 역사적 인물을 교묘하게 결합해 놓은 제3의 인물이다. 작품 분량에 걸맞게 비교적 많은 작중 인물이 모여 스페인 내전을 배경으로 웅대한 현대의 서사시를 펼친다.

2. 죽음과 실존

　어니스트 헤밍웨이의 『누구를 위하여 좋은 울리나』의 주제를 좀 더 쉽게 이해하려면 작가가 제사(題詞)로 사용한 존 던의 구절을 찬찬히 살펴볼 필요가 있다. 17세기 영국에서 살았던 목사이며 시인으로 형이상학파 시의 선구자로 흔히 일컫는 던은 사망하기 몇 해 전 『비상한 때를 위한 기도문』(1624)이라는 책을 출간하였다. 이 책에서 그는 시인과 성공회 사제로 삶과 죽음에 대한 명상을 시로 표현한다. 질병, 경제적 빈곤, 친구들의 죽음 등이 그의 후기 작품에 음산한 그림자를 드리우고 있다.

　　어떤 사람도 그 혼자서는 온전한 섬이 아니다.
　　모든 사람은 대륙의 한 조각, 본토의 일부이다.
　　만약 흙 한 덩이가 바닷물에 씻겨 나가면,
　　유럽 땅은 그만큼 줄어들게 마련이다.
　　한 곶[岬]이 씻겨 나가도 마찬가지고,
　　그대의 친구나 그대의 영토가 씻겨 나가도 마찬가지다.
　　어떤 사람의 죽음도 그만큼 나를 줄어들게 한다.
　　나는 인류 속에 속해 있으니까.
　　그러니 누구를 위하여 좋은 울리나
　　알려고 사람을 보내지 마라.

그것은 그대를 위하여 울리는 것이리니.

존 던이 이 기도문을 쓴 것은 치명적인 질병으로 죽음의 벼랑 끝까지 가까이 다가갔다가 겨우 몸을 추스르고 살아남았을 때였다. 죽음의 문턱 앞에 서서 그는 죽음에 대해 깊이 명상할 수 있었다. 위 기도문에서 후반부는 바로 죽음에 관한 명상이다. 헤밍웨이는 마지막에서 셋째 행과 넷째 행 "그러니 누구를 위하여 종은 울리나 / 알려고 사람을 보내지 마라."라는 구절에서 이 작품의 제목을 빌려 왔다. 죽음은 누구에게나 찾아오기에 지금 울리는 저 조종(弔鐘)이 누구를 위해 울리는지 굳이 사람을 보내 물어볼 필요가 없다는 말이다. 위 인용문은 열일곱 번째 기도문으로 이 작품에는 "다른 사람을 위해 울리는 이 조종은 이제 그대가 죽어야 한다는 사실을 나에게 말하고 있다."라는 부제가 붙어 있다. 그렇다면 '누구를 위하여 종은 울리나'라는 제목에서 '종'은 일반적인 종이 아니라 누군가가 죽었음을 알리는 조종을 가리킨다.

헤밍웨이는 『누구를 위하여 종은 울리나』에서 실존주의적인 관점에서 죽음의 문제를 심도 있게 다룬다. 그의 작품이 흔히 그러하듯이 이 작품에서도 죽음은 가장 핵심적인 주제의 하나다. 주인공 로버트 조던은 스페인 내전이 일어나자 이 무렵 미국과 유럽의 많은 지식인이 그러하였듯이 내전에 참가하여 파시스트에 맞서 공화파의 대의명분을 위해 싸웠다. 로버트는 그가 속해 있는 공화파 사령부로부터 세고비아 공격의 사전 단계로 다리를 파괴하라는 명령을 받는다. 그리하여 '안셀모'라는 노인의 안내로 과다라마 산맥의 한 산중에 숨어 있는 공화파 유격대원들을 찾아간다. 산중에서 유격대원을 이끄는 사람은 파블로다.

작전지에 도착한 로버트 조던은 다리를 폭파하는 과정에서 살아남기 어렵다는 사실을 깨닫는다. 특히 유격대장인 파블로의 아내 필라르는 그의 손금을 보고 직감적으로 그의 죽음을 예견한다. 그녀가 '마리아'라는 젊은 아가씨를 로버트와 가까워지게 하려고 유도하는 것도 따지고 보면 그의 삶이 얼마 남지 않았다는 사실을 잘 알고 있기 때문이다. 물론 필라르의 행동은 파시스트들에게 끌려가 능욕 당한 마리아를 정신적으로 치유해 주기 위한 시도로도 볼 수 있다. 파블로와 엘소르도를 비롯한 다른 유격대원들도 비록 정도의 차이는 있지만 그들의 죽음이 불가피하다는 사실을 직감하고 있다.

헤밍웨이의 모든 작품 중에서 이 소설처럼 죽음을 시각, 청각, 후각 등 온갖 감각을 통해 아주 구체적인 이미지로 표현하는 작품도 찾아보기 어렵다. 유격대원들이 활동하는 과다라마 산맥의 언덕과 계곡 시냇가에 아련하게 피어오르는 안개처럼 죽음은 이 작품 곳곳에 스며들어 있다. 한 장면에서 필라르는 이 죽음의 냄새를 아주 구체적으로 묘사한다.

"그 냄새는 말이야, 배를 타고 폭풍우를 만나 선창을 꼭꼭 닫아 놨을 때 맡게 되는 그런 냄새와 비슷하니까. 흔들리는 배 안에서 꽉 닫힌 선창의 구리 손잡이에 코를 갖다 대봐. 그러면 정신이 멍해지고 배 속이 텅 빈 것 같아지면서 어딘지 모르게 그 냄새 비슷한 게 풍겨 오거든. (……) 배의 냄새를 맡은 뒤에는 말이지, 이번엔 아침 일찍 마드리드의 언덕을 내려가 마타데로(도살장)로 빠지는 톨레도 푸엔테 다리로 가는 거야. 만자나레스 강에서 안개가 자욱이 피어오르고, 아직은 이슬이 촉촉한 포장도로 위에 서서, 해도 뜨기 전에 일어나 도살한 소의 피를 마시고 돌아오는 노파들을 기다리는 거야. 그러면 어깨에 숄을 걸치고 창백한 얼굴에 눈이 움푹 파인 노파들이 도살장에서 나오는 거야. (……) 그 노파를 두 팔로 꼭 안고 끌어당겨 그 입에다 키스해봐. 바로 그때 나는 냄새가 그 나머지 냄새거든."

　이 인용문에서 필라르는 죽음을 특히 후각으로 표현한다. 코로 죽음을 맡을 수 있다는 것은 죽음이 일상과는 거리가 먼 추상적 개념이 아니라 아주 가까이 있는, 구체적이고 현실적인 문제라는 의미다. 배 안 선창의 구리 손잡이도, 도살장에서 피를 마시고 돌아오는 노파들도 하나같이 일상생활에서 쉽게 볼 수 있는 모습이다. 죽음이란 이렇게 인간에게 그림자처럼 피할 수 없는 운명이요 늘 그의 주변에 가까이 있는 실체다.
　그러나 로버트 조던은 죽음을 좀처럼 두려워하지 않는다. 이 소설의 한 장면에서 그는 "죽음은 다만 의무를 이행하는 데 방해가 되기 때문에 피해야 할 뿐이야."라고 말하면서 죽음이 그에게 그다지 큰 문제가 되지 않는다고 밝힌다. 존 던도 앞에 언급한 기도문에서 "죽음아, 뽐내지 마라. / 어떤 이들은 너를 강하고 두렵다고 했지만 너는 그렇지 못하나니 / 한숨 자고 나면 우리는 영원히 깨어나 더 이상 죽음은 없으리라. / 죽음아, 네가 죽으리라."라고 당당히 노래한다. 죽음을 향해 '네가 죽으리라'고 말하는 것은 대단한 수사법(修辭法)이다. 로버트에게는 죽음보다 맡은 임무를 성공적으로 수행할 수 있는지가 무엇보다도 중요하다. 그럴 수만 있다면 그는 어떤 희생도 기꺼이 감수할 마음의 준비가 되어 있다.
　로버트가 죽음을 첨예하게 의식하는 이유는 단지 자신이 맡은 임무가 위험하기 때문만은 아니다. 『무기여 잘 있어라』의 주인공 프레더릭 헨리가 인간은 죽음이라는 '생리적 덫'에 걸려 있음을 깨닫듯이, 로버트 역시 삶의 비극적 의미를 누구보다도 깊이 의식하고 있다. 로버트에게 삶이란 궁극적으로 죽음을 향하여 한 걸음씩 나아가는 과정에 지나지 않는다. 더구나 그는 인간이 죽으면 그뿐, 그 이상도 그 이하도 아니라는 사실도 잘 알고 있다.

이렇게 죽음 이후의 내세에 대한 확신이나 기약이 없다면 인간은 과연 어떻게 살아야 할까? 헤밍웨이의 주인공들이 흔히 그러하듯이 로버트 조던도 되도록 현세의 삶을 충실히 살려고 애쓴다. 마치 단물을 모두 빨아 먹고 뱉어 버리는 추잉검처럼 그는 '이곳에서의 지금', 즉 지상에서의 삶을 만끽하려고 노력한다. 쾌락주의자처럼 그가 음식을 먹고 술을 마시고 섹스하는 등 감각적인 쾌락에 무게를 싣는 까닭이 바로 여기에 있다.

로버트와 마리아의 성행위 장면은 이를 뒷받침한다. 엘소르도 영감을 방문하고 돌아오는 길에 필라르는 젊은 두 사람을 뒤에 남겨 놓고 먼저 발길을 재촉하여 걸어간다. 두말할 나위 없이 두 사람에게 사랑을 나눌 기회를 주기 위해서다. 로버트는 마리아와 성관계를 맺고 나서 함께 시냇가를 따라 걸으며 이 일을 두고 이야기를 나눈다.

"마리아, 난 당신을 사랑해. 당신이 너무도 귀엽고 너무도 황홀하고 너무도 아름다워서, 당신과 사랑을 나누고 있을 때는 그만 죽고 싶은 심정이었어."
"오, 난 그때마다 죽는걸요. 당신은 죽지 않나요?" 그녀가 말했다.
"아니. 하지만 거의 죽어 가는 기분이지. 하지만 당신은 땅바닥이 움직이는 걸 느꼈나?"
"그래요, 느꼈어요. 내가 죽어갈 때요. 그 팔로 나를 껴안아 주세요."

마리아가 성관계를 맺으며 지축이 흔들렸다고 말하는 것을 보면 그 행위가 얼마나 격렬했는지 쉽게 짐작할 수 있다. 이 작품이 출간되고 나서, 그리고 이 소설이 할리우드 영화로 만들어지고 나서 '땅바닥이 움직인다'는 표

1943년 샘 우드 감독이 연출한 영화 「누구를 위하여 종을 울리나」의 한 장면. 로버트 조던 역은 게리 쿠퍼가 맡았고 잉그리드 버그만이 마리아 역을 맡았다.

현은 이제 서양에서 성적 쾌감을 가리키는 문화적 상투어가 되다시피 하였다. 위 장면에서 로버트와 마리아가 성적 쾌락을 죽음과 관련시킨다는 점도 눈여겨볼 필요가 있다. 섹스하는 동안 마리아만큼은 아닐지라도 로버트도 "거의 죽어 가는 기분"을 느낀다. 여기서 굳이 지그문트 프로이트를 언급하지 않더라도 사랑과 죽음은 서로 깊이 관련되어 있다.

그런데 '땅바닥이 움직였다'는 것은 비단 젊은 남녀가 섹스하면서 느끼는 격렬한 감정만을 뜻하지 않는다. 더 나아가 흙냄새 물씬 풍기는 대지와 살갗을 맞대고 함께 호흡하였다는 것을 뜻하기도 한다. 마리아와 성관계를 하고 난 로버트의 모습을 두고 이 소설의 화자는 "그 다음 순간 그는 옆으로 뒤쳐 누워 히스 숲 속으로 머리를 깊이 파묻고 그 뿌리 냄새와 흙냄새를 들이마셨다. 햇빛이 히스 사이로 스며들고 있었고, 히스 가지가 벌거벗은 어깨와 옆구리를 따끔하게 간질였다."라고 말한다. 또한, 화자는 마리아에 대해서도 "이겨진 히스의 향기가 풍겨 오고, 그녀의 머리 밑에서 구부러진 줄기가 거칠거칠하게 느껴졌다. 지그시 감고 있는 그녀의 두 눈 위로 햇살이 밝게 쏟아지고 있었다."라고 말한다. 이 두 인용문에서 대지를 표현하는 후각 이미지를 비롯하여 시각 이미지와 촉각 이미지가 너무 강렬하여 직접 눈으로 보고 코로 냄새를 맡고 손으로 만져 보는 듯하다.

이 점과 관련하여 『누구를 위하여 좋은 울리나』의 첫 장면과 마지막 장면도 찬찬히 눈여겨봐야 한다. 작품의 시작과 끝에서 헤밍웨이는 주인공이 느끼는 감각적 쾌감에 자못 깊은 관심을 기울인다. 이 두 장면에서 작가는 유난히 소나무 숲과 그 바닥에 깔린 솔잎을 강조한다. 누구보다도 로버트 조던은 피부에 닿는 날카로운 솔잎의 감촉과 그 향내를 예민하게 느낀다. 이 작품은 "그는 갈색 솔잎이 깔린 숲의 바닥에 두 팔을 포개고 그 위에 턱을 고인 채 납작 엎드려 있었다."라는 문장으로 시작한다. 그리고 "그의 심장이 숲에 깔려 있는 솔잎에 부딪쳐 고동치는 것을 느낄 수 있었다."라는 문장으로 끝을 맺는다. 자칫 놓쳐버리기 쉽지만, 주인공이 얼마나 감각적 경험을 중요시하는지 알 수 있는 대목이다. 소나무와 솔잎은 곧 스페인의 대지로 이어지고, 스페인의 대지는 곧 감각적이고 구체적인 삶으로 이어지며, 감각적이고 구체적인 삶은 다시 대자연의 삼라만상으로 이어진다.

로버트 조던과 마리아의 성행위에서 볼 수 있듯이 『누구를 위하여 좋은 울리나』에서도 사랑은 주인공에게 자못 중요한 구실을 한다. 『무기여 잘 있어라』와 마찬가지로 이 작품에서도 사랑은 주인공에게 삶의 역동적 활력이요 구원의 은총이다. 『프라우다』의 해외 특파원인 로버트의 친구 카르코프를 비롯하여 마드리드의 게일로드 호텔에 묵는 소비에트 사람들과 동굴에서 사는 몇몇 유격대원은 좀처럼 받아들이지 않지만, 몇몇 작중 인물은 낭만적 사랑을 진지하게 받아들인다. 심지어 세속적인 필라르마저 옛 애인 피니토와의 사랑을 회상하면서 자주 낭만적 사랑에 젖는다.

그러나 이러한 낭만적 사랑을 가장 뚜렷이 엿볼 수 있는 인물은 다름 아닌 로버트 조던과 마리아다. 마리아와의 성행위로 구현되는 낭만적 사랑을 통해 로버트는 새로운 삶의 의미를 찾을 뿐 아니라 공화파 정부의 대의명분에 환멸을 느낀 뒤에도 절망하지 않고 여전히 투쟁할 힘을 얻는다. 또한, 그가 추상적인 이론에 집착하기보다 직관과 행동에 무게를 두는 것도 따지고 보면 마리아와의 구체적인 사랑 덕분이다. 이 점에서 마리아는 로버트의 자아실현에 일종의 산파와 같은 역할을 한다. 마리아와의 사랑을 통해 로버트는 자기중심적인 사고를 벗어나 다른 사람들과 하나가 될 수 있었다.

로버트가 자신을 마리아와 한 몸으로 생각한다는 것은 두 사람이 헤어지는 마지막 장면에서 단적으로 엿볼 수 있다. 그는 마리아에게 "이젠 당신이 곧 나야."라든지, "[당신과 함께] 정말로 나도 가는 거야."라고 말하면서 어서 늦기 전에 파블로 일행과 함께 안전한 곳으로 피하라고 설득한다.

"고마워. 당신은 이제 무사히, 빨리, 멀리 가는 거야. 그리고 당신 속에서 우리 둘은 함께 가는 거지. 자, 당신 손을 여기 놔봐. 자, 머리를 숙여. 그래, 머리를 숙여봐. 이제 됐어. 그럼 내 손을 거기에 얹겠어. 됐어. 당신은 참 착해. 이젠 쓸데없는 생각을 하지 마. 당신이 해야 할 일을 하는 거야. 이제 얌전하게 내 말을 잘 듣고 있군. 내게가 아니라 우리 두 사람에게지. 당신 속에 있는 내게 말이야. 자, 이제 우리 둘을 위해 어서 가. 정말이야. 이제 우리는 당신 속에서 함께 가는 거야."

위 인용문에서 "당신 속에서 우리 둘은 함께 가는 거지."라는 문장과 "당신 속에 있는 내게 말이야."라는 문장을 눈여겨봐야 한다. 로버트는 마리아의 몸속에 자신이 들어 있다고 말한다. 다시 말해서 로버트는 이제 자신과 마리아는 하나일 뿐, 서로 분리하여 생각할 수 없다. 헤밍웨이가 하고많은 이름 중에서 그녀의 이름을 하필이면 '마리아'로 붙인 이유를 이제 알 만하다. 성모 마리아는 인류의 어머니요 교회의 어머니로 숭앙받는다. 작가가 이 소설의 인물 마리아를 성모 마리아와 관련짓고 있음은 두말할 나위가 없다.

그러고 보니 로버트와 마리아의 낭만적 사랑은 『무기여 잘 있어라』에서 프레더릭 헨리와 캐서린 바클리의 사랑과는 사뭇 다르다. 캐서린은 프레더릭에게 "이미 '나'라는 존재는 없어요. 내가 바로 '당신'이에요. 나를 당신과 떼어 놓고 생각하지 마세요."라고 말한다. 또 캐서린은 그에게 "당신이 내 종교예요. 당신은 내가 가진 전부라고요."라고 말하기도 한다. 물론 마리아도 캐서린처럼 남성에게 지나치다 할 만큼 순종적이고 헌신적이다. 오죽하면 '아메바와 같은' 인물이라고 일컫겠는가? 그러나 『무기여 잘 있어라』에서 캐서린이 맡은 역할을 『누구를 위하여 종은 울리나』에서는 로버트 조던이 맡고 있다.

3. 생명의 아름다움과 소중함

만약 삶이 종국에는 죽음으로 이어질 수밖에 없다면 스스로 목숨을 끊음으로써 삶을 마감하거나 포기할 수도 있을 것이다. 헤밍웨이 작품에는 실제로 그렇게 행동한 사람이 적지 않다. 예를 들어 「깨끗하고 밝은 곳」(1926)에 등장하는 노인도 삶의 허무에 절망하여 자살을 시도했지만, 조카에게 발견되어 가까스로 살아남는다. 헤밍웨이의 초기 단편소설에 자주 등장하는 닉 애덤스의 아버지는 권총으로 자살하였다. 로버트 조던의 아버지도 닉의 아버지처럼 권총으로 스스로 목숨을 끊었다.

그러나 로버트 조던은 장 폴 사르트르나 알베르 카뮈 같은 실존주의자처럼 자살을 비겁한 행동으로 간주한다. 비록 삶이 누구에게나 장밋빛 미소를 보내는 낙관적이고 희망적인 것은 아니더라도 오직 이 삶만이 인간이 가진 전부이며 특히 내세나 피안을 믿지 않는 사람들에게는 더더욱 그러할 수밖에 없기 때문이다. 『무기여 잘 있어라』에서 프레더릭 헨리와 함께 당구를 치는 그레피 백작은 그에게 "자넨 삶을 소중하게 생각하나?"라고 묻는다. 프레더릭이 "물론이죠."라고 대답하자 백작은 "나도 그래. 그게 우리가 갖고 있는 전부니까."라고 말한다.

『누구를 위하여 종은 울리나』에서 로버트는 할아버지를 존경하지만, 아버지는 별로 존경하지 않는다고, 존경하기는커녕 오히려 부끄럽게 여긴다고 말한다. 그도 그럴 것이 할아버지는 남북전쟁에 참가하여 영웅적으로 싸웠지만, 아버지는 삶에 좌절한 나머지 스스로 목숨을 끊었기 때문이다. 로버트에게 자살은 비겁한 행위요 삶에 대한 배반일 뿐이다. 그래서 그는 작품 결말 부분에서 계획대로 다리를 폭파한 뒤 허벅지에 심한 부상을 입고 고통을 느끼면서 한때 자살 충동을 느끼지만 끝내 생각을 바꿔 적군을 한 사람이라도 더 처치하려고 애쓴다. 마리아를 비롯해 살아남은 대원들을 모두 떠나보내고 나서 언덕 위에 홀로 남아 있는 로버트는 "나는 아버지가 한 그런 짓은 하고 싶지 않아. 나도 그 일은 잘 해낼 수는 있지만 그런 짓은 하고 싶지 않구나. 그런 건 반대야. 그런 일은 생각도 말아."라고 되뇐다. 마침내 엘소르도 영감을 죽인 적군 중위가 나타나자 로버트는 그를 향해 경기관총을 조준한 채 그가 좀 더 가까이 다가오기를 기다린다. 어차피 죽을 바에야 적군 한 사람이라도 더 죽여 공화파의 승리를 앞당기고 싶기 때문이다.

이와 더불어 『누구를 위하여 종은 울리나』에서 헤밍웨이는 생명의 아름다움과 소중함을 다루기도 한다. 이 작품에서는 내전 중에 많은 인물이 목숨을 잃는다. 그렇다면 인간이 동료 인간을 죽이는 행동을 어떻게 정당화할 수 있을까? 이 물음에 대해 안셀모와 파블로는 극단적으로 다른 태도를 보인다.

"하지만 하느님이 계시든 계시지 않든 사람을 죽인다는 건 죄악이라고 생각해. 다른 사람의 생명을 빼앗는다는 건 내게는 굉장히 중대한 일이거든. 피할 길이 없을 때엔 할 수 없이 사람을 죽이지만, 그렇다고 해서 난 파블로 같은 족속은 아니야."

"전쟁에 승리하려면 사람을 죽여야만 합니다. 그건 태곳적부터 변치 않는 진리죠."

"물론 그야 그렇지. 전쟁이라면 죽여야만 하지. 하지만 난 다른 사람들이 좀처럼 생각하지 않는 것을 생각하지."

폭파할 다리를 살핀 뒤 유격대원이 사는 동굴로 돌아가는 로버트 조던과 안셀모 사이 대화의 일부다. 안셀모는 신앙 문제를 떠나서 어떠한 경우라도 사람을 죽여서는 안 된다고 생각한다. 그는 한 인간이 다른 인간의 생명을 빼앗는 것은 '죄악'이며 '굉장히 중대한' 문제라고 생각한다. 물론 다리를 폭파하는 중요한 임무처럼 피할 수 없는 경우에는 예외지만 말이다. "난 다른 사람들이 좀처럼 생각하지 않는 것을 생각하지."라는 말에서도 엿볼 수 있듯이 그는 다른 사람들과 생각이 크게 다르다. 특히 지금처럼 전쟁을 치를 때에는 더욱 그러하다.

한편, 파블로는 살인을 삶의 일부로 받아들인다. 심지어 다리를 폭파하고 나서 말들을 빼앗기 위해 자신이 데려온 부하들마저 서슴지 않고 죽이는 그는 가히 살인마라고 할 수 있을 것이다. 그에게 동료 인간의 목숨은 파리 목숨처럼 그렇게 소중하지 않다. 파블로와 정도는 조금 다르지만, 안드레스나 아구스틴, 라파엘 같은 다른 작중 인물들도 때로는 살인을 하며 일종의 흥분이나 희열을 느낀다. 러시아인 카슈킨과 함께 파시스트 쪽의 기차를 폭파하는 장면은 이 점을 뒷받침한다.

로버트 조던의 입장은 안셀모의 입장과 파블로의 입장 그 중간 어디에 놓여 있다. 그는 안셀모처럼 살인을 혐오하지만, 전쟁 중 임무를 수행하면서 파블로처럼 많은 사람을 죽였다. 로버트의 태도는 "전쟁에 승리하려면 사람을 죽여야만 합니다. 그건 태곳적부터 변치 않는 진리죠."라는 말에서 단적으로 드러난다. 다만 파블로와 달리 로버트는 살인을 불가피한 경우로 한정한다.

그러나 이 작품에서 살인 행위를 둘러싼 윤리적 문제는 얼핏 보기와는 달리, 그리 단순하지 않다. 살인 행위를 어느 정도까지 정당화할 수 있는지는 이 소설에서 여전히 문제로 남는다. 헤밍웨이는 이 문제에 대해 분명한 태도를 보이지 않는다. 이 문제는 헤밍웨이의 실리적인 도덕관이나 윤리관에 따를 수밖에 없다.『오후의 죽음』(1932)에서 그는 "도덕으로 말하자면 나는 도덕이란 어떤 행동을 한 뒤에 기분이 좋은 것이고, 부도덕이란 어떤 행동을 한 뒤에 기분이 나쁜 것이다."라고 정의를 내린 적이 있다. 그렇다면 동료 인간을 죽인 뒤에 기분이 좋으면 도덕적 행위를 한 것이고, 그와 반대로 기분이 나쁘면 부도덕한 행위를 한 것으로 볼 수 있다.

4. 공동선을 향하여

삶이 일회적인 것에 지나지 않는다면 소중한 삶을 낭비할 수 없을 것이다. 일회적 삶이기에 두 번 세 번 사는 것보다 더욱 보람 있고 소중하게 살아야 할 것이다. 어니스트 헤밍웨이는 주인공 로버트 조던의 행동을 통해 이 일회적 삶을 어떻게 살아야 하는지를 보여 준다. 언뜻 역설처럼 보일지 모르지만, 인간은 죽음에 직면할 때 자신의 존재감, 가능성, 잠재력을 발견하여 그것을 한껏 발휘할 수 있다. 이것이 헤밍웨이가 말하는 '억압 속의 우아함'이다. 폭력이나 죽음의 위협을 받으면서도 로버트를 비롯한 그의 주인공들은 하나같이 우아함을 잃지 않는다. 『태양은 다시 떠오른다』에서 투우사 페드로 로메로가 황소에 맞서 싸우며 죽음에 직면해 있으면서도 한순간도 우아함을 잃지 않고 끝까지 투우사로서의 아름다운 모습을 보여 주는 것과 같다. 젊은 투우사 페드로처럼 로버트도 온갖 역경과 위험을 겪으며 다리를 폭파하는 임무를 수행하면서도 인간으로서의 위엄을 지키려고 노력한다.

로버트는 개인의 사사로운 이익이나 안녕을 포기한 채 오직 공동선을 실현하고자 온 힘을 기울인다. 앞서 언급했듯이 미국인인 그는 미국 중서부의 한 대학에서 스페인어를 강의하고 있었으며 스페인 내전이 일어나자 휴가를 얻어 스페인 공화파를 돕고자 내전에 참가한다. 어떤 특별한 정치적 신념이 있는 것도 아니다. 단지 그는 평소 사랑하고 아끼는 사람들을 고통과 비참에서 해방하는 것이 보람 있고 가치 있게 살아가는 방법이라고 생각할 뿐이다. 또 그가 다리를 폭파하는 임무를 맡게 된 것은 그에게 다이너마이트를 다루는 기술이 있기 때문이다.

로버트는 무엇보다도 동지애에 무게를 싣고 공동선을 이룩하고자 온갖 희생을 무릅쓴다. 공산주의자도 아니면서 그가 공화 정부 편에서 싸우는 것은 파시즘을 증오하기 때문이다. 베네토 무솔리니를 두 차례 직접 만나 인터뷰한 헤밍웨이는 평소 어떤 정치 체제보다도 파시즘을 끔찍하게 혐오하였다. 그의 태도는 "좋은 작가가 나올 수 없는 단 하나의 정부 형태가 있다. 그 체제는 바로 파시즘이다."라고 말하는 데서도 단적으로 엿볼 수 있다. 몇몇 비평가는 헤밍웨이의 사상을 의심하지만, 작가나 로버트가 공산주의자들의 좌파 인민전선에서 싸우는 것은 공산주의를 신봉하기 때문이 아니다. 첫째는 파시즘을 몹시 싫어하기 때문이고, 둘째는 공산주의자들이 기율을 가장 잘 지키기 때문이다. 로버트는 마리아에 대한 사랑과 관련하여 순수한 유물론적 사회관에서는 사랑 같은 것이 아예 존재하지 않는다고 잘라 말한다.

도대체 언제부터 너는 그런 사회관을 갖게 되었단 말인가? 내면의 그가 물었다. 한 번도 가져본 적이 없었지. 또 가지고 싶어도 그럴 수가 없었어. 너는 '자유', '평등', '박애'를 믿지. '생명', '자유', '행복의 추구'를 신봉하거든. 그러니 필요 이상의 변증법으로 자신을 속이려 들지 마라. 변증법 같은 건 누군가 다른 사람을 위한 것일 뿐 너를 위한 것은 아니니까.

위 인용문에서도 잘 드러나듯이 로버트 조던은 자유와 평등과 박애 정신을 믿을 뿐, 변증법적 유물론은 믿지 않는다. 그가 믿는 자유와 평등과 박애는 두말할 나위 없이 18세기 말엽 프랑스 대혁명 때의 표어였다. 생명과 자유 그리고 행복의 추구는 「미국 독립선언서」에서 영혼과 같은 핵심 부분이다. 이 선언서에서는 "모든 인간은 평등하게 창조되었으며, 어떤 천부적인 권리를 조물주로부터 부여받았으니, 거기에는 생명과 자유와 행복 추구의 권리가 포함된다."라고 천명한다. 그러므로 로버트나 헤밍웨이를 공산주의자로 몰아세우는 것은 옳지 않다.

로버트 조던은 파시즘으로부터 스페인을 구한다는 공동선을 위해 투쟁할 뿐이다. 그는 죽음을 무릅쓰고라도 골츠 장군으로부터 받은 명령대로 다리를 폭파하는 일에 전력을 기울인다. 이 점과 관련하여 그는 "내일 그들이 죽게 된들 어떻단 말인가? 다리만 잘 폭파하고 죽는다면 죽는 것쯤은 문제될 건 없잖은가? 내일 그들이 할 일이라고는 오직 그것뿐이었다."라고 말한다. 스페인을 좋아하고 그 민족을 사랑한다는 것 말고는 아무런 이해관계가 없는 남의 나라에 와서 이렇게 죽음을 무릅쓰면서까지 임무를 수행한다는 것은 무척 용기 있는 일이요 고귀한 희생정신의 발로다.

이렇게 공동선을 구호로만 부르짖는 것이 아니라 몸소 구현하기 위해서 개인은 기꺼이 자신을 희생하여야 한다. '나'와 '우리', 개인과 공동사회는 서로 양립하기 어렵고 거의 언제나 나침판의 S극과 N극처럼 대립하게 마련이다. 전자에 힘을 실어 주면 후자가 약해지고, 후자에 힘에 무게를 두면 전자가 힘이 빠진다. 이 작품의 첫머리에서 로버트 조던은 임무 수행을 위해서 '나'라는 존재를 버려야 한다고 생각한다.

너라는 존재는 없어. 누구든 반드시 일을 당하지 않는 사람은 없지. 나도 이 노인도 따지고 보면 아무것도 아니야. 다만 네 임무를 완수하기 위한 도구에 지나지 않거든. 세상에는 꼭 필요한 명령이라는 것이 있는데, 그건 네 죄가 아니야. 지금 다리 하나가 있고, 그 다리가 인류의 장래를 결정하는 분기점이 될 수도 있는 거야. 이 전쟁에서 일어나는 모든 일이 그것에 달려 있는 것처럼. 그러니 내가 할 일이라곤 오직 한 가지밖에 없고, 무슨 일이 있어도 그것을 완수해야 해.

이 내면 독백에서 로버트는 '다리 폭파'라는 공동선을 위해서라면 '나'라는 개인을 기꺼이 희생할 각오가 되어 있다고 말한다. 그는 상부의 명령대로 다리를 폭파하느냐 못 하느냐에 따라 "인류의 장래를 결정하는 분기점이 될 수도" 있다고 생각한다. 여기서 그는 왜 '스페인 국민의 장래'라고 말하지 않고 굳이 '인류의 장래'라고 말할까? 물론 좁게는 스페인 국민의 장래가 달린 문제지만 궁극적으로는 국경을 초월하여 인류 전체의 장래가 달렸기 때문이다. 로버트가 파괴를 명령받은 철교는 이 소설에서 원의 중심과 같은 역할을 한다. 소설의 사건은 이 다리를 중심으로 점차 동심원을 그리며 넓게 확산한다. 한 계곡에 걸려 있는 이 조그마한 다리는 마치 물 위에 퍼지는 파문처럼 과다라마 산맥을 넘어 스페인으로 퍼지고, 스페인을 넘어 다시 유럽으로 퍼진 뒤 온 세계로 퍼져 나갈 것이다. 로버트는 비록 자신을 포함하여 안셀모와 페르난도의 죽음으로 희생을 치르지만, 결국 다리 폭파에 성공한 것을 자못 가슴 뿌듯하게 느낀다. 그의 자부심은 "이번 일에 대해 할아버지에게 이야기해 드리고 싶구나. 할아버지도 아마 사람들을 찾아내어 이만큼 멋지게 일을 해내시지는 못했을 거야."라는 말에서 단적으로 엿볼 수 있다.

로버트가 추구하는 동지애나 공동선은 작중 인물들의 상징적 몸짓에서 더욱 구체적으로 드러난다. 『누구를 위하여 종은 울리나』에서는 유격대원들이 서로 포옹하는 장면이 자주 나온다. 예를 들어 엘소르도 영감 밑에서 유격대 활동을 하는 젊은이 호아킨이 파시스트들에게 몰살당한 가족 이야기를 들려주자 그 이야기를 듣고 난 동료들은 그를 포옹하며 위로한다. 가령 마리아는 그에게 키스하면서 "이건 오빠에게 한 키스예요. 당신을 오빠라고 생각하고 키스한 거라고요."라고 말한다. 그러자 호아킨은 "넌 내 누이동생이야. 그러니 너를 사랑해 줄게. 네겐 이제 가족이 생긴 거야. 우리는 모두 당신의 가족이에요."라고 대꾸한다. 옆에서 이 말을 듣고 있던 필라르는 호아킨에게 로버트를 가리키며 "이 잉글레스 양반도 포함해서 말이야."라고 말하면서 로버트에게 "맞죠, 잉글레스 양반?"이라고 동의를 구한다. 그러자 로버트는 "물론이고말고. (……) 우린 모두 자네의 집안 식구야, 호아킨."이라고 대답한다. 그러면서 로버트는 한 손으로 호아킨의 어깨를 감싸며 "우리는 모두가 형제야."라고 다시 한 번 힘주어 말한다. 출신과 지역은 달라도 그들은 커다란 인간 가족의 구성원이라는 사실을 말하는 대목이다.

이 주제와 관련하여 앞서 언급한 존 던의 기도문 중 앞 구절 "어떤 사람도 그 혼자서는 온전한 섬은 아니다. / 모든 사람은 대륙의 한 조각, 본토의 일부."라는 구절을 다시 한 번 상기할 만하다. 『누구를 위하여 종은 울리나』는 헤밍웨이가 인간이 외딴 섬이 아니라 대륙의 일부라는 존 던의 메시지를 극적으로 형상화한 작품이라고 할 수 있다. 따뜻한 포옹이 사람들을 하나로 묶듯이 조종도 모든 사람에게 죽음의 불가피성을 알리는 한편, 종소리를 듣는 모든 사람을 하나로 묶는 구실을 한다. 다시 말해서 종소리의 가청권(可聽圈)에 있는 이상 모든 사람은 "대륙의 한 조각이요 본토의 일부"일 뿐이다.

『누구를 위하여 종은 울리나』의 마지막 장면에서 다리를 부상당한 로버트 조던이 죽음을 맞아야 하는 상황을 애석해하는 것은 그때까지 그의 행동과 생각에 비추어 모순된 것처럼 보일지 모른다. 그러나 그가 죽음을 애석해

헤밍웨이가 『유산자와 무산자』를 집필하던 중에 스페인 내란이 일어나자 북미신문연합은 헤밍웨이에게 현지 특파원으로 일해줄 것을 요청했다. 1937년 봄 그는 작가 루트비히 렌(사진의 오른쪽)과 영화감독 요리스 이벤스(왼쪽)와 함께 프로파간다 영화 「스페인의 땅」을 제작하고 직접 내레이션을 맡았다.

하는 이유는 그가 성취해야 할 공동선과 대의명분이 남아 있기 때문이다. 비록 죽음을 바로 앞둔 시점에서 얻은 것이기는 하지만, 로버트의 이러한 깨달음은 아주 값지고 소중하다.

나는 내가 믿고 있던 것을 위해 지난 일 년 동안 싸워 왔지. 만약 우리가 여기서 승리를 거두게 되면 우리는 어디에서나 승리를 거두게 될 거야. 이 세계는 아름다운 곳이고, 그것을 위해 싸울 만한 가치가 있는 곳이지. 그래서 나는 이 세계를 떠나기가 싫은 거야. 이렇게 훌륭한 삶을 보낼 수 있었으니 너는 행운아였어, 하고 그는 스스로에게 말했다. 할아버지의 삶처럼 그렇게 길지는 못했어도 할아버지 못지않게 훌륭한 삶을 보냈어. 이 마지막 며칠 때문에 너는 누구 못지않게 훌륭한 삶을 보낼 수 있었지. 이런 행운을 얻고도 설마 불평할 생각은 없겠지. 하지만 어떻게 해서든지 내가 배운 것을 사람들에게 전할 방법이 있었으면 좋겠구나. 제기랄, 죽음을 눈앞에 두고서야 정신없이 그것을 배우고 있군.

위 인용문에서 "이 세계는 아름다운 곳이고, 그것을 위해 싸울 만한 가치가 있는 곳이지."라는 문장은 이 작품이 출간된 1940년대는 말할 것도 없고 그로부터 70여 년이 지난 요즈음에도 사람들의 입에 자주 오르내린다. 이 세계를 고통의 바다나 눈물의 골짜기로 보는 태도에 쐐기를 박는 말이다. 폭력과 죽음의 그림자가 짙게 드리워진 헤밍웨이의 초기 작품과 비교해 보면 참으로 놀라운 발전이다. "그래서 난 이 세계를 떠나기가 싫은 거야."라는 말은 초기 작중 인물들에게서는 좀처럼 들어볼 수 없다. 또한, 마지막 구절 "내가 배운 것을"이나 "정신없이 그것을 배우고 있군"도 눈여겨봐야 한다. 인식론적 특징이 강한 헤밍웨이 작품에서 주인공은 삶에 대해 무엇인가를 끊임없이 배워 나간다. 적어도 이 점에서 로버트 조던은 『무기여 잘 있어라』의 주인공 프레더릭 헨리와 허구적 형제라고 할 만하다. 스페인 내전도 이탈리아 북부의 전쟁터처럼 삶의 현장을 축소해 놓은 소우주와 같다.

5. 비극적 세계관에서 낙관적 세계관으로

누구나 마찬가지지만 작가도 시간이 지나면서 젊은 시절의 세계관이 조금씩 달라지게 마련이다. 가령 '미국 문학의 링컨'이자 '미국의 셰익스피어'로 흔히 일컫는 마크 트웨인은 젊은 시절에 삶을 긍정적이고 희극적으로 파악했지만, 시간이 지나면서 점차 비극적 비전으로 바뀌었다. 만년에 이르러서는 아예 '빌어먹을 인류'라고 저주에 가까운 분노를 토로할 정도로 삶을 비관적으로 보았다. 그러나 어니스트 헤밍웨이는 트웨인과 정반대로 처음에는 삶을 비관적으로 보았지만, 점차 낙관적인 세계관을 드러낸다. 그는 선배 작가를 높이 평가했으나 이처럼 인생관이나 세계관에서는 사뭇 달랐다.

그는 본격적인 의미에서 첫 장편소설이라고 할 『태양은 다시 떠오른다』와 두 번째 작품인 『무기여 잘 있어라』에서 삶을 '승산 없는 싸움'으로 간주하곤 하였다. 그의 초기 작품에 등장하는 주인공들은 실제 전쟁이건 '삶'이라는 전쟁이건 '단독 강화'를 맺은 채 끊임없이 사회에서 이탈하여 홀로 살아가는 개인주의적인 인물이 대부분이었다. 초기 단편에 등장하는 닉 애덤스를 비롯하여 제이크 반스와 프레더릭 헨리 등이 바로 그러하다. 이들 주인공은 하나같이 어린 나이에 전쟁에 참가하여 여러 번 죽을 고비를 넘겼고, 전쟁이 끝난 뒤에도 신체적으로나 정신적으로 절룩거리는 불구자로 남아 있다.

그런데 헤밍웨이는 『유산자와 무산자』를 분수령으로 점차 개인주의의 굴레에서 벗어나 좀 더 책임 있는 사회 구성원으로서 역할을 수행하려는 인

1944년 하워드 혹스 감독이 연출한 영화 「유산자와 무산자」의 한 장면. 해리 모건 역은 험프리 보거트가 맡았고, 에디 역은 월터 브레넌, 마리 브라우닝 역은 로렌 바콜이 맡았다. 감독은 원작과 달리 무대를 키웨스트가 아니라 비시 괴뢰정권하의 마르티니크로 설정하고, 원작에 나타난 헤밍웨이의 사회의식을 반영하기보다는 해리 모건과 마리 브라우닝 사이에서 벌어지는 사건을 중심으로 한 로맨틱 스릴러로 연출했다. 각색에는 윌리엄 포크너가 참여했다.

물을 다루기 시작한다. 이 작품의 주인공 해리 모건은 마지막 숨을 거두면서 "인간은 아무리 해도 혼자서는 정말로 기회가 없어."라고 말한다. 물론 헤밍웨이에게 이러한 사회의식이 생긴 것은 시대적 상황과 무관하지 않다. 미국의 1930년대는 뉴욕 월스트리트의 증권 시장이 붕괴하면서 경제 대공황이 닥쳐와 미국인들이 무척 고생하던 시기였다. 이 작품은 미국 사회가 자본주의에 대해 품고 있던 장밋빛 환상에서 깨어나기 시작하던 무렵에 집필한 작품이다. 그래서 그는 이 무렵의 많은 작가와 지식인이 그러했듯이 어떤 식으로든지 개인주의적인 태도를 버리고 공동체 의식을 표현할 수밖에 없었다.

　　헤밍웨이의 사회의식은 『누구를 위하여 종은 울리나』에 이르러 좀 더 원숙한 모습을 보인다. 주인공 로버트 조던은 인간이 공동선을 지향한다는 것이 얼마나 소중한 일인지를 깊이 깨닫는다. 공동체의 가치를 받아들이는 헤밍웨이의 세계관은 그가 살아 있을 때 마지막으로 출간한 『노인과 바다』 (1952)에 이르러 정점에 이른다. 이렇게 부정에서 긍정으로, 비관주의에서 낙관주의로, 개인주의에서 공동체 의식으로 발전하는 헤밍웨이의 세계관을 이해하는 데 핵심적인 역할을 한 작품이 바로 『누구를 위하여 종은 울리나』이다. 이 소설은 개별적인 작품으로도 찬란한 빛을 내뿜지만, 작가의 문학관이나 세계관의 변화를 이해하는 데에도 아주 중요하다.

6. 한계와 가능성

『누구를 위하여 좋은 울리나』는 어니스트 헤밍웨이가 야심차게 구상하고 집필한 작품이다. 그의 작품 중에서 가장 스케일이 크고 캔버스가 가장 넓다. 그의 모든 작품을 통틀어 이 소설만큼 인간의 감각적 경험을 극적으로 보여준 작품도 찾아보기 어렵다. 이 작품을 읽을 때에는 오감을 활짝 열어 놓아야 하는 것은 바로 그 때문이다. 계곡을 흐르는 개울 물소리가 귓가에 청명하게 들리고, 때늦게 오월에 내리는 흰 눈이 눈앞에 선하게 나타나며, 온갖 풀냄새가 코끝에 와 닿는다. 마지막 장면의 "큼직한 흰 구름이 둥실 떠 있었다. 그는 엎드려 있는 땅바닥에 깔린 솔잎을 만져 보았고, 또 뒤에 기대고 있던 소나무 줄기의 껍질을 만져 보았다."라는 문장에서는 하얀 뭉게구름이 눈앞에 보이고 거칠고 딱딱한 소나무 껍질이 손끝에 느껴진다. 동굴 안에서 식사할 때나, 적군을 기다리며 언덕에서 식사할 때에는 온갖 음식 냄새가 진동하여 식욕을 자극하기도 한다.

이 작품에서 헤밍웨이가 사용하는 대위법적 또는 다성적 플롯 구성 방법도 돋보이는 부분이다. 다리 폭파와 관련한 플롯은 기승전결의 전통적인 방법에 따라 차례대로 전개된다. 그러나 가장 감동적인 장면의 하나라고 할, 파블로가 마을을 공격하여 파시스트들을 처형하는 장면은 플래시백 기법으로 처리되어 있다. 헤밍웨이는 현재 사건을 잠시 멈추고 필라르의 입을 빌려 이 사건을 전달하게 한다. 그런데 요한 제바스티안 바흐의 푸가나 카논처럼 스페인 내전의 참상을 다룬 이 두 선율은 각각 독립성을 유지한 채 병렬적으로 배치되어 있다. 현재 플롯으로 좁혀 보면 헤밍웨이는 작품의 마지막 부분에서 이 대위법적 구성을 사용하기도 한다. 로버트 조던은 다리를 폭파하는 작전이 무의미함을 깨닫고 골츠 장군에게 안드레스를 보내서 작전을 연기해 달라고 부탁한다. 헤밍웨이는 안드레스가 온갖 위험을 극복하며 골츠 사령부로 가는 사건, 그리고 로버트 일행이 산속에 남아 다리를 폭파하는 사건을 교차적으로 묘사한다. 시간은 같은 차원에 있지만, 사건은 대위법처럼 서로 독립성을 유지한다.

그런가 하면 헤밍웨이는 이 작품에서 보조적인 작중 인물들을 효과적으로 사용하기도 한다. 이전 작품에서는 주로 중심인물들에게 무게를 실었을 뿐, 보조적 역할을 하는 작중 인물들에 대해서는 별다른 관심을 기울이지 않았다. 그러나 이 작품에서는 로버트 조던과 파블로 필라르, 마리아를 중심인물로 설정하면서도 안셀모를 비롯하여 아구스틴, 페르난도, 프리미티보, 라파엘, 안드레스, 엘라도스, 엘소르도 호아킨 같은 인물에게도 저마다 의미 있는 역할을 부여한다. 그 밖에 골츠 장군이나 카르코프, 로헬리오 고메스 대위, 안드레 마르티, 파코 베렌도 중위, 모로 대위 등도 중요한 역할을 하고, 보조적 인물들도 중심 인물 못지않게 조명을 받는다.

그러나 『누구를 위하여 종은 울리나』는 야심에 찬 작품인 만큼 크고 작은 여러 문제점을 안고 있다. 헤밍웨이는 스페인에 대한 애정이 있지만, 스페인의 문화와 사회 관습을 잘 모르는 허점을 드러냈다는 비판을 면하기 어렵다. 스페인 내전 기간 헤밍웨이와 잘 알고 지내던 스페인의 소설가 아르투로 바레아는 헤밍웨이가 투우를 제외하고는 스페인에 대해 별로 아는 것이 없다고 비판한다. 그가 스페인 내전의 실상을 제대로 파악하지 못했을뿐더러 당시 스페인 사람들과 시대적 분위기를 제대로 파악하지 못했다는 것이다.

바레아는 다섯 가지 점에서 헤밍웨이가 이 작품에서 저지른 실수를 지적한다. 첫째, 카스티야 농민들은 말 도둑인 파블로와 안달루시아 출신의 집시 창녀 필라르를 유격대 지도자로 받아들이지 않을 것이다. 둘째, 카스티야 주민은 파블로를 따라 파시스트들을 조직적으로 짐승처럼 도륙하지는 않을 것이다. 셋째, 스페인 남성은 다른 남성이 최근에 강간한 여성을 또다시 강간하지는 않을 것이다. 넷째, 마리아는 처음 외국인 남자를 만난 날 밤에 그와 육체적 관계를 맺고 나서 여전히 이전처럼 유격대원들에게서 대우받을 수는 없을 것이다. 다섯째, 헤밍웨이는 살아 숨 쉬는 스페인어를 "인위적이고 과장된 영어"로 옮겨 놓았다.

바레아가 지적하는 이 다섯 가지 실수 중에서도 특히 다섯 번째 항목은 주목해 볼 필요가 있다. 이 작품이 처음 출간될 때부터 언어 문제가 비판의 도마에 올랐기 때문이다. 에드먼드 윌슨은 일찍이 로버트 조던과 마리아가 사용하는 언어에서 "문학적 중세주의의 이상한 분위기"를 발견하였다. 헤밍웨이는 스페인어의 이인칭 평칭 대명사 '투(tú)'와 이인칭 존칭 대명사 '우스테드(usted)'를 변별하기 위해 영어 'you'와 'thou'를 구분하여 사용하지만, 마치 현대인이 갑자기 셰익스피어 시대의 영어를 구사하는 것처럼 어딘지 모르게 어울리지 않는다. 한국인에 빗대어 말하자면 조선 시대 도포에 갓을 쓰고 택시를 타고 광화문 네거리에 나온 격이다.

헤밍웨이는 이 작품에서 언어학이나 번역 이론에서 흔히 '거짓 짝'으로 일컫는 것을 사용하여 혼란을 일으키기도 한다. '거짓 짝'이란 서로 다른 언어 사이에 형태나 소리는 유사하지만, 그 의미가 다른 낱말의 쌍을 일컫는다. 의미 전달에 자칫 혼란을 불러오기에 번역 이론에서는 이러한 거짓 짝을 경계한다. 헤밍웨이는 스페인어 'raro' 대신에 영어 'rare'를 사용하고, 스페인어 'syndicato' 대신에 영어 'syndicate'를 사용한다. 그러나 이 둘은 같은 뿌리에서 갈라져 나왔기에 형태나 발음은 서로 비슷해도 의미는 조금 다르다. 그러므로 전자는 'strange'를 후자는 'trade union'을 사용하는 편이 옳았을 것이다.

제5장

패배 없는 싸움
『노인과 바다』

　백조는 평생 울지 않다가 죽기 직전에 단 한 번 아름다운 소리를 내어 울고 죽는다는 전설이 있다. 그래서 흔히 예술가들의 마지막 작품을 '백조의 노래'라고 일컫는다. 1961년 7월 어니스트 헤밍웨이가 미국 아이다호 주 케첨에서 엽총으로 자살하기 전 출간한 마지막 작품『노인과 바다』(1952)는 그가 부른 백조의 노래다. 물론 헤밍웨이가 사망한 뒤에도『해류 속의 섬들』(1970),『에덴동산』(1986),『여명의 진실』(1999) 같은 몇몇 유작이 잇달아 출간되었지만,『노인과 바다』는 그가 생전에 맨 마지막으로 출간한 작품이다. 마지막 작품이라는 점으로 보나, 훌륭한 작품이라는 점으로 보나 이 소설은 가히 헤밍웨이 문학을 장식하는 최후의 걸작이라고 할 수 있다.

　『노인과 바다』는 헤밍웨이가 이전에 출간한 작품들과 여러모로 차이가 있으면서도 비슷한 점 또한 적지 않다. 그는 이 작품에 이르러 처음으로 쿠바와 걸프 해안을 중요한 지리적 배경으로 삼는다. 지금까지 헤밍웨이는 주로 프랑스와 스페인 그리고 이탈리아 같은 유럽을 주요 공간 배경으로 삼았을 뿐 아메리카 대륙을 배경으로 삼은 적이 별로 없었다. 1930년대 미국 역사에서 유례를 찾아보기 어려운 경제 대공황을 맞아 사회주의로부터 한 차례 세례를 받은 그는 『유산자와 무산자』(1937)를 쓰면서 플로리다 주 키웨스트와 쿠바를 지리적 배경으로 삼았을 뿐이다. 그는 두 번째 아내 폴린 파이퍼와 별거하고 마사 겔혼과 재혼한 1940년에 아예 쿠바로 이주하여 '전망 좋은 집'이라는 뜻의 '핑카 비히아'에서 20여 년 가까이 살았다. 『노인과 바다』는 바로 쿠바에 살면서 이 근처 멕시코 만을 배경으로 쓴 작품이다.

또한 『노인과 바다』는 작품의 소재도 이전의 작품들과는 적잖이 다르다. 그때까지 그는 주로 제1차 세계대전이나 스페인 내전 같은 전쟁을 비롯하여 투우나 사파리 같은 수렵 사냥을 작품의 소재로 다루었지만, 이 작품에 이르러 바다낚시를 핵심적인 소재로 삼는다. 물론 일찍이 『태양은 다시 떠오른다』(1926) 같은 장편소설과 「심장이 두 개 달린 큰 강」(1925)을 비롯한 단편

서재에서 작품을 집필하는 헤밍웨이. 사진에서는 앉아서 글을 쓰고 있지만, 그는 서서 글쓰기를 좋아했다.

소설에서 강이나 호수에서 하는 민물낚시를 다루었지만, 멕시코 만과 카리브 해 같은 바다에서 하는 낚시는 좀처럼 소설에 등장한 적이 없었다.『노인과 바다』에서 헤밍웨이는 처음으로 드넓은 멕시코 만을 배경으로 거대한 청새치와 벌이는 서사시적 투쟁을 중심 플롯으로 다룬다.

그러나『노인과 바다』는 헤밍웨이가 이전에 출간한 작품들과 비슷한 점도 많다. 가령 작중 인물이나 주제에서도 그러하고, 스타일이나 형식 면에서도 그러하다. 이 작품에서도 그는 여전히 이른바 '코드 히어로', 즉 헤밍웨이 특유의 규범적 주인공을 다룬다. 다시 말해서 이 작품에 등장하는 주인공도 F. 스콧 피츠제럴드나 윌리엄 포크너 같은 동시대 작가들의 작품에서는 좀처럼 만날 수 없는 헤밍웨이 특유의 작중 인물에 속한다. 또한, 그가 지금까지 관심을 기울여온 동일한 주제 또는 그것을 조금 변주한 주제를 다룬다는 점에서 이전의 작품들과 그렇게 동떨어져 있지 않다. 그런가 하면 강건체 문체라고 할 '하드보일드 스타일'을 그대로 구사할 뿐 아니라 오히려 그것을 한 단계 더 밀고 나가 발전시킨다. 한마디로『노인과 바다』는 헤밍웨이 문학 세계에서 아주 핵심적인 위치를 차지하고 있다.

1. 헤밍웨이의 '백조의 노래'

어니스트 헤밍웨이가 『노인과 바다』를 집필하기 시작한 것은 1951년 초엽으로 쿠바의 수도 아바나 근처에 살고 있을 무렵이었다. 그해 4월 말 초고를 마친 그는 1952년 3월에 뉴욕의 찰스 스크리브너스 출판사에 원고를 넘겼다. 이 작품은 1952년 9월 1일 자 미국의 시사 주간지 『라이프』 특별호에 전재되는데, 이 잡지가 발행되자마자 이틀 만에 무려 530만 부가 팔려나갈 정도로 큰 인기를 끌었다. 이 잡지사는 이 작품을 전재하는 조건으로 헤밍웨이에게 4만 달러라는 엄청난 원고료를 지급하였다. 잡지에 실린 지 일주일 만에 단행본으로 출간된 이 작품은 출간되자마자 독자들에게서 큰 관심을 받았다. 초판 1쇄 때 5만 부를 찍은 이 소설은 여섯 달에 걸쳐 베스트셀러 리스트에 올랐다. 북어브더먼스 클럽의 도서로 선정되는가 하면 1953년 5월 소설 부문 퓰리처상을 받았으며, 같은 해 미국예술원으로부터 소설 부문 우수상을 받기도 하였다. 이 작품은 1954년 마침내 그가 미국 작가로서는 다섯 번째로 노벨 문학상을 받는 데에도 크게 이바지하였다. 물론 노벨 문학상은 한 작가의 예술이 인류에 끼친 업적을 기려 수여하는 공로상일 뿐, 개별적인 작품에 수여하는 상은 아니다. 그런데도 스웨덴 한림원의 노벨상 위원회는 이 작품을 언급하면서 "최근 『노인과 바다』에서 보여준 내러티브 예술의 놀라운 경지와 현대 문체에 끼친 그의 영향"을 높이 평가하여 문학상을 수여한다고 밝혔다. 이 작품이 문학적으로나 상업적으로나 크게 성공을 거두면서 헤밍웨이는 미국 문단을 넘어서 전 세계 문단에서 명실공히 세계적인 작가로 인정받게 되었던 것이다.

그러나 헤밍웨이가 『노인과 바다』를 구상한 시기는 이 소설을 출간하기 15년 전으로 거슬러 올라간다. 1936년 4월 그는 미국의 남성 전문 월간 잡지 『에스콰이어』에 「푸른 파도 위에서」라는 산문을 발표하였다. '멕시코 만류에서 보낸 편지'라는 부제에서도 엿볼 수 있듯이 이 무렵 헤밍웨이는 드넓은 바다에서 펼쳐지는 심해 낚시를 소재로 한 작품을 구상하고 있었다. 이 작품에서는 한 쿠바 어부가 멕시코 만 멀리 고기잡이를 나갔다가 사투를 벌인 끝에 수백 킬로그램 나가는 청새치를 잡는다. 그러나 항구로 돌아오는 도중 청새치는 그만 상어 떼에게 빼앗기고, 어부는 거의 정신착란 상태가 되어 항구 근

남성 전문 잡지 『에스콰이어』. 1930년대 헤밍웨이는 이 잡지에 6편의 단편과 26편의 기사를 게재했다. 『노인과 바다』의 모태가 되었던 산문 「푸른 파도 위에서」는 1936년 봄 이 잡지에 게재된 바 있다. 사진은 1936년 12월 호.

처에서 다른 어부에게 발견된다. 2백 개 남짓한 어휘로 쓴 이 산문 작품은 항구에 도착하고 난 뒤의 청새치처럼 뼈만 앙상할 뿐 이렇다 할 내용이 없다.

그런데 이 산문은 뒷날 헤밍웨이가 『노인과 바다』라는 작품의 집을 짓는 데 주춧돌이 되었음은 두말할 나위가 없다. 기본 뼈대에서 이 두 작품은 서로 적잖이 닮았다. 「푸른 파도 위에서」가 헤밍웨이의 낚시 친구이자 보트 필라 호의 키잡이 어부 그레고리오 푸엔테스의 실제 경험을 그린 논픽션이라면, 『노인과 바다』는 산티아고라는 허구적 인물이 등장하는 소설이다. 다시 말해서 헤밍웨이는 논픽션 작품에 살을 붙이고 피를 통하게 하여 마침내 『노인과 바다』라는 예술 작품을 탄생시켰다. 본디 그는 이 작품을 뒷날 유작으로 출간

1934년 청새치 대어를 잡은 기념으로 아바나 항에서 사진을 찍은 헤밍웨이. 이런 경험을 바탕으로 헤밍웨이는 산문 「푸른 파도 위에서」를 썼고, 이 작품은 『노인과 바다』의 모태가 되었다.

된 『해류 속의 섬들』의 결론 부분으로 사용할 계획이었다. 「푸른 파도 위에서」와 『노인과 바다』 사이에는 그야말로 양자적 도약이 일어났다고 할 만하다. 이 두 작품을 비교해 보면 문학 작품이란 '무엇을' 말하느냐는 것보다 '어떻게' 말하느냐는 것이 훨씬 더 중요하다는 사실을 새삼 깨닫게 된다.

헤밍웨이가 1952년에 『노인과 바다』를 출간한 것은 그의 문학적 생애에서는 획기적인 사건이었다. 스페인 내전을 소재로 한 『누구를 위하여 종은 울리나』(1940)를 출간한 뒤 그는 십여 년 동안 긴 침묵을 지킨 채 이렇다 할 작품을 내놓지 못하고 있었다. 물론 십 년 뒤 『강을 건너 숲 속으로』(1950)라는 장편소설을 출간했지만, 비평가들과 독자들의 반응은 여간 냉담하지 않았다. 그들은 이 작품을 자기 풍자에 탐닉한 실패작이라고 평가하였다. 그래서 비평가와 학자 사이에서는 헤밍웨이의 창작적 에너지가 소진된 것이 아니냐는 의문이 널리 퍼져 있었다. 몇몇 비평가는 아예 "파파(이 무렵 헤밍웨이의 별명)의 시대는 이제 막을 내렸다."라고 공공연하게 선언할 정도였다.

물론 『강을 건너 숲 속으로』에 대한 헤밍웨이 자신의 평가는 이와는 전혀 달랐다. 그는 이 작품이야말로 자신이 그때까지 출간한 작품 중에서 가장 뛰어난 작품이라고 항변하였다. 그러나 아무도 그의 말에 귀를 기울이지 않았다. 작가들은 흔히 자신의 작품 가운데 별로 주목받지 못한 작품을 가장 훌륭한 작품이라고 말하곤 한다. 작가는 흔히 무의식에서 작품을 창작하기에 자기 작품에 대해 그릇된 평가를 하기 쉽다. 또 집필할 때 가장 힘들었기에 기억에 남는 작품을 뛰어난 작품이라고 말하기도 한다. 그런가 하면 비평가들의 주의를 환기할 뿐 아니라 더 나아가 책의 부진한 판매를 활성화하려는 상업적 목적으로 그렇게 말하는 작가들도 얼마든지 있다.

이처럼 『노인과 바다』는 헤밍웨이로서 거의 사형 선고를 받은 것과 다름없는 상황에서 나온 작품이었기에 그에게는 더욱 특별한 의미가 있었다. 이 작품은 마치 잿더미를 헤치고 나온 불사조처럼 그의 창작력이 여전히 건재하다는 사실을 입증해 주었기 때문이다. 헤밍웨이가 『노인과 바다』에 깊은 관심을 기울이고 있었다는 사실은 이 소설을 출간한 출판사 사장 찰스 스크리브너에게 보낸 편지에서도 엿볼 수 있다. 헤밍웨이는 1951년 10월 그에게 보낸 어느 편지에서 "이 소설은 내가 평생 작업해온 산문 작품입니다. 쉽고도 단순하게 읽힐 수 있고, 길이가 짧은 것 같지만 가시적 세계와 인간 영혼 세계의 모든 차원을 담고 있습니다. 지금 현재로서 내가 쓸 수 있는 가장

1958년 존 스터지스 감독이 연출한 「노인과 바다」의 한 장면. 산티아고 노인 역할은 스펜서 트레이시가 맡았다. 1990년에도 주드 테일러 감독의 작품으로 같은 제목의 영화가 제작된 적이 있으며 산티아고 역할은 앤서니 퀸이 맡았다.

훌륭한 작품입니다."라고 말한다. 그런데 이 말에는 그가 『강을 건너 숲 속으로』를 두고 언급한 것과는 전혀 다른 진실이 담겨 있다. 『노인과 바다』를 좀 더 꼼꼼히 읽어 보면 이 말을 액면 그대로 받아들여도 크게 무리가 없다는 사실을 알게 된다.

『노인과 바다』는 출간되자마자 비평가들과 동료 작가들 그리고 일반 독자들로부터 폭넓게 찬사를 받았다. 가령 같은 시기에 활약한 미국 작가 윌리엄 포크너는 "시간이 지나면 우리 동시대 작가가 쓴 작품 중에서 아마 가장 훌륭한 작품으로 인정받게 될 것이다."라고 말하면서 이 작품을 높이 평가하였다. 헤밍웨이 연구가 필립 영은 "헤밍웨이는 그가 말해야 했던 것을 바랄 수 있는 한 가장 효과적으로 말한, 가장 훌륭한 단 한 편의 작품"이라며 찬사를 아끼지 않았다. 그러나 1960년대에 들어오면서 이 작품에 대한 평가도 조금씩 달라지기 시작하였다. 출간 당시의 찬사에서 벗어나 좀 더 객관적으로 평가하려는 분위기가 감돌았다. 이렇게 평가가 달라진 데에는 문학적 경향이 달라진 이유도 있을 터이고, 독자들의 취향이 달라진 영향도 있을 것이다.

『노인과 바다』를 비판한 비평가들은 주로 사실주의 계열에 속한 사람들이었다. 그들은 그동안 헤밍웨이가 사실주의 전통에서 작품을 써온 것과는 달리 이 작품에서는 현실에서 동떨어진 비현실적 경험을 묘사할뿐더러 자못 감상적인 점이 적지 않다고 지적한다. 예를 들어 로버트 위크스 같은 비평가는 주인공 산티아고가 망망대해에서 혼자 사흘 동안 수백 킬로그램이 넘는 청새치와 사투를 벌인다는 것은 현실과 거리가 멀다고 지적한다. 산티아고 같은 노인은 말할 것도 없고 심지어 혈기 왕성한 젊은 어부도 감당하기 어려운 작업이라는 것이다. 또한, 헤밍웨이가 기술하는 내용이 객관적 사실에 비추어 정확하지 않다는 점을 들어 비판하는 비평가들도 있다. 가령 헤밍웨이는 마코상어에 대해 "이중으로 된 입술 안쪽에는 이빨 여덟 줄이 안쪽으로 비스듬히 박혀 있었다. 대부분의 상어들이 지니고 있는 피라미드 모양의 이빨이 아니었다."고 묘사하였다. 그러나 마코상어가 아무리 힘이 세고 위협적인 동물이기는 해도 이빨이 여덟 줄 박혀 있다고 말하는 것은 어불성설이라는 것이다.

이러한 사정은 리겔성(星)에 관한 언급에서도 마찬가지다. 작품에서 헤밍웨이는 "첫 별들이 나타났다. 그는 '리겔'성이라는 이름은 알지 못했지만, 그 별을 보고 곧 뭇 별들이 떠오를 것도 알고 있었다."라고 말한다. 그러나 오리온 별자리에 속하는 리겔성은 날이 어두워지면서 제일 먼저 나타나는 별이 아니다. 그런가 하면 헤밍웨이가 이 작품에서 가끔 사용하는 스페인어도 쿠바인들이 일상생활에서 사용하는 자연스러운 구어라기보다는 지나치게 자역(字譯)이나 음역(音譯)한 것이라고 지적하는 비평가들도 있다.

2. '규범적 주인공'으로서의 산티아고

『노인과 바다』에 등장하는 주인공 산티아고는 어니스트 헤밍웨이의 다른 작품에 등장하는 어린 소년 닉 애덤스(『우리 시대에』)가 제이크 반스(『태양은 다시 떠오른다』)나 프레더릭 헨리(『무기여 잘 있어라』) 또는 로버트 조던(『누구를 위하여 종은 울리나』)으로 성장한 뒤 어느덧 노년기를 맞이한 인물로 봐도 크게 틀리지 않다. 최근 한 비평가가 『노인과 바다』의 주인공 산티아고에 관해 본디 그가 쿠바에서 태어난 사람이 아니라 스페인에서 온 이주민이라는 주장을 제기하여 눈길을 끌었다. 그는 이러한 주장의 근거로 헤밍웨이가 앞서 잠깐 언급한 실재 인물 그레고리오 푸엔테스를 모델로 삼아 산티아고를 창조했을 가능성을 들었다. 푸엔테스는 본디 아프리카 서쪽에 있는 스페인령 섬 카나리아 제도에서 태어나 쿠바에 이주했다는 것이다. 아마 산티아고의 꿈에서 "섬들의 하얀 봉우리들이 바다 위에 우뚝 솟아 있는 모습"과 "카나리아 군도의 여러 항구와 정박지"

『노인과 바다』를 집필할 때 산티아고의 모델이 되었던 것으로 알려진 그레고리오 푸엔테스(사진의 오른쪽)와 함께 낚은 청새치를 들어 보여주는 헤밍웨이.

를 보았기 때문일 것이다. 한편, 헤밍웨이가 푸엔테스에 앞서 필라 호의 키잡이를 한 카를로스 구티에레스를 모델로 삼았다는 주장도 만만치 않다. 그러나 헤밍웨이가 이 두 사람을 모두 모델로 삼았다고 보는 편이 옳을 것이다.

이 무렵 가난한 스페인 사람들은 푸엔테스처럼 새로운 삶의 터전을 찾아 쿠바를 비롯한 중앙아메리카와 남아메리카에 이민을 왔다. 산티아고도 그러한 이민자 가운데 한 사람이라는 것이다. 대부분 이민자는 다시 본국으로 돌아갔지만, 일부는 산티아고처럼 이런저런 사정으로 돌아가지 못하고 쿠바에 계속 남아 가난한 어부로 살아갈 수밖에 없었다고 주장한다. 또한, 산티아고가 다른 어부들과는 달리 유독 큰 고기를 잡으려고 노력하는 것도 뒤늦게 뿌리를 내린 쿠바에서 열등감을 씻어 버리고 살아남으려는 생존 전략에 지나지 않는다고 지적하기도 한다. 산티아고가 과연 푸엔테스처럼 스페인에서 이민 온 사람이냐 아니냐는 문제는 접어 두고라도, 이러한 주장은 사회학적 측면에서는 비록 타당할지 몰라도 이 작품을 이해하는 데에는 이렇다 할 도움이 되지 않는다.

산티아고는 오히려 '헤밍웨이 주인공'이나 '규범적 주인공'의 관점에서 보는 것이 훨씬 더 타당하다. 작품 첫머리에서 화자는 "두 눈을 제외하면 노인의 것은 하나같이 노쇠해 있었다. 그러나 오직 눈만은 바다와 똑같은 빛깔을 띠었으며 기운차고 지칠 줄 몰랐다."라고 묘사한다. 잠시 후에 그를 늘 도와주는 소년 마놀린이 "진짜 큰 고기가 잡혀도 감당할 수 있을 만큼 아직 기운이 있으세요?"라고 묻자, 노인은 "아마 그럴 게야. 게다가 온갖 요령도 알고 있잖니."라고 대답한다. 이 소설의 화자는 "비록 나이가 들었어도 그의 어깨에는 아직도 이상하리만큼 힘이 흘러넘쳤다. 목에도 여전히 힘이 있고 고개를 앞쪽으로 떨어뜨리고 잠을 자고 있을 때면 주름살도 별로 눈에 띄지 않았다."라고 그를 묘사한다.

비록 나이 들었어도 산티아고는 남성적이고 야인적인 성격을 거의 그대로 지니고 있을뿐더러 지적인 활동보다는 육체적 활동에 더 많은 관심을 기울인다는 점에서도 전형적인 헤밍웨이 주인공답다.『무기여 잘 있어라』의 프레더릭 헨리는 생각하기보다는 행동하는 인물이다. 청새치와 사투를 벌이던 둘째 날 산티아고는 "아무 생각도 하지 않고 오직 참고 견디려고 할 뿐이었다."라고 말한다. 그날 산티아고는 청새치가 물 위로 뛰어오르고 난 뒤 "하지만 난 녀석에게 인간이 어떤 일을 할 수 있는지, 또 얼마나 참고 견뎌낼 수 있는지 보여 줘야겠어."라고 혼잣말한다. 이 말을 달리 바꾸면 그는 인내하

ⓒ Illustration by Raymond Sheppard

기 위해 이 세상에 태어났을 뿐, 생각하기 위해 태어나지 않았다. 이렇듯 무엇인가를 깊이 있게 생각하는 일은 산티아고에게 마치 도시의 백화점에서 가서 쇼핑하는 것만큼이나 무척 낯설다. 그는 "고기가 고기로 태어난 것처럼 넌 어부로 태어났으니까."라고 말하기도 한다.

햄릿처럼 생각하는 인간보다는 돈키호테처럼 행동하는 인간에 가까운 산티아고는 책을 읽지도 않는다. 그가 읽는 것이라곤 신문의 야구 기사뿐이다. 그 신문마저도 남이 읽고 버린 것이어서 정보적 가치도 별로 없다. 또한, 산티아고는 신문을 침대 위에 깔고 덮는 이불로 사용하거나 의자에 앉아 잠깐 눈을 붙일 때 무릎을 덮는 담요로 사용할 뿐이다. 다시 말해서 그에게 신문은 정보나 지식을 전달해 주는 매체라기보다는 신문지, 즉 종이로서의 구실이 더 중요하다.

더구나 나이 때문에 무뎌졌다고는 하지만 산티아고는 헤밍웨이의 다른 주인공들처럼 아직도 감수성이 예민하다. 그의 감수성은 먹이를 찾아 드넓은 바다 위를 날아다니는 새들을 바라보면서 가엾다고 생각하는 그의 심성에서도 엿볼 수 있다. 이 점과 관련해 작품의 화자는 "새들은 가엾다고 생각했는데, 그중에서도 언제나 날아다니면서 먹이를 찾지만 얻는 것이라곤 거의 없는 조그마하고 연약한 제비갈매기를 특히 가엾게 생각했다. 새들은 우리 인간보다 더 고달픈 삶을 살고 있구나."라고 말한다. 또 "가냘프고 구슬픈 소리로 울며 날아가다가 수면에 주둥이를 처박고 먹이를 찾는 저 새들은 바다에서 살아가기에는 너무나 연약하게 만들어졌단 말이야."라고 노인은 생각한다.

산티아고는 폭력과 죽음에 직면하여 그것을 그렇게 무서워하지 않는다는 점에서도 헤밍웨이의 규범적 주인공들과 비슷하다. 혼자서 멀고 거친 바다에 나가 고기잡이를 한다는 것부터가 보통 사람으로서는 생각하기 어려운 일이다. 밤낮으로 꼬박 사흘 동안 그는 청새치와 사투를 벌이는가 하면, 청새치를 뜯어 먹으려고 공격해 오는 상어 떼를 물리친다. 그야말로 죽음을 무릅쓰지 않고서는 할 수 없는 일이다. 앞서 지적했듯이 몇몇 비평가가 산티아고의 이러한 초인적인 행동을 비판하는 것도 따지고 보면 무리가 아니다. 사흘 동안 청새치와 상어 떼와 싸운 노인은 혹시 자신이 죽지는 않았는지 의심할 정도로 지쳐 있다. 소설의 화자는 "노인은 어쩌면 자신이 이미 죽은 몸이 아닐까 하는 느낌이 들었다. 그래서 두 손을 마주 잡고 손바닥을 만져 보았다. 손은 죽어 있지 않았고, 그래서 그냥 두 손을 폈다 오므렸다 함으로써 살아 있다는 고통을 느낄 수 있었다. 고물에 몸을 기대어 보고 자신이 죽지 않았다는 것을 알았다. 어깨가 그렇게 말해 주었던 것이다."라고 그의 상태를 묘사한다.

 산티아고는 추상적이고 이론적인 것보다는 좀 더 구체적이고 감각적인 쾌락에 무게를 실으려고 한다. 내세나 피안을 희망하기보다는 현세나 차안의 삶을 만끽하려는 헤밍웨이의 주인공들처럼 그 역시 먹고 마시는 일 말고는 이렇다 할 관심이 없다. 물론 나이가 많은 탓에 다른 주인공들처럼 성(性)에 탐닉할 수는 없다. 나이가 들면서 먹고 마시는 생리적 욕구마저 옛날과는 다르다. 망망대해로 고기잡이를 나가면서도 아침 식사도 제대로 하지 않은 채 커피 한 잔으로 식사를 대신하기 일쑤다. 작품의 화자는 산티아고가 "벌써 오래전부터 먹는 것이 귀찮아져서 점심을 싸 가는 법이 없었다. 조각배의 뱃머리에 두는 물병 하나만 있으면 충분히 하루를 견딜 수 있었다."라고 말한다. 그래도 노인은 어떤 관념적이고 추상적인 것에 몰두하기보다는 먹고 마시면서 구체적으로 감각적 쾌락을 추구하려고 한다.

 마지막으로, 산티아고는 헤밍웨이의 규범적 주인공답게 행동 규범을 미리 정해 놓고 되도록 그 규범에 따르려고 한다. 예를 들어 마놀린이 노인에게 함께 고기잡이하고 싶다고 말하자 그는 소년에게 이제 자신에게는 운이 없으니 부모가 시키는 대로 다른 어부 밑에서 고기를 잡으라고 타이른다. 마놀린이 미끼로 쓸 정어리를 구해줄 때에도 그는 "설마 훔친 건 아니겠지?"라고 묻는다. 만약 마놀린이 남의 미끼를 훔쳐다 주었더라면 그는 고기를 잡으러 나가지 못하더라도 훔쳐 온 미끼로 고기를 잡지는 않았을 것이다. 또 산티아고가 84일째 고기 한 마리 잡지 못하다가 이튿날 고기잡이를 나가기 때문에 '85'라는 숫자로 끝나는 복권을 사려고 계획하는 장면에서도 마찬가지다. 노인이 복권을 살 돈이 없다고 말하자 마놀린은 "그건 문제없어요. 2달러 50센트 정도야 저도 언제든지 빌릴 수 있어요."라고 대꾸한다. 그러자 산티아고는 "아마 나도 빌릴 순 있을 거야. 하지만 난 될 수 있으면 돈을 빌리지 않고 싶구나. 처음엔 돈을 빌리지. 그러다 나중엔 구걸하게 되는 법이거든."이라고 말한다. 산티아고는 남에게 의존하거나 구걸하지 않고 살아가려고 한다.

한마디로 산티아고는 헤밍웨이의 젊은 주인공이나 규범적 주인공이 나이가 들면서 원숙해진 인간형이다. 세월의 풍상과 세파를 겪으면서 그는 원만하고 슬기로운 인간으로 변모하였다. 공자가 『논어』에서 말하듯이 그는 이제 지천명(知天命)이나 이순(耳順)의 경지에 이르렀다고 할 수 있다. 그가 맥주를 마시려고 마놀린과 함께 '테라스'에 가서 자리에 앉자 많은 어부가 노인을 어리석다고 놀려 대지만, 그는 조금도 화를 내는 법이 없다. 또 앞으로 주제와 관련하여 자세히 밝히겠지만, 그가 자연과의 합일을 꾀하면서 우주 속에서 조화와 균형을 찾으려고 하는 것도 이처럼 나이가 들면서 원숙해진 그의 세계관과 무관하지 않다.

3. 바다의 삶, 삶의 바다

연극에서 배경은 공간적 배경이건 시간적 배경이건 사건이 일어나는 무대에 지나지 않는다. 그러나 소설에서는 배경이 직접 또는 간접으로 작품의 주제와 밀접하게 연관되어 있게 마련이다. 바로 이 점에서 소설은 같은 문학 장르에 속하면서도 연극과 적잖이 다르다. 연극과 달리 소설에서 배경은 무대나 소도구 이상의 구실을 하기 때문이다. 특히 어니스트 헤밍웨이의 작품에서는 지리적 배경이건 시간적 배경이건 배경이 차지하는 몫이 매우 크다. 특히 그는 공간적 배경을 온갖 유형의 인간이 투쟁하는 인간 조건으로 즐겨 사용한다.

『노인과 바다』에서 배경은 이전의 작품들과 비교할 때 큰 차이가 있다. 앞서 지적했듯이 이 작품에서는 전쟁터에서 총을 쏘고 포탄이 터지는 소리가 들리지 않고, 황소와 죽음의 승부를 겨루는 투우장의 함성도 들리지 않으며, 파리 같은 대도시 카페의 시끌벅적한 소리도 들리지 않는다. 귓가에 들리는 소리라고는 오직 드넓은 바다의 거친 파도 소리와 노 젓는 소리뿐이다. 작품의 첫머리와 결말에서 아바나에서 동쪽으로 11킬로미터쯤 떨어진 '코히마르'라는 조그마한 어촌이 지리적 배경으로 등장하지만, 사건은 거의 멕시코 만에서 펼쳐진다. 이처럼 공간적으로 바다를 중심 배경으로 삼는다는 점에서 이 작품은 19세기 중엽 미국 문학의 르네상스기에 크게 활약한 허먼 멜빌의 『모비딕』(1851)과 비슷하다. 또한, 폴란드 태생의 영국 작가 조지프 콘래드의『나르시서스 호의 흑인』(1897)과도 닮았다.

    헤밍웨이가 이렇게 바다를 공간적 배경으로 삼은 데에는 그럴 만한 까닭이 있다. 시인들이 흔히 삶을 항해에 빗대듯이 바다는 인간이 삶을 영위하는 터전에 대한 더할 나위 없이 좋은 은유이기 때문이다. 물론 헤밍웨이에게는『무기여 잘 있어라』에서 프레더릭 헨리가 목숨을 걸고 부상병을 운반하는 전쟁터도,『누구를 위하여 종은 울리나』에서 로버트 조던이 다리를 폭파하는 위험한 작전을 수행하는 후방도 삶을 영위하는 터전임은 틀림없다. 또한『태양은 다시 떠오른다』에서 페드로 로메로 같은 투우사가 황소와 한판 승부를 겨루는 투우장도 생존경쟁에 대한 좋은 은유로 볼 수 있다. 실제로 헤밍웨이는 투우장이 전쟁터를 좀 더 안전하게 후방에 옮겨 놓은 것과 크게 다름없다고 생각하였다.

    그러나 헤밍웨이는 만년에 이르러 바다를 생존경쟁의 터전을 보여 주는 더할 나위 없이 좋은 은유로 삼았다. 그는 심지어 성서를 '바다의 책'이나 '지식의 바다'라고 부를 정도로 바다에 깊은 관심을 기울였다. 물론 성서가 풍성한 지식의 보고라는 의미의 비유겠지만, 그보다는 성서 자체를 깊은 바다에 빗댄 것이다. 헤밍웨이처럼 바다를 종교적 차원으로 승화시킨 작가도 드물다. 그가 이 작품의 제목을 왜 '노인과 소년'이라고 붙이지 않고 굳이 '노인과 바다'라고 정했는지 그 까닭을 알 만하다. 멕시코 만에 떠 있는 산티아고의 조각배는 말하자면 이 세계를 축소해 놓은 소우주인 셈이다.

    『노인과 바다』의 시간적 배경은 공간적 배경 못지않게 독특하다. 헤밍웨이는 이 작품을 출간하기 직전, 그러니까 1940년대 말엽이나 1950년 초엽을 이 소설의 시간적 배경으로 삼았다. 그런데 이 무렵에 미국은 물론이고 전 세계에서 엄청난 사건들이 일어났다. 예를 들어 1948년에는 인도의 성인 마하트마 간디가 살해당하고 남아프리카 백인 정권이 아파르트헤이트 정책을 시작하는 등 약소국가가 어느 때보다도 위협받고 있었다. '이스라엘'이라는 신생 국가가 세워진 것도 바로 이해에 일어난 일이다. 1949년에는 중국이 공산주의를 국가 체제로 채택했고 북대서양조약기구(NATO)가 출범했으며 소비에트 정부가 원자탄 개발에 성공하였다. 1950년에 들어와서는 한국전쟁이 일어났고 조지프 매카시 상원의원의 공산주의자 마녀사냥이 시작되었는가 하면, 미국의 해리 트루먼 대통령은 소련의 원자폭탄에 맞서 수소폭탄을 제조하라고 명령하였다. 이렇듯 1950년대 초엽에는 한국전쟁에서 볼 수 있듯이 동서냉전이 그야말로 최고조에 이르렀다.

그러나 헤밍웨이는 이처럼 세계사에 굵직한 획을 그은 역사적 사건에는 이렇다 할 관심을 기울이지 않은 채 노인 산티아고의 고기잡이에만 초점을 맞춘다. 다시 말해서 헤밍웨이는 외부 세계보다는 내면세계, 사회 문제보다는 개인 문제에 주목하였다. 이 작품을 읽을 때 역사의 거친 맥박보다는 한 개인의 내면에서 들리는 소리에 귀를 기울여야 하는 까닭이 바로 여기에 있다.

4. 시간과의 싸움

어니스트 헤밍웨이의 작품이 대부분 그러하지만, 특히 『노인과 바다』는 그 주제가 다양한 것이 특징이다. 고전의 반열에 올라와 있는 작품들이 그러하듯이 이 작품도 마치 거울과 같아서 비평가들이나 독자들은 이 작품을 읽으면서 저마다 다른 모습을 발견하고, 또 시대마다 새로운 의미로 읽기도 한다. 그런가 하면 이 소설은 보편적 의미 못지않게 지리적 차이에 따른 특수한 의미를 지닌다. 이 작품만큼 보편성과 특수성, 일반성과 구체성 사이에서 절묘한 균형과 조화를 꾀한 소설도 찾아보기 어렵다.

헤밍웨이는 『노인과 바다』에서 무엇보다도 소설가로서 자신이 느낀 고뇌를 심도 있게 다룬다. 따지고 보면 이런저런 방식으로 작품에 자신의 삶의 흔적을 남기지 않는 작가는 없다. 영국 소설가 D. H. 로렌스가 일찍이 "작가란 원고지 위에 자신의 피를 쏟아 놓는다."라고 말한 것은 바로 그런 의미다. 아무리 자신의 삶을 감추려고 해도 작품에는 어쩔 수 없이 작가가 살아온 고단한 삶의 흔적이 묻어나게 마련이다. 이 작품에도 작가 헤밍웨이가 쏟아 놓은 피, 즉 소설가로 사는 삶의 궤적을 그다지 어렵지 않게 찾아볼 수 있다.

『노인과 바다』에서 헤밍웨이는 노령에 저항하는 자신의 모습을 예술적으로 형상화했다고 볼 수 있다. 이 작품을 집필할 무렵 그는 이미 쉰두 살이었다. 지금 기준으로 보면 아직 장년의 나이라고 할 수 있지만, 지금처럼 의학이 발달하지 못한 데다 젊은 시절 야외 활동에 전념하면서 크고 작은 사고를 당한 헤밍웨이로서는 초로(初老)를 맞이한 상태였다. 또한, 그동안 술을 입에서 뗀 적이 없는 그는 이 무렵부터 고혈압과 당뇨 등 여러 가지 성인병을 앓고 있었을 뿐만 아니라 우울증과 알코올 중독증에 시달리고 있었다. 1940년대 말엽이나 1950년대 초엽에 찍은 사진을 보면 헤밍웨이는 이미 노년에 접어든 것처럼 보인다.

1950년대의 헤밍웨이.

  이 소설에서 산티아고가 죽음을 무릅쓰고 거대한 청새치를 잡아 올리는 행위는 곧 작가 자신에게 닥쳐온 늙음을 물리치려는 상징적 행위로 볼 수 있다. 허먼 멜빌의 『모비딕』에서 주인공 에이해브 선장이 목숨을 걸고 추적하는 흰 고래가 이 우주의 악을 상징한다면, 길이가 무려 5.5미터나 되며 산티아고가 타고 있는 어선보다 60센티미터도 넘게 긴 이 청새치는 그가 감당하기 어려운 노령이나 노쇠를 뜻한다. 윌리엄 셰익스피어가 어느 소네트에서 노래하듯이 "미인의 이마에 밭고랑 같은 주름살을 파놓는" 것이 시간이요 세월이다. 또 그는 "시간의 낫 앞에 베어지지 않는 것 없어라."라고 노래하면서 시간이나 세월을 풀을 베는 낫에 빗대기도 하였다. 이렇듯 서양에서 풀을 베는 낫은 흔히 노령을 상징한다. 『노인과 바다』의 화자는 산티아고가 잡은 청새치에 대해 "노인은 커다란 낫처럼 생긴 꼬리가 물속으로 사라지는 것을 보았고, 낚싯줄이 빠른 속도로 다시 풀려 나가기 시작했다."라고 말한다. 낫처럼 생긴 꼬리는 곧 시간이요 세월이다.

  세계 문학사에서 적지 않은 허구적 인물이 세월의 파괴력에 맞서 싸워 왔다. 헤밍웨이의 주인공 산티아고도 예외가 아니며, 산티아고는 이토록 엄청나게 큰 청새치와 며칠에 걸쳐 사투를 벌인다. 그가 마침내 그 고기를 잡아

올린다는 것은 시간에 도전하는 행위, 좀 더 구체적으로 말해서 늙음을 받아들이지 않고 젊음을 여전히 과시하려는 행위로 볼 수 있다. 산티아고는 한때 기진하고 왼손에 쥐가 나기도 하지만 경련이 풀리고 기력을 되찾은 데다 식량도 충분히 갖추고 있어 청새치와의 싸움에서 자신이 훨씬 유리한 입장에 있다고 생각한다.

"여보게, 고기 양반, 그래 지금 기분이 어떠신가?" 그는 큰 소리로 물었다.
"나는 기분이 좋다네. 왼손도 많이 좋아졌어. 오늘 밤과 내일 낮 동안의 식량도 갖추고 있지. 자, 친구, 어디 배나 끌어 보시지."
실제로 노인은 정말로 기분이 좋은 상태가 아니었다. 낚싯줄을 멘 등이 통증의 수준을 넘어 거의 무감각 상태가 아닌지 의구심이 들 정도였기 때문이다. 하지만 나는 이보다 더 심한 일도 겪었는걸, 하고 그는 생각했다. 내 오른손은 조금 긁힌 정도에 지나지 않고, 이제 왼손의 쥐도 풀렸어. 두 다리도 끄떡없고. 더구나 식량 문제라면 저놈보다는 내가 훨씬 유리한 입장이고 말이야.

이렇게 유리한 입장에 놓여 있으면서도 청새치에게 패배한다면 산티아고는 노령에 굴복하고 마는 것이 된다. 청새치와의 피나는 싸움에서 물고기는 천천히 물속에서 선회하고, 몇 시간 뒤 노인은 온몸이 땀에 흠뻑 젖고 피로가 뼛속까지 스며든다. 그러나 물고기가 그리는 원이 점점 작아지는 것으로 봐서 고기가 헤엄치면서 꾸준히 수면으로 올라오고 있음을 알 수 있다. 청새치와의 피나는 싸움은 노령뿐 아니라 더 나아가 가난과 고독과 죽음과의 사투를 상징하기도 한다.

이 무렵 헤밍웨이는 육체적 쇠퇴 못지않게 예술적으로도 소진한 상태에 놓여 있었다. 앞서 밝혔듯이 『누구를 위하여 종을 울리나』를 출간한 이후 그는 이렇다 할 작품을 출간하지 못하고 있었고, 비평가들은 작가로서의 헤밍웨이가 이미 종말을 고한 것과 다름없다고 선언하였다. 예술을 종교처럼 생각해온 헤밍웨이에게 훌륭한 작품을 쓰지 못한다는 것만큼 치명적인 일도 없었을 것이다. 그리하여 그는 자신이 아직 예술적으로 건재하다는 것을 과시하고 싶었다. 청새치는 바로 그가 되찾으려는 화려한 예술적 경지를 상징하고, 필사적으로 청새치를 잡으려고 하는 행위는 곧 예술적 재기를 상징적으로 보여 준다고 할 수 있다.

그러고 보니 이 작품의 화자가 "이제까지 노인은 큰 고기들을 많이 보아 왔다. 450킬로그램이 넘는 큰 고기도 여러 번 보았고, 물론 혼자 잡은 것은 아니었지만 지금까지 그만한 크기의 고기를 잡은 적도 두 번이나 있었다."라고 말한 의미도 새롭게 다가온다. 어쩌면 헤밍웨이는 이 무렵 『태양은 다시 떠오른다』나 『무기여 잘 있어라』 또는 『누구를 위하여 종을 울리나』 같은 대어를 다시 한 번 낚고 싶었는지도 모른다. 이렇듯 『노인과 바다』는 작가 삶의 궤적이 깊게 각인되어 있고 그의 체취가 물씬 풍기는 전기적 소설이요 자전적 작품이다.

5. 패배 없는 싸움

헤밍웨이는 『노인과 바다』에서 작가 자신의 개인적 이야기를 뛰어넘어 좀 더 보편적인 주제를 다룬다. 그중에서도 영웅주의와 스토아주의는 아마 가장 중요한 주제일 것이다. 처음에는 청새치, 그리고 나중에는 상어 떼와 사투를 벌이는 산티아고는 그리스 신화에 등장하는 시시포스 같은 인물이다. 신화의 주인공이면서도 신이 아니라 인간인 시시포스는 끊임없이 자신의 운명에 맞서 싸우는 인간의 용기와 의지를 보여 준다. 산꼭대기를 향해 커다란 바윗덩이를 쉴 새 없이 밀어 올리는 그 고역의 주인공처럼 산티아고도 온갖 시련을 겪지만 좀처럼 좌절하지 않고 끝까지 운명에 도전한다. 헤밍웨이 주인공 가운데에서 그만큼 시련과 역경을 위엄 있게 극복하는 인물은 찾아보기 어렵다. 프레더릭 헨리 같은 청년이나 로버트 조던 같은 장년이 아니라 인생의 황혼기를 맞이한 노인이기에 그의 노력은 더욱 값지다.

다른 헤밍웨이 주인공과 마찬가지로 산티아고에게도 훌륭한 인간이 된다는 것은 곧 금욕주의자답게 위엄 있게 행동하고 의연하게 처신하는 것을 뜻한다. 그는 한편으로 자제심이나 극기심을 최대한으로 발휘하고, 다른 한편으로 명예심이나 위엄을 잃지 않으려고 애쓴다. 이러한 자제심과 절제, 극기심, 인내심은 전형적인 헤밍웨이 주인공의 특성이다. 앞에서 언급하였 듯이 '어니', '헴', '헤미', '위미지', '파파' 등 헤밍웨이를 두고 부르는 별명이 많지만, 첫 번째 아내 해들리 리처드슨과 그녀에게서 태어난 첫아들 존은 헤밍웨이의 극기주의적인 태도를 염두에 두고 그를 '어니스토익(Ernestoic)'이라고 부르곤 하였다. 물론 헤밍웨이의 이름 '어니스트(Ernest)'와 '스토익(Stoic)'을 결합해 만들어낸 조어다. 그런데 이 '어니스토익'이라는 별명은 헤밍웨이뿐만 아니라 산티아고 같은 허구적 인물에게도 썩 잘 어울린다.

금욕주의자들에게 그러하듯이 정신적 승리는 물질적 승리 못지않게, 아니 어쩌면 그보다 더 소중하다. 산티아고는 자신의 어선보다 더 큰 청새치를 잡지만 결국에는 상어 떼에게 모두 빼앗기고 만다. 청새치를 지키기 위해 그는 사투를 벌이며 무려 다섯 마리나 되는 상어를 죽였다. 그가 항구로 무사히 돌아왔을 때 청새치는 상어 떼에게 뜯어 먹힌 나머지 형체는 알아볼 수 없이 오직 뼈만이 앙상하게 남아 있다. 『노인과 바다』의 맨 마지막 장면에서 여성 관광객 한 사람이 청새치의 거대한 등뼈를 가리키며 웨이터에게 저것이 무엇이냐고 묻자, 웨이터는 상어라고 대답한다. 관광객은 "상어가 저토록 잘생기고 멋진 꼬리를 달고 있는 줄은 미처 몰랐어요."라고 대꾸한다. 헤밍웨이 특유의 반어법을 읽을 수 있는 대목이다. 이러한 반어법으로 독자들은 산티아고가 이 청새치를 잡기 위해 사투를 벌이며 겪은 고통을 좀 더 실감 나게 느낄 수 있다.

산티아고는 상어 떼와 사투를 벌이는 동안 한번은 이 모든 일이 차라리 꿈이라면 얼마나 좋을까 하고 생각한다. 또 이 순간 고기를 잡기보다는 차라리 신문지를 깔고 침대에서 혼자 누워 있었더라면 얼마나 좋았을까 하고 생각하기도 한다.

"하지만 인간은 패배하도록 창조된 게 아니야." 그가 말했다. "인간은 파멸당할 수는 있을지 몰라도 패배할 수는 없어." 하지만 고기를 죽였다는 건 정말

안되었지 뭐야, 하고 그는 생각했다. 이제부터 정말 어려운 일이 닥쳐올 텐데 난 작살조차 갖고 있지 않으니. 덴투소란 놈은 무척 잔인하고 힘이 센 데다가 머리도 좋지. 하지만 그놈보다야 내가 더 똑똑하지. 아냐, 어쩌면 그렇지 않을는지도 몰라, 하고 그는 생각했다. 그놈보다 어쩌면 내가 무장이 좀 더 잘되어 있을 뿐인지도 몰라.

위 인용문에서 좀 더 찬찬히 주목해 볼 것은 "인간은 패배하도록 창조된 게 아니야. (……) 인간은 파멸당할 수는 있을지 몰라도 패배할 수는 없어."라는 문장이다. 언뜻 보면 '패배'와 '파멸' 사이에 이렇다 할 차이가 없을지 모른다. 실제로 사전을 봐도 전자가 어떤 대상과 겨루어서 지는 것을 뜻한다면, 후자는 파괴되어 없어지는 것을 뜻한다. 그러니까 '파멸'은 '패배'의 결과로 볼 수 있다. 그러나 여기서 헤밍웨이는 산티아고의 입을 빌려 물질적 승리와 정신적 승리를 엄밀히 구분 짓고 있다. 즉, 패배가 물질적·육체적 가치와 관련이 있다면, 파멸은 정신적 가치와 관련이 있다.

소설의 도입부에서 화자는 산티아고의 돛을 두고 "돛은 여기저기 밀가루 부대 조각으로 기워져 있어서 돛대에 높이 펼쳐 올리면 마치 영원한 패배를 상징하는 깃발처럼 보였다."라고 묘사하였다. 그의 어선에 달린 돛이 상징하듯이 주인공은 어느 모로 보나 삶의 패배자요 낙오자다. 84일 동안 고기 한 마리 낚지 못하였다는 사실도 어부로서는 패배자의 낙인이 찍히기에 충분하다. 그러고 보니 마놀린의 부모가 노인을 '살라오', 즉 '가장 운이 없는 사람'이라고 부르는 것도 그렇게 무리는 아니다.

그러나 산티아고는 물질적으로 패배했을지 몰라도 정신적으로는 조금도 위축하거나 좌절하지 않는다. 어떤 역경과 고난에도 좀처럼 굴복하지 않

1957년 쿠바에서 「노인과 바다」를 촬영하던 중에 헤밍웨이와 이야기를 나누는 스펜서 트레이시(가운데). 그는 이 영화로 오스카 상 시상식에서 최우수 남우 주연상 후보에 올랐다.

고 끝까지 목표를 향해 온갖 노력을 아끼지 않는다. 외부의 힘으로 파멸할망정 정신적으로는 패배를 인정하지 않는 산티아고야말로 주인공(히어로)의 본래의 뜻 그대로 영웅이다. 영웅적 주인공에게서 볼 수 있는 이러한 백절불굴의 정신이야말로 헤밍웨이가 무엇보다도 소중하게 생각하는 덕목이요 가치다. 이 점을 쉽게 이해하려면 항구로 돌아온 산티아고와 마놀린이 주고받는 대화를 자세히 살펴봐야 한다.

"일어나지 마세요." 소년이 말했다. "이걸 드세요." 소년은 유리잔에 커피를 조금 따랐다.
노인은 그것을 받아 마셨다.
"그놈들한테 내가 졌어, 마놀린. 놈들한테 내가 완전히 지고 만 거야." 노인이 말했다.

"할아버지가 고기한테 지신 게 아니에요. 고기한테 지신 게 아니라고요."
"그렇지. 정말 그래. 내가 진 건 그 뒤였어."

산티아고가 마놀린에게 "그놈들한테 내가 졌어, 마놀린. 놈들한테 내가 지고 만 거야."라고 말하는 것은 자신의 패배를 인정하는 것이다. 자신이 애써 잡은 청새치를 모두 상어한테 빼앗겼다는 것은 적어도 결과만 놓고 보자면 패배와 다름없다. 장사꾼의 계산으로 보면 틀림없이 밑지는 장사다. 그러나 여기서 마놀린이 산티아고에게 "할아버지가 고기한테 지신 게 아니에요. 고기한테 지신 게 아니라고요."라고 말하는 대목에 주목할 필요가 있다. 마놀린이 두 번이나 되풀이해 말하듯이 산티아고는 비록 육체적으로 파멸했을지는 몰라도 청새치를 잡으려는 시도에서는 전혀 패배하지 않았다. 그의 말을 듣자 산티아고는 "그렇지. 정말 그래. 내가 진 건 그 뒤였어."라고 대꾸한다. 여기서 '그 뒤'란 상어 떼의 습격을 받고 난 뒤의 일을 말한다. 다시 말해서 사투를 벌인 끝에 잡은 청새치를 상어 떼한테 빼앗기기 전에는 전혀 패배하지 않았다는 말이다. 더구나 상어 떼의 습격을 받고 비록 패배했을망정 자신이 세운 목표, 즉 큰 고기를 낚았다는 점에서 그는 정신적으로는 전혀 패배하지 않고 오히려 승리를 거둔 셈이다.

언젠가 헤밍웨이는 확실하지 않은 내세를 생각하기보다 지금 현세의 삶에 충실해야 한다며 이렇게 말한 적이 있다. "우리는 무덤 너머에 대해서는 아무런 확신을 줄 수 없는 우주의 일부다. 종말은 암흑이라는 사실을 충분히 깨닫고 인간 자신에서 용기 있게 빚어낸 실천적 윤리로 삶에서 우리가 할 수 있는 것을 만들어 내야 한다." 이 말에서 우리는 삶에 대한 그의 실존주의적 태도를 읽을 수 있다. 장 폴 사르트르나 알베르 카뮈처럼 헤밍웨이도 삶을 낙관적으로 보지는 않지만 그렇다고 삶에 절망하거나 삶을 포기하지도 않는다. 실존주의자들이나 그에게 삶은 일회적이기에 더욱 의미 있게 살아야 한다.

산티아고는 이러한 정신적 승리에서 자만심을 느낀다. 그런데 여기서 그의 자만심은 일반적 의미의 자만심과는 달리 겸손함과 깊이 연관되어 있다. 그에게 이 두 가지는 상호 배타적인 개념이 아니라 상호 보완적인 개념이다. 산티아고의 자만심은 고대 그리스 비극의 주인공에게서 흔히 볼 수 있는 자만심(휴브리스), 즉 인간의 한계를 뛰어넘으려는 자만심과는 성격이 많이 다르다. 산티아고의 자만심과 관련하여 화자는 "그는 너무 단순한 사람이어서 자신이 언제 겸손함을 배웠는지도 생각해본 적이 없었다. 그러나 지금은 자신이 겸손해졌다는 것을 알고 있었으며, 그것이 부끄러운 일이 아니고 참다운 자부심이 덜해지는 일도 아니라는 것을 잘 알고 있었다."라고 말한다.

『노인과 바다』의 주제와 관련해 스웨덴 한림원의 노벨 문학상 선정 위원회는 "폭력과 죽음의 그림자가 짙게 드리워진 현실 세계에서 선한 싸움을 벌이는 모든 개인에 대한 자연스러운 존경심"을 다룬 작품이라고 평하였다. 여기서 말하는 '선한 싸움'이란 물질적으로나 육체적으로 파멸당해도 정신적으로는 패배하지 않는 산티아고의 자세를 가리킨다고 할 수 있다. 그는 결과보다는 과정, 목표보다는 수단을 중시하는 인물이다. 죽음을 숙명처럼 안고 살아가는 인간에게 삶이란 어쩔 수 없이 '승산 없는 투쟁'일는지 모른다. 패배할 수밖에 없는 싸움이 곧 인간 실존이다. 그러나 여기서 중요한 것은 그러한 패배를 인정하지 않고 자신의 목표를 향해 용기 있게 나아가는 백절불굴의 정신이다.

6. 인간의 연대 의식과 상호 의존 정신

인간의 삶이 궁극적으로 '승산 없는 투쟁'이라면 이러한 투쟁을 좀 더 의미 있게 하는 것이 인간과 인간 사이의 유대감이나 연대 의식이다. 어니스트 헤밍웨이는 『노인과 바다』에서 인간의 연대 의식이나 협동 정신이 얼마나 중요한지 역설한다. 드넓은 바다에서 홀로 고기를 잡는 산티아고는 자칫 개인주의를 상징하는 인물로 생각하기 쉽다. 실제로 그는 아내와 사별한 뒤 판잣집에서 혼자서 외롭게 살고 있으며, 바다에서 고기를 잡을 때에도 다른 어부들과 어울리지 않고 홀로 고기잡이를 한다. 그는 한때 초라한 오두막집 벽에 아내의 사진을 걸어 두었지만, 그 사진을 바라볼 때마다 울적한 기분이 들어 방구석 선반 밑에 넣어 두었다. 어쩌다 노인이 마놀린과 함께 마을 술집 '테라스'에 앉아 있으면 어부들이 그를 놀려 대기도 한다. 요즈음으로 치자면 산티아고야말로 집단 따돌림을 받는 독거노인인 셈이다.

그러나 이 작품에서 헤밍웨이는 언뜻 외롭고 쓸쓸해 보이는 산티아고의 삶을 통해 오히려 유대 의식의 중요성을 강조한다. 산티아고는 누구보다도 외롭고 쓸쓸하게 살아왔기에 인간 사이의 연대감이나 상호 의존의 필요성을 더욱 절감했을 것이다. 이렇듯 그에게 고독은 그가 상호 의존의 가치를 깨닫는 데 없어서는 안 될 필수적인 요소다.

고독이 산티아고가 이러한 삶의 가치를 깨닫는 데 적합한 환경이나 분위기를 조성한다면, 마놀린은 외롭고 쓸쓸한 노인을 좀 더 구체적으로 유대

의식과 상호 의존의 세계로 안내하는 역할을 한다. 마놀린은 노인에게 음식과 옷을 비롯해 비누 같은 생필품을 가져다줄 뿐 아니라 낚시 도구를 날라 주고 미끼를 잡아 주기도 한다. 더구나 마놀린은 그를 이렇게 물질적으로 도와주는 데에 그치지 않고 정신적 반려자 노릇을 하기도 한다. 운이 없어 고기 한 마리 잡지 못할 때에도 언제나 노인을 위로해 주는 사람은 나이 어린 소년이다. 산티아고는 소년과 함께 있을 때면 외로워하거나 실망하지 않는다. 이와 관련해 소설의 화자는 "노인은 아직 희망과 자신감을 잃지 않고 있었다. 그리고 미풍이 불어올 때처럼 희망과 자신감이 새롭게 솟구치고 있었다."라고 말한다. 마놀린에게 산티아고는 멘토요 상징적 아버지이며, 롤모델이요 정신적 지주와 다름없다. 그러나 때로 이 두 사람의 역할은 서로 바뀌기도 한다. 영국의 낭만주의 시인 윌리엄 워즈워스는 일찍이 "어린이는 어른의 아버지"라고 노래한 적이 있었는데, 적어도 마놀린은 산티아고에게 삶의 의미를 새롭게 깨닫게 해주었다는 점에서 어른의 역할을 톡톡히 한 셈이다.

산티아고는 청새치와 싸우면서 여러 번 소년을 생각하며 그리워한다. 단순히 그리워하는 것만이 아니라 자기 옆에서 고기잡이를 도와주고 쥐가 난 팔을 주물러 주기를 간절히 바란다. "그 애가 옆에 있다면 정말 좋으련만."이라는 구절은 그가 낚시질하는 동안 마치 민요의 후렴구처럼 입에 자주 오르내리거나 머릿속에 자주 떠오른다. 두 사람의 관계는 산티아고가 마침내 항구에 도착해 소년과 나누는 대화에서 단적으로 엿볼 수 있다.

"사람들이 나를 찾았니?"
"물론이죠. 해안 경비대랑 비행기까지 동원됐어요."
"바다는 엄청나게 넓고 배는 작으니 찾아내기가 여간 어렵지 않았을 테지."

노인이 말했다. 그는 자기 자신과 바다가 아닌, 이렇게 누군가 말상대가 있다는 게 얼마나 반가운지 새삼 느꼈다. "네가 보고 싶었단다. 그런데 넌 뭘 잡았니?" 노인이 물었다.

"첫날에는 한 마리 잡았고요, 이튿날에도 한 마리, 그리고 셋째 날엔 두 마리나 잡았어요."

"아주 잘했구나."

"이젠 할아버지하고 같이 나가서 잡기로 해요."

"그건 안 돼. 내겐 운이 없어. 운이 다했거든."

"그런 소리 하지 마세요. 운은 제가 갖고 가면 되잖아요." 소년이 대꾸했다.

"네 가족들이 뭐라고 하지 않을까?"

망망대해에서 혼자서 독백만 하던 산티아고는 마놀린을 다시 만나 실제로 대화를 나누는 것이 무척이나 반갑다고 고백한다. "이렇게 말상대가 될 누군가 있다는 게 얼마나 반가운지 새삼 깨달았다."라고 고백하는가 하면, 아예 "네가 보고 싶었단다."라고 솔직하게 털어놓기도 한다. 마놀린이 이제는 산티아고와 함께 고기를 잡겠다고 조르자, 안 된다고 하면서도 거절의 강도는 고기잡이를 떠나기 전과는 비교할 수 없을 만큼 약해졌다. 똑같은 상황에서 며칠 전에는 "그건 안 돼. 네가 타는 배는 운이 좋은 배야. 그러니 그 사람들하고 그냥 있어라."라고 단호하게 말했지만, 이제 그는 "그건 안 돼. 내겐 운이 없어. 운이 다했거든."이라고 말한다. 마놀린이 여세를 몰아 운 같은 것은 믿지 않는다고 하자 노인은 "네 가족들이 뭐라고 하지 않을까?"라고 말하면서 한 걸음 물러난다. 마놀린의 가족만 뭐라고 하지 않으면 이제부터는 소년과 함께 고기잡이하러 나가겠다는 뜻으로 해석할 수 있다.

죽음을 무릅쓰고 잡은 청새치를 상어 떼한테 절반 정도 빼앗겼을 때 산티아고는 홀로 바다에 너무 멀리 나왔다고 후회한다. 그는 여러 번 "고기야, 난 이렇게 멀리 나오지 말았어야 했는데. 너를 위해서나 나를 위해서나 말이다. 고기야, 미안하구나."라고 말한다. 또 한번은 "고기는 이제 반 동강이가 되었구나. 한때는 온전한 한 마리였는데. 내가 너무 멀리까지 나왔어. 내가 우리 둘을 모두 망쳐 버렸어."라고 말한다. 그런가 하면 "늙어서는 어느 누구도 혼자 있어서는 안 돼."라고 말하기도 한다. 그러면서 산티아고는 마놀린은 말할 것도 없고 다른 어부들이나 마을 사람들도 자신의 안전을 두고 걱정하리라고 생각한다. "난 정말 좋은 마을에 살고 있는 거야."라고 말하면서 그는 새삼 자신이 마을 공동체에 속한 일원임을 깨닫는다.

산티아고는 상어 떼한테 고기를 빼앗긴 것은 운이 나쁘기 때문이고, 이렇게 운이 나쁜 것은 동료 인간에게서 멀리 떨어져 나왔기 때문이라고 생각한다. 그는 고독 속에서 운을 찾을 수는 없고 오직 인간 사회 안에서 찾아야 한다고 생각한다. 그래서 그는 "너무 멀리까지 나왔을 때 너는 이미 운수를 망쳐 버리고 만 거야."라고 혼잣말한다. 마놀린을 포함한 사람들과의 유대관계가 얼마나 소중한지 깨닫는 대목이다.

산티아고가 연대 의식이나 상호 의존의 가치를 깨달은 데에는 소년 못지않게 사자도 큰 몫을 하였다. 성경에서 사자에 대해 구약성서에는 백오십 번 넘게, 신약성서에서는 아홉 번 정도 언급되는데 이는 아주 중요한 상징으로 사용된다. 특히 구약과 신약을 가리지 않고 사자는 앞으로 올 예수 그리스도를 가리킨다. 가령 "유다는 사자 새끼로다"(「창세기」 49장 9절)라느니, "유대 지파의 사자 다윗의 뿌리가 이기었으니"(「요한계시록」 5장 5절)라느니 하는 구절이 바로 그러하다. 한편, 미국 소설가이며 극작가인 어윈 쇼는 제2차 세계

헤밍웨이가 아프리카 탄자니아 사파리에서 사냥한 사자. 사진 오른쪽 상단에 헌사를 썼듯이 그는 이 사진을 야생동물을 전문으로 그리는 화가 린 보그 헌트에게 보냈다. 뒷날 그는 아프리카 케냐로 사파리 여행을 떠났을 때 마사이족 관할 구역에서 물소 한 마리, 사자 두 마리, 표범 한 마리, 오릭스 두 마리, 그랜드 가젤 두 마리, 작은 쿠두 한 마리, 윌더비스트 여섯 마리, 그랜트 얼룩말 여덟 마리, 톰슨가젤 열한 마리, 게레누크 두 마리, 임팔라 일곱 마리, 코크하티비스트 한 마리를 사냥했으며 마사이 구역 밖에서도 코뿔소 한 마리를 총으로 쏘아 잡았다. 그러나 그는 동물을 사랑하여 네 번째 아내 메리와 함께 아프리카에서 새끼 영양을 입양하기도 하였다. 이런 행동은 그의 모순적인 일면을 보여 주었다.

대전을 다룬 『젊은 사자들』(1948)이라는 소설을 출간해 관심을 끌었고, 이 작품은 1958년에 영화로 만들어져 더욱 큰 인기를 끌었다. 여기서 '젊은 사자들'이란 두말할 것 없이 기성세대에 맞서 젊음과 꿈을 구가하려는 용기 있는 젊은이들을 가리킨다.

아일랜드의 시인 윌리엄 버틀러 예이츠는 산문집 『비전』(1925, 1937)에서 "누구한테나 비밀스러운 삶의 이미지가 되는 어떤 장면, 어떤 모험, 어떤 그림이 있게 마련이다. 만약 그가 평생 그것에 대해 음미한다면 그것이 그의 영혼을 이끌 수도 있을 것이다."라고 말한 적이 있다. 산티아고에게도 바로 그런 장면이나 그림이 있다. 꿈속에 자주 나타나는 어린 사자의 모습이 바로 그것이다. 『노인과 바다』에서 산티아고는 모두 세 번에 걸쳐 사자 꿈을 꾼다. 그가 처음으로 사자 꿈을 꾼 것은 사흘 동안의 고기잡이를 떠나기 바로 전날 밤이었다. 이 꿈을 꾸기 전 그는 마놀린에게 "내가 네 나이였을 때는 아프리카를 항해하는, 가로돛을 단 범선에서 선원 노릇을 했지. 저녁 무렵이면 해안을 따라 어슬렁거리는 사자들을 보곤 했어."라고 말한다. 그런데 바로 그날 밤 그는 사자 꿈을 꾼 것이다. 소설의 화자는 "노인의 꿈속에는 이제 폭풍우도, 여자도, 큰 사건도, 큰 고기도, 싸움도, 힘겨루기도, 그리고 죽은 아내의 모습도 나타나지 않았다. 다만 여러 지역과 해안에 나타나는 사자들 꿈만 꿀 뿐이었다. 사자들은 황혼 속에서 마치 고양이 새끼처럼 뛰어놀았고, 그는 소년을 사랑하듯이 사자들을 사랑했다."라고 말한다.

여기서 화자가 어린 사자들을 고양이 새끼에 빗대는 점에 주목해야 한다. 분류학적인 이유 때문이라기보다는 어린 사자가 애완용 동물인 고양이처럼 인간에게 친근하고 귀엽고 온순하기 때문일 것이다. 산티아고가 머릿속에 떠올리는 사자는 흔히 '백수의 왕'으로 일컫는 맹수가 아니라 귀여운 사자 새끼들이다. 수컷 한 마리가 암컷 여러 마리를 거느리고 다니기에 예로부터 사자는 동양과 서양을 가리지 않고 왕권을 상징하는 짐승으로 널리 사용되었다. 또 산티아고가 "소년을 사랑하듯 이 사자들을 사랑했다."라는 대목에도 주목할 필요가 있다. 주인공의 마음에 어린 사자들과 소년 마놀린은 마치 샴쌍둥이처럼 언제나 붙어 다닌다. 그래서 이 둘을 떼어 놓고 생각하기 어렵다. 그래서 그런지 그의 마음속에서 어린 사자들과 마놀린은 거의 동시

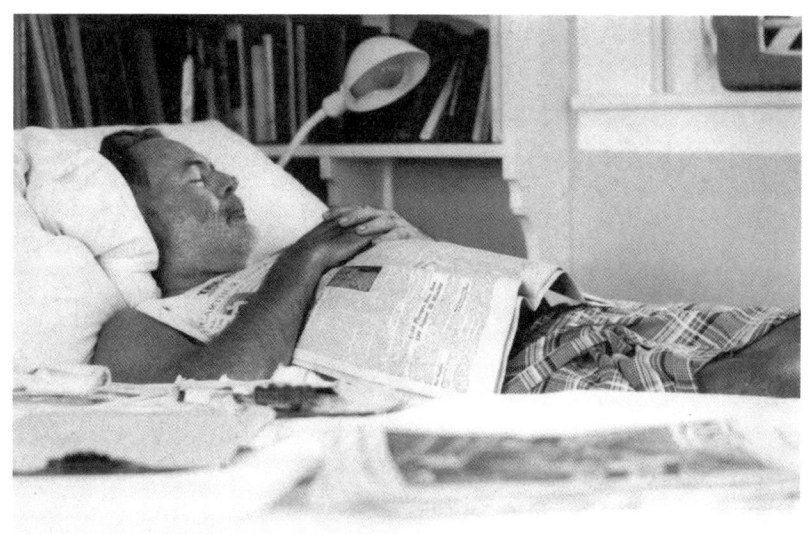

『노인과 바다』에서 산티아고 노인은 사자 꿈을 꾼다고 했다. 헤밍웨이가 책이나 신문을 읽다가 스르르 잠들면 사람들은 그가 무슨 꿈을 꾸는지 궁금해했다.

에 나타난다.

산티아고가 두 번째로 사자를 꿈꾸는 것은 청새치와 사투를 벌일 때다. 청새치가 처음 몸을 드러낸 직후 그는 고기가 제발 잠을 자줬으면 좋겠다고 생각한다. 그러면서 "그래야 나도 잠을 잘 수 있고, 또 사자 꿈도 꿀 수 있을 텐데. 도대체 왜 사자들만 머릿속에 남아 있는 것일까?"라고 혼잣말한다.

그런 다음 노인은 길게 뻗은 노란 해변이 나오는 꿈을 꾸기 시작했는데 처음에 사자 한 마리가 이른 새벽 어두컴컴한 바닷가로 내려오더니, 이어 다른 사자들도 뒤따라 나타나기 시작했다. 그가 탄 배가 뭍에서 불어오는 저녁 미풍을 받으며 닻을 내리고 있었고, 그는 이물의 널빤지에 턱을 괴고 있었다. 더 많은 사자가 나타나지는 않는지 보려고 기다리는 동안 그는 기분이 자못 흐뭇했다.

위 인용문에서 눈여겨봐야 할 것은 꿈속 해변에 여러 마리 어린 사자가 떼를 지어 나타난다는 점이다. 물론 처음에는 한 마리가 나타나지만, 뒤따라 여러 마리가 나타난다. 산티아고는 고기잡이를 떠나기 전 꿈을 꿀 때에도 "저녁 무렵이면 해안을 따라 어슬렁거리는 사자들을 보곤 했어."라고 말한다. 이렇게 꿈속에서 어린 사자는 언제나 단수가 아니라 복수로 떼를 지어 나타난다. 산티아고는 사자의 개별성보다는 집단성에 주목한다. 그러고 보니 "그는 기분이 자못 흐뭇했다."라는 마지막 문장도 예사롭지 않다. 떼를 지어 해변에서 노니는 어린 사자들은 그에게 잃어버린 젊음과 꿈 그리고 희망뿐 아니라, 유대 의식이나 상호 의존 정신을 일깨워 주기 때문이다.

산티아고가 마지막으로 사자 꿈을 꾸는 것은 항구에 도착한 뒤 판잣집에서 쓰러져 곤히 잠들었을 때다. 『노인과 바다』가 끝나는 이 마지막 장면에서 화자는 "길 위쪽의 판잣집에서 노인은 다시금 잠을 자고 있었다. 얼굴을 파묻고 엎드려 여전히 잠을 자고 있었고, 소년이 곁에 앉아서 그를 지켜보고 있었다. 노인은 사자 꿈을 꾸고 있었다."라고 말한다. "두 팔을 쭉 뻗고 손바닥을 위로 펼친 채 신문지에 얼굴을 파묻고" 잠을 자는 그의 모습은 지금까지 여러 비평가가 지적했듯이 골고다 언덕 위 십자가에 못 박혀 있는 예수 그리스도의 모습과 여러모로 비슷하다.

산티아고가 유대 의식이나 상호 의존의 소중함을 깨닫는 데 야구도 중요한 구실을 한다. 평소 헤밍웨이는 미국의 국민 경기라고 할 야구를 무척 좋아하였다. 그래서 그가 여러 작품에서 야구를 언급하거나 비유적인 의미로 사용하는 것은 그리 놀라운 일이 아니다. 『노인과 바다』에서 그는 인간의 유대 의식이나 상호 의존을 보여 주는 상징으로 사용한다. 그가 역시 좋아하고 작품에 즐겨 다루는 투우나 사파리 사냥 또는 낚시와 달리 야구는 고도로 발달한 팀 스포츠다. 한마디로 야구는 '협동의 스포츠'라고 할 수 있다. 야구에서는 개인 선수가 아무리 경기를 잘해도 다른 선수들의 협력 없이는 승리할 수 없다. 인기 선수의 화려한 개인기에 의존하지 않고, 경기장에 나서는 아홉 명의 선수는 물론이고 코칭스태프와도 함께 힘을 모아 완벽한 연대를 이룰 때 비로소 승리할 수 있다. 그래서 요즈음 경영학에서는 야구를 회사 경영과 비교하곤 한다. 희생정신, 협동정신, 위기에 대처하는 능력, 타인과의 유대 관계 등을 깨치는 과정에서 야구는 회사 경영과 크게 다르지 않기 때문이다.

산티아고는 청새치와 씨름하면서도 좀처럼 야구 생각을 뇌리에서 떨쳐 내지 못한다. 그는 현대 문명이 만들어낸 기계를 싫어하면서도 휴대용 라디오만은 가지고 싶어 한다. 배에 가지고 다니면서 고기를 잡을 때 언제나 야구 중계를 들을 수 있기 때문이다. 이렇듯 야구는 강박관념처럼 늘 그의 뇌리에서 맴돈다. 마놀린도 산티아고 못지않게 야구를 좋아한다. 한번은 산티아고가 그에게 "우리 아프리카 이야기를 할까, 아니면 야구 이야기를 할까?"라고 묻자, 마놀린은 대뜸 "야구 이야기가 좋겠어요."라고 대답한다.

산티아고는 미국의 여러 프로 야구 선수 중에서도 조지프 폴 디마지오를 가장 좋아한다. 1936년에서 1951년까지 뉴욕 양키스 팀에서 외야수로 활약한 디마지오는 그에게 우상과 다름없다. 한번은 마놀린이 그에게 클리블랜드의 인디언스 팀이 승산 있다고 말하자 산티아고는 곧바로 "얘야, 양키스 팀을 믿어라. 그 훌륭한 디마지오 선수가 있잖니."라고 말한다. 이렇게 산티아고가 디마지오를 좋아하는 데에는 그럴 만한 까닭이 있다. 물론 그의 아버

『노인과 바다』에서 주인공 산티아고가 제일 좋아하는 뉴욕 양키스의 야구 선수 조 디마지오.

지가 자신처럼 가난한 어부였다는 사실도 한몫한다. 그러나 무엇보다 그가 어느 선수보다도 협동에 능란하기에 그를 좋아하는 것이다. 개인의 기량이나 타율로 말하자면 그보다 뛰어난 선수들이 없지 않았다. 가령 보스턴 레드삭스 팀의 테드 윌리엄스도 그런 선수 중의 한 사람이다. 그러나 팀플레이어로서 역량을 발휘하여 야구팬들에게서 사랑과 존경을 받은 선수로는 역시 디마지오가 첫손가락에 꼽힌다. 그리고 산티아고는 디마지오가 발꿈치에 '뼈돌기'라는 핸디캡이 있으면서도 자신의 능력을 유감없이 발휘한다는 점에 더욱 감탄한다. 청새치와 사투하면서 산티아고는 "발뒤꿈치에 뼈돌기가 박혀 있으면서도 그것을 참고 최후까지 멋지게 승부를 겨루는 저 훌륭한 디마지오 못지않은 사람이 되어야지."라고 생각한다. 연대 의식을 깨닫는 산티아고에게 디마지오는 본받아야 할 롤모델인 셈이다.

7. 녹색 소설로서의 『노인과 바다』

고전의 반열에 오른 문학 작품은 시대마다 새롭게 읽힌다는 말이 있다. 고전은 세월의 풍화작용을 받지 않는 작품이지만, 새로운 독자에게 늘 새로운 의미로 해석되는 작품이기도 하다. 이러한 독서 체험은 심지어 같은 독자에게서도 발견할 수 있다. 똑같은 고전 작품이라도 젊은 시절에 읽었을 때와 나이가 들어서 읽었을 때 그 의미가 다를 수밖에 없다. 출간된 지 무려 60년이 지난 『노인과 바다』도 예외가 아니다. 어느 때보다도 환경이나 생태계의 위기가 중요한 의제로 떠오른 오늘날, 독자들은 이 소설에서 자연에 대한 새로운 의미를 발견하게 된다. 이러한 문제가 지금처럼 첨예하게 부각하지 않았던 1950년대 초엽에 헤밍웨이가 인간 중심주의에 회의를 품고 자연 친화적인 태도를 보였다는 사실이 무척 흥미롭다.

산티아고의 자연 친화적인 태도는 우선 삶의 터전인 바다를 바라보는 그의 시각에서 엿볼 수 있다. 바다를 뜻하는 스페인어는 같은 로망스어 계통에 속하는 프랑스어나 이탈리아어와 다르다. 프랑스에서 바다라는 뜻의 낱말 mer는 여성형이므로 여성형 정관사 la를 붙여 '라 메르(la mer)'라고 하지만, 이탈리아어에서는 남성형이므로 '일 마레(il mare)'라고 한다. 그러나 스페인어에서는 바다를 지칭하는 여성형 명사도 있고 남성형 명사도 있다. 즉 '라 마르(la mar)'라고도 하고 '엘 마르(el mar)'라고도 한다. 그런데 산티아고는 바다를 언제나 여성형으로 인식하여 '라 마르'라고 부른다. "장미는 어떤 이름으로 불러도 그 아름다운 향기는 변함없다."라고 한 윌리엄 셰익스피어의 말에 속아서는 안 된다. 대상을 어떠한 이름으로 부르느냐에 따라 그 대상에 대한 태도가 달라지기 때문이다.

노인은 바다를 늘 '라 마르'라고 생각했는데, 이는 이곳 사람들이 애정을 가지고 바다를 부를 때 사용하는 스페인 말이었다. 물론 바다를 사랑하는 사람들도 바다를 나쁘게 말할 때가 있지만, 그럴 때조차 바다를 언제나 여자인 것처럼 불렀다. (……) 노인은 늘 바다를 여성으로 생각했으며, 큰 은혜를 베풀어 주기도 하고 빼앗기도 하는 무엇이라고 말했다. 설령 바다가 무섭게 굴거나 재앙을 끼치는 일이 있어도 그것은 바다로서도 어쩔 수 없는 일이려니 생각했다. 달이 여자에게 영향을 미치는 것처럼 바다에도 영향을 미치지, 하고 노인은 생각했다.

생태와 환경에 대한 의식이 강한 민족은 대부분 온갖 곡식을 길러 인간에게 풍요와 다산을 안겨 주는 땅을 여성으로 간주한다. 여성 중에서도 특히 자식을 낳아 기르는 어머니에 빗대곤 한다. 아메리카 인디언을 비롯한 여러 민족은 아직도 땅을 '어머니 대지'나 '대지의 어머니'라고 부른다. 굳이 먼 데서 예를 찾을 것도 없이 우리 민족도 예부터 대지를 어머니처럼 숭배하였다. 우리 대지의 여신이라고 할 삼신할망(삼승할망)이 바로 그 좋은 예라고 할 수 있다. '할망'이란 본디 한어머니, 즉 큰 어머니를 뜻하였다.

산티아고에게 대지는 물론이고 바다도 여성, 더 나아가 자애로운 어머니다. 그는 바다가 "큰 은혜를 베풀어 주기도 하고 빼앗기도 하는 그 무엇"이며 때로 무서운 풍랑을 일으켜 인간에게 해를 끼치더라도 어쩔 수 없는 일이라고 생각한다. 여성이 달의 영향을 받듯이 바다도 달의 영향을 받기 때문이라는 것이다. 인간이 대지의 젖을 빨고 살아가듯이 바다에서 온갖 자양분을 섭취하며 살아간다. 산티아고처럼 대지와 바다를 자애로운 어머니로 여긴다면 자연에 대한 인간의 태도는 달라질 수밖에 없다. 자연을 훼손하는 것은 곧 어머니를 해치는 존속상해요 궁극적으로 어머니를 죽이는 친족 살해와 다르지 않기 때문이다.

한편, 산티아고와 대척적인 위치에 있는 몇몇 젊은 어부는 자연과 조화와 균형을 이루며 살아가는 그와 달리 바다를 남성으로 간주해 '엘 마르'라고 부른다. 산티아고와 같은 어촌에 살면서 고기를 잡아도 그들 젊은 어부의 태도는 사뭇 다르다.

젊은 어부들 가운데 몇몇 낚싯줄에 찌 대신 부표를 사용하고 상어 간을 팔아 번 큰돈으로 모터보트를 사들인 부류들은 바다를 '엘 마르'라고 남성형으로 부르기도 했다. 그들은 바다를 두고 경쟁자, 일터, 심지어 적대자인 것처럼 불렀다.

낚싯줄과 낚시 그리고 미끼를 사용해 전통적인 방법으로 고기를 잡는 산티아고와 달리, 그들은 낚시에 기술과 기계를 도입하여 생산성을 높인다. 이 작은 어촌에도 기계 문명이 들어온 것이다. 고기를 편리하고 쉽게 많이 잡을 수만 있다면 그들은 어떠한 방법도 마다치 않는다. 그런데 문제는 이것이 단순히 고기를 잡는 방법의 차이가 아니라는 데 있다. 그것은 곧 세계관의 차이요 자연을 대하는 태도의 차이다. 부표나 모터보트가 상징하듯이 젊은 세대 어부들은 자연을 지배와 종속, 착취의 대상으로 여긴다. 위 인용문에서 눈여겨볼 것은 젊은 어부들이 바다를 남성형으로 부르면서 "경쟁자, 일터, 또는 심지어 적대자인 것"처럼 부른다는 점이다. 산티아고가 바다를 "큰 은혜를 베풀어 주는" 자애로운 어머니로 부르는 것과는 천양지차다. 산티아고에게 바다는 일터일망정 경쟁자나 적대자는 절대 아니었다. 이 '일터'라는 말도 산티아고와 젊은 어부들이 이해하는 의미가 서로 다르다. 산티아고에게 일터는 생계를 유지하기 위한 삶의 터전을 뜻하지만, 젊은 세대에게 일터는 이익을 추구하는 장소를 뜻한다.

이러한 점에서 젊은 어부들은 이성과 합리성의 자식이라고 할 수 있을 것이다. 자연과 친화적인 관계를 맺고 있지도 않고, 자연의 피조물에 관해서도 관심이 없는 그들은 인간과 자연을 이항 대립적으로 파악한다. 즉, 인간은 주체요 동일자인 반면 자연은 객체요 타자다. '문명'이라는 것은 엄밀히 따져 보면 자연을 조직적으로 지배하고 정복하고 착취한 결과물이다. 그 지배나 정복 또는 착취가 정교할수록 문명의 순도는 그만큼 높아진다. 젊은 어부들이야말로 과학과 기술의 이름으로 자연을 훼손하고 오염하여 오늘날 인류가 겪는 위기를 불러온 세대를 상징한다고 할 수 있다.

『노인과 바다』에서 헤밍웨이는 또 다른 관점에서 생태 문제를 주제로 다룬다. 산티아고와 청새치의 끈질긴 싸움을 보면 얼핏 이 작품은 적대적이거나 냉혹하거나 무관심한 자연에 맞서 투쟁하는 인간의 모습을 그렸다고 생각하기 쉽다. 미국 소설가 중에서 스티븐 크레인이나 잭 런던 같은 자연주의 작가들은 실제로 여러 작품에서 이러한 주제를 다루었다. 그러나 헤밍웨이는 자연주의 작가들과는 조금 다르다. 그는 인간과 자연의 투쟁이 아니라 인간과 자연의 친화적 관계, 인간이 자연 속에서 조화롭게 살아가는 모습을 다룬다고 말하는 편이 옳을 것이다. 젊은 어부들과 달리 산티아고는 인간(주체)과 자연(객체)을 대립적으로 보지 않는다. 그에게 인간은 자연의 일부, 생태계의 중요한 구성 요소일 뿐이다. 인간과 자연은 마치 육체와 영혼의 관계처럼 서로 떼어서 생각할 수 없다. 육체를 영혼에서 분리하는 순간 사멸하듯이 인간도 자연에서 분리되자마자 그 존재 이유를 상실하기 때문이다.

산티아고는 바다에 사는 온갖 생물에 깊은 관심과 애정을 기울인다. 종류나 크기에 상관없이 바다에 사는 동물은 하나같이 그의 다정한 친구요 한 부모에서 태어난 형제다. 예를 들어 그는 "날치를 무척이나 좋아하여 날치를 바다에서는 가장 친한 친구로 생각했다."라고 말할 정도다. 또한, 그는 바닷새들을 가여워하고, 그중에서도 늘 날아다니며 먹이를 찾지만 거의 허탕만 치는 작고 연약한 제비갈매기를 특히 가엽게 여긴다. 산티아고는 "새들은 우리 인간보다 더 고달픈 삶을 살고 있구나."라며 측은해하고 "이런 대단한 새나 짐승과 비교해 보면 인간이란 그리 대단한 게 못 돼."라고 성찰하기도 한다.

산티아고에게는 휘파람새도 친구다. 휘파람새 한 마리가 북쪽에서 조각배를 향해 날아와 낚싯줄에 앉아 잠시 쉬는 모습을 보고 그는 마치 어린아이에게 묻듯이 다정하게 말을 건넨다. "너 몇 살이냐? 이번 여행이 첫 나들이인 거야?" 휘파람새가 가냘픈 발가락으로 낚싯줄을 움켜잡자 그는 새에게 "줄은 튼튼해. 아주 단단하다고. 간밤에는 바람 한 점 없었는데 그렇게 지쳐서야 되겠니."라고 말하면서 안쓰러워한다.

물론 여기에도 예외는 있다. 산티아고는 물속에서 치명적인 자줏빛 세포사를 길게 늘어뜨린 채 유유히 떠다니며 먹이를 잡아먹는 고깔해파리를 몹시 싫어한다. 이 생물을 보자 그는 "아구아 말라로구나. 갈보 년 같으니라고."라고 욕을 내뱉는다. 겉모습은 무지갯빛처럼 아름답지만, 속에는 치명적인 독을 품고 있기 때문이다. 그래서 그는 큼직한 바다거북이 고깔해파리를 먹어 치우는 모습을 보면 기분이 좋다. 또 폭풍우가 지나가고 나서 해안으로 떠밀려 온 고깔해파리를 밟으며 걸을 때 나는 푹푹 소리를 좋아한다.

산티아고는 심지어 자기가 잡은 청새치에 대해서도 미안하게 생각한다. 젊은 어부들과 달리 그는 자신이 낚는 고기를 적대자나 경쟁자로 보지 않기 때문이다. 비록 청새치를 죽이기는 해도, 연민을 느낀다. 예를 들어 자신은 다랑어라도 잡아 허기를 채웠지만, 꼬박 사흘 동안이나 아무것도 먹지 못한 채 자신과 사투를 벌이고 있는 청새치가 불쌍하다는 생각마저 든다. 산티아고는 청새치를 '친구'로 간주하는가 하면, 또 어떤 때는 '형제'라고 부르기도 한다. 그는 "하기야 저 고기도 내 친구이긴 하지. (……) 저런 고기는 여태껏 본 적도, 들어본 적도 없어. 하지만 나는 저놈을 죽여야만 해."라고 말한다. 또 산티아고는 "고기야, 네놈이 지금 나를 죽이고 있구나."라고 생각하면서도 "하지만 네게도 그럴 권리는 있지. 한데 이 형제야, 난 지금껏 너보다 크고, 너보다 아름답고, 또 너보다 침착하고 고결한 놈은 보지 못했구나. 자, 그럼 이리 와서 나를 죽여 보려무나. 누가 누구를 죽이든 그게 무슨 상관이란 말이냐."라고 말하기도 한다. 심지어 청새치를 성자(聖者)에 빗대어 "눈은 잠망경의 반사경처럼, 행렬에 끼어 걸어가는 성자의 눈처럼 초연했다."라고 묘사하기도 한다.

그렇다면 산티아고가 온갖 희생을 무릅쓰고 청새치를 잡는 행동을 어떻게 설명하여야 할까? 한마디로 그것은 자연의 질서에 따른 행동일 뿐이다. 자연 속에서 식물과 동물은 서로 먹고 먹히며 살아간다. 이러한 자연의 법칙은 생태계를 유지하는 기본 원칙이다. 인간은 물고기를 죽이지 않고서는 살아갈 수 없다. 예를 들어 인간은 청새치를 잡아먹고 살아가고, 청새치는 고등어나 청어 같은 작은 물고기를 먹고 살아가고, 고등어나 청어는 새우 같은 갑

각류를 먹으며 살아간다. 새우는 규조류 같은 식물성 플랑크톤을 먹고 살아가고, 동물성 플랑크톤은 식물성 플랑크톤을 먹고 살아간다. 이것이 곧 해양생태계의 먹이 피라미드다. 산티아고는 "이 세상의 모든 것은 어떤 형태로든 다른 것들을 죽이고 있어."라고 생각한다. 여기서 그는 포식자와 먹이의 관계를 말하고 있다. 본디 청새치를 먹고 살아가는 상어가 산티아고가 잡은 청새치를 뜯어 먹는 것도 먹이 사슬의 관점에서 보면 지극히 당연한 일이다.

청새치를 뱃전에 동여매고 항구로 돌아오는 장면에서는 누가 어부(인간)이고 누가 고기(자연)인지 구별할 수 없다. 앞서 포식자와 먹이의 관계를 언급했지만, 이 장면에서는 그 둘이 하나가 되어 구분하기가 여간 어렵지 않다. 산티아고는 "우리는 지금 마치 형제처럼 항해하고 있지 않은가."라고 생각하면서 누가 누구를 항구로 끌고 가는지 모르겠다고 중얼거린다.

고기가 나를 데려가는 건가, 아니면 내가 고기를 데려가는 건가, 하고 그는 생각했다. 만약 내가 고기를 뒤에 두고 끌고 가고 있는 것이라면 아무런 문제가 없어. 고기 놈이 모든 위엄을 잃어버린 채 지금 배 안에 있다고 해도 역시 아무런 문제가 없지. 하지만 고기와 배는 지금 서로 묶인 채 나란히 항해하고 있는 중이야. 만약 고기 놈이 나를 데리고 가는 거라면 그렇게 하라지, 하고 그는 생각했다. 내게는 꾀가 있어 내가 저놈보다 나은 것일 뿐 저놈은 내게 아무런 적의도 품고 있지 않았거든.

산티아고가 형제처럼 사랑하고 존중하는 것은 비단 바다에 사는 동식물만이 아니다. 심지어 하늘에 떠 있는 별과 달과 해와 같은 무생물에도 생명이 있다고 생각한다. 청새치와 싸우면서 정신을 바짝 차려야 한다고 다짐

하면서 그는 "(내 정신은) 나와 형제 사이인 별처럼 맑아. 하지만 잠은 역시 자야 해. 별도 잠을 자고 달과 해도 잠을 자지 않는가. 심지어는 조류(潮流)가 없이 아주 조용한 날이면 드넓은 바다도 가끔 잠을 잘 때가 있지."라고 생각한다. 무생물도 인간처럼 잠을 잔다고 믿는 그의 물활론적 상상력이 매우 신선하다. 이처럼 새한테 말을 걸고 천체도 잠을 잔다고 생각하는 산티아고는 12~13세기 이탈리아의 아시시에서 살았던 성 프란체스코를 떠올리게 한다. 일찍이 동물과 대화하는 능력을 보였던 아시시의 성인은 별과 달과 해는 물론이고 바람과 구름까지도 형제로 불렀다.

자연에 대한 헤밍웨이의 태도는 궁극적으로 앞서 언급한 인간의 연대의식이나 상호 의존 정신과 같은 맥락에 있다. 인간에 대한 이러한 이해가 '자연'이라는 근원적인 범주로 확대된 것이 곧 그의 자연관이기 때문이다. 마지막 작품인 『노인과 바다』에 이르러 헤밍웨이는 인간세상의 문제를 넘어서 자연에 주목하고 관심을 기울인다. 초기 작품 『태양은 다시 떠오른다』와 『무기여 잘 있어라』에서 보여준 개인주의는 『유산자와 무산자』와 『누구를 위하여 종을 울리나』에서 공동체 의식으로 발전하고 『노인과 바다』에 와서 이제 마침내 우주의 모든 개체와 종을 아우르는 가장 높은 단계에 도달했던 것이다.

8. 형식과 스타일의 바다

『노인과 바다』에서 어니스트 헤밍웨이는 내용이나 주제의 측면과 아울러 형식과 스타일에서도 이전 작품들의 연장선에서 독특한 방법을 전개한다. 빙산 이론에 근거해 감정을 응축하고 억제하여 표현하는 '언더스테이트먼트' 기법, 간결하고 명징하여 박진감 넘치는 문장을 구사하는 하드보일드 스타일, 그리고 리얼리즘 전통에 굳건히 서 있으면서도 이미지와 상징을 효과적으로 구사하는 방법 등 그의 문학적 트레이드마크라고 할 만한 특징들이 이 작품에서 더욱 찬란하게 빛을 발한다. 윌리엄 포크너가 일찍이 아무런 유보 없이 『노인과 바다』를 헤밍웨이 '최고의 걸작'이라고 찬사를 아끼지 않은 까닭도 바로 여기에 있다. 이 작품에 대해 포크너는 "이번에는 그는 신, 즉 창조자를 찾아냈다."라고 평가하였다.

헤밍웨이는 빙산을 예로 들면서 훌륭한 소설가라면 감정을 헤프게 드러내지 않고 절제해 그 일부만을 드러내면서 나머지 감정을 표현할 줄 알아야 한다고 주장한다. 실제로 그의 단순하고 소박한 문장은 겉으로 보이는 것보다 훨씬 더 함축적이고 의미심장하다. 이러한 예를 『노인과 바다』에서도 쉽게 찾아볼 수 있다. 앞서 언급했듯이 자연에 대한 태도와 관련해 아바나 근교 어촌의 어부를 두 부류로 나눌 때 언뜻 보면 단순히 바다를 '라 마르'라고 부르는 어부들과 '엘 마르'라고 부르는 어부들의 두 부류로 구분 짓는 것 같지만, 실제로는 삶의 방식에서 자연관에 이르기까지 세계관에 따라 어부들을 나눈 셈이다.

　헤밍웨이 특유의 하드보일드 스타일은 『노인과 바다』 곳곳에서 엿볼 수 있다. 그는 고대 그리스어나 라틴어에서 갈라져 나온 긴 음절 어휘보다는 앵글로색슨 계통의 짧고 단순하고 순수한 토박이말의 매력을 한껏 살려 구사한다. 문장 구성도 관계대명사로 길게 연결하는 복잡한 복문을 피하고 되도록 직접적인 단문이나 중문을 사용한다. 또 묘사 방법도 사실에 바탕을 두되 구체적인 이미지를 살려 독자들이 실제로 장면을 눈앞에서 보는 것처럼 생생하게 묘사한다.

　헤밍웨이가 구사하는 하드보일드 문장은 주인공 산티아고가 사는 판잣집처럼 이렇다 할 장식이 없이 무척 소박하다. 소박하다 못해 빈약하다고 할 수 있을 정도다. 헤밍웨이는 "산문이란 실내 장식이 아니라 건축이다. 그리고 바로크 건축 양식은 이제 끝이 났다."라고 주장한다. 그의 말처럼 이 작품의 문체는 화려한 실내 장식이 아니라 건축이며, 건축 중에서도 베르사유 궁전 같은 바로크 건축이 아니라 뉴욕의 록펠러센터 빌딩 같은 모더니즘 건축이다. 모더니즘 건축 양식이 그러하듯이 헤밍웨이 문체는 형식보다 기능에 무게를 싣기에 힘차고 강렬한 인상을 준다.

　마침내 노인은 돛대를 내려놓고 자리에서 일어섰다. 다시 돛대를 집어 어깨에 메고 길 위쪽으로 올라가기 시작했다. 판잣집에 도착할 때까지 노인은 다섯 번이나 쉬어야 했다.

　위 인용문에서도 볼 수 있듯이 헤밍웨이는 좀처럼 복문은 사용하지 않고 오직 단문을 사용하거나 단문을 접속사를 사용하여 연결하는 중문을 사용한다. 번역문에서는 잘 드러나지 않지만, 그는 등위접속사 'and'를 첫 문장에서 한 번, 두 번째 문장에서 두 번 사용하고, 세 번째 문장에서는 종속접속사 'before'를 한 번 사용할 뿐이다. 관계대명사는 눈을 씻고 봐도 찾아볼 수 없다. 모더니즘 건축가들이 철근과 유리로 건물을 짓듯이 헤밍웨이는 이 두 접속사로써 문장의 집을 짓는다. 이러한 점에서 헤밍웨이는 동시대 작가 윌리엄 포크너와는 크게 다르다. 포크너의 문체는 바로크 건축 양식을 떠올릴 만큼 문장의 길이도 길고 수사적이고 화려하기 그지없다. 어떤 문장은 반 페이지 또는 심지어 한 페이지를 넘어가기도 하여 독자들은 두 번 세 번 읽어야 비로소 그 뜻을 이해할 수 있다. 헤밍웨이였다면 포크너의 한 문장을 다섯 문장 이상으로 썼을 것이다.

　헤밍웨이가 이렇게 짧고 힘찬 문체를 구사하는 방법을 익힌 것은 작가가 되기 전 신문기자로 생활한 경력과 깊은 연관이 있다. 『캔자스시티 스타』 스타 수습기자 시절 그는 신문기사 집필 요령에 따라 엄격한 훈련을 받았고, 『토론토 스타』의 기자 시절에도 기사문 스타일의 글쓰기를 계속하였다. 또 프랑스 파리로 건너가 작가 수업을 받으면서도 해외 특파원 자격으로 저널리즘과 관계를 맺고 있었다. 신문 기사를 작성할 때에는 육하원칙에 따라 사실을 객관적으로 보도하는 것이 가장 중요하고 결정적인 기준이다. 물론 그렇다고 그가 단순히 신문 기사를 쓰듯이 소설을 썼다는 말은 아니다. 그는 저널리즘 문체처럼 단순하고 강건한 문장을 구사하되 이미지나 상징 또는 모티프 등을 도입하고 적절한 수사법을 구사하여 때로는 시와 같은 간결한 글을 통해 감동을 이끌어 낸다. 독일 문호 요한 볼프강 폰 괴테의 자서전 제목인 '시와 진실'에 빗대어 말하자면, 헤밍웨이는 '진실'과 '시' 두 가지 중에서 어느 한쪽을 택하기보다는 양쪽에 똑같이 관심을 기울였다고 할 수 있다.

소설에서 시적 장치나 기법을 효과적으로 구사한다는 점에서 헤밍웨이는 단순히 자연주의자나 사실주의자로 분류될 수 없다. 어떤 면에서 상징주의자요 이미지스트로 볼 수도 있다. 물론 그는 의도적으로 이미지나 상징을 사용하지는 않는다. 노벨 문학상을 받은 직후 1954년 미국의 시사 잡지『타임』과의 인터뷰에서 헤밍웨이는 "어떤 훌륭한 책도 작가가 미리 상징을 염두에 두고 쓴 적이 없다. (……) 나는 진짜 노인과 진짜 소년, 진짜 바다, 그리고 진짜 물고기와 진짜 상어들을 그리려고 애썼다. 그러나 만약 내가 충실히 제대로 그려 냈다면 그것들은 많은 것을 의미할 것이다."라고 말하였다. 또한, 미국의 르네상스 시대 역사가 버나드 버렌슨에게 쓴 편지에서도 이 작품에는 아무런 상징도 없다고 말하면서 "바다는 바다일 뿐이다. 노인은 노인일 뿐이다. 소년은 소년일 뿐이고, 물고기는 물고기일 뿐이다. 상어는 상어일 뿐 그 이상 그 이하도 아니다. 사람들이 말하는 모든 상징은 허섭스레기 같은 것이다."라고 밝혔다. 헤밍웨이의 말대로 그의 작품에서 상징이나 이미지 같은 형식은 단순히 실내 장식품처럼 작품이라는 집을 꾸며 주는 것이 아니라 작품의 내용이나 주제와 분리할 수 없을 만큼 서로 유기적으로 결합되어 있다.

　예를 들어 헤밍웨이는 작중 인물의 이름에조차도 상징성을 부여하였다. 가령 주인공 산티아고(Santiago)의 이름은 예수 그리스도의 열두 제자 중 한 사람인 성(聖) 야고보(성 제임스)를 스페인어로 표기한 것이다. 제베대오의 아들인 야고보는 사도 요한과 형제 관계다. 또 다른 사도인 알패오의 아들 야고보와 이름이 같으므로 혼동을 피하고자 흔히 '대(大)야고보'라고도 부른다. 야고보는 동생 요한과 함께 아버지를 도와 갈릴리 호숫가에서 어부로 일하다가 예수를 만나 같은 직업을 가진 베드로, 안드레아와 함께 그의 부름을 받았다. 「마태복음」에 따르면 예수의 부름을 듣자 그들은 곧 배를 버리고 아버지를 떠나 예수를 따라갔다. 야고보는 회화에서 흔히 말을 타고 한 손에는 순례자의 종을, 다른 손에는 칼을 들고 무어인을 무찌르는 모습으로 그려져 있다. 그는 스페인과 과테말라와 니카라과의 수호성인이며 적어도 고기를 낚는 어부라는 점에서 산티아고와 야고보는 같다.

본디 마놀린은 헤밍웨이가 코히마르 어촌 카페 주인 아들인 마놀리토를 모델로 삼아 창조한 인물이다. 산티아고를 따르는 충실한 사도라고 할 마놀린(Manolin)은 스페인어로 상어를 뜻하는 '마노'와 빛난다는 뜻의 '린'이 결합하여 '눈부시게 아름다운 상어'를 의미한다. 얼핏 산티아고가 목숨을 걸고 잡은 청새치를 뜯어 먹는 상어를 연상하게 되어 부정적인 의미를 지니고 있는 것 같지만 실제로는 꼭 그렇지도 않다. 마놀린은 상어라도 자태가 아름답게 빛나는 상어다. 무엇보다도 바다와 관련 있고, 스승인 산티아고에게 도전할 힘과 용기를 불어넣는 이름이기도 하다. 산티아고는 어부들이 선구를 맡겨 두는 판잣집의 커다란 드럼통에서 날마다 상어의 간유를 한 잔씩 마신다. 상어의 간유는 감기와 독감에도 효력이 있고 눈에도 좋기 때문이다. 마놀린은 산티아고에게 힘과 용기를 불어넣어 준다는 점에서 상어의 간유 같은 역할을 한다고 볼 수 있다.

마을에서 가게를 운영하면서 산티아고에게 검정콩 밥을 비롯해 바나나 튀김과 스튜 같은 음식을 만들어 주는 마르틴(Martin)의 이름도 예사롭지 않다. 마르틴은 성(聖) 마르탱의 이름에서 따온 것이다. 성 마르탱은 평생 가난한 사람들을 위해 헌신한 사제로 유명하다. 평소 자비심과 동정심이 많았던 그는 자신이 소유한 모든 물건을 가난하고 불쌍한 사람들에게 나누어 주었다. 군에 입대하여 갈리아의 아미앵에 파견되었을 때 그는 몹시 추운 어느 겨울날 도시의 성문에서 몸에 걸친 것이 거의 없이 추위에 벌벌 떨고 있는 가난

「성 마르탱과 거지」, 엘 그레코, 98 x 191cm, 1597~1599, 워싱턴 국립미술관 소장.

한 거지 한 사람을 만났다. 이 불쌍한 거지를 보자 마르탱은 곧 자신이 입고 있던 외투를 벗어 칼로 두 동강이 내어 한쪽은 그에게 주고 다른 한쪽은 자기 몸에 걸쳤다. 마르탱이 걸친 반 토막 외투는 뒷날 유명한 성보(聖寶)가 되어 프랑크족 왕들의 기도실에 보관되었다. 프랑스어로 '샤펠(chapelle)' 또는 영어로 '채플(chaple)'이라고 부르는 예배당은 다름 아닌 성 마르탱의 외투에서 온 말이다. 16세기 스페인 화가 엘 그레코가 그린「성 마르탱과 거지」는 바로 이 일화를 형상화한 작품이다.

앞서 사자와 야구를 예로 들었지만『노인과 바다』에는 기독교적인 상징이나 이미지가 중요한 위치를 차지한다. 산티아고는 여러모로 예수 그리스도와 닮은 인물로서 그가 청새치를 잡는 장면은 그리스도의 십자가 처형 장면을 떠올리게 한다. 예를 들어 산티아고가 낚싯줄을 힘껏 잡아당기다가 손바닥에 상처가 날 때 예수가 십자가에 못 박히는 장면을 연상하는 독자가 적지 않을 것이다. 상어 떼의 공격을 받을 때에도 산티아고는 십자가에 매달린 채 손바닥에 못이 박힐 때 그리스도가 질렀던 것과 같은 비명을 지른다.

"아!" 노인이 큰 소리로 외쳤다. 이 외침 소리는 다른 어떤 말로도 옮겨 놓을 수 없었다. 손바닥을 뚫고 널빤지에 못이 박히는 것을 느낄 때 무의식적으로 지르는 그런 소리라고나 할까.

이 소설의 화자가 다른 어떤 말로도 옮겨 놓을 수 없다고 하는 "아!"라는 외침은 원본 텍스트에 스페인어 감탄사 'Ay'로 표기되어 있다. 이 감탄사는 영어의 "Ah"나 "Oh", 한국어의 "아!"나 "아이고!"에 가깝다. "손바닥을 뚫고 널빤지에 못이 박히는 것을 느낄 때"라고 말하는 것을 보면 헤밍웨이는 틀림없이 그리스도의 십자가 처형을 염두에 두었을 것이다. 사흘간의 사투 끝에 항구에 도착한 산티아고가 돛대를 어깨에 걸머메고 넘어지고 쓰러지면서 판잣집이 있는 언덕 꼭대기로 오르는 이미지도 그리스도가 십자가를 걸머메고 골고다 언덕을 오르는 모습을 연상하게 한다. 그리고 판잣집에 도착하여 침대에 두 팔을 벌리고 누워 있는 모습도 십자가에 매달려 고통 받는 그리스도의 모습을 떠올리게 한다. 헤밍웨이는 이러한 기독교적 상징이나 이미지를 빌려 산티아고의 고통과 희생과 겸손을 암시한다. 또한, 상실을 이득으로, 패배를 승리로, 심지어 죽음을 부활로 바꾸는 영웅적 모습을 보여 주기도 한다.

『노인과 바다』 초판본에 실린 C. F. 터니클리프의 삽화. 산티아고가 마놀린과 함께 어구를 나르고 있다.

마지막으로 헤밍웨이는 이 작품에서 이야기하는 방식을 통해 심리적 거리를 확보하는 실험을 시도한다. 이 소설은 "그는 멕시코 만류에서 조각배를 타고 홀로 고기잡이하는 노인이었다."라는 문장으로 시작하여 "노인은 지금 사자 꿈을 꾸고 있었다."라는 문장으로 끝맺는다. 이렇게 작가는 소설의 처음과 끝을 3인칭 전지적 시점에서 기술한다. 육지에서 벌어지는 일을 묘사할 때에는 마치 역사적 사실을 객관적으로 보고하듯이 산티아고와 일정한 거리를 두고 3인칭 전지적 시점에서 기술하는 것이다. 그러나 산티아고가 육지를 떠나 망망대해에서 고기를 잡는 동안 작가는 크게 세 가지 서술 기법을 사용한다. 첫째는 주인공의 혼잣말을 통해 기술하는 방법이다.

"만약 남들이 내가 큰 소리로 혼자 지껄이는 것을 들으면 아마 나를 미쳤다고 하겠지. 하지만 나는 미치지 않았으니 상관없어. 돈 있는 어부들은 배 안까지 라디오를 가지고 와서 이야기도 듣고 또 야구 중계도 듣지." 그가 큰 소리로 말했다.

작가는 산티아고의 혼잣말에도 마놀린과 나누는 대화처럼 큰따옴표를 사용한다. 다만 차이가 있다면 "혼잣말을 했다." 혹은 "자신에게 말했다."라는 표현을 사용할 뿐이다. 독자를 제외하면 그의 혼잣말을 듣는 사람이 아무도 없으므로 연극에 빗대자면 독백보다는 방백에 가깝다.

둘째는 주인공 산티아고의 생각을 그대로 옮겨 놓는 방법이다. 작가는 마치 주인공의 머릿속에 들어간 듯이 그의 생각을 독자에게 전달한다. 이때 작가는 "……, 하고 그는 생각했다."라는 표현을 사용한다. 이 두 번째 방법에서는 작가와 작중 인물 사이의 심리적 거리가 가장 가깝다.

희망을 버린다는 건 어리석은 일이야, 하고 그는 생각했다. 더구나 그건 죄악이거든. 죄에 대해서는 생각하지 말자, 하고 그는 생각했다. 지금은 죄가 아니라도 생각할 문제들이 얼마든지 있으니까. 게다가 나는 죄가 뭔지 아무것도 모르고 있지 않은가.

작가가 사용하는 세 번째 서술 방법은 산티아고가 하는 혼잣말과 생각을 결합하는 것이다. 방백이나 제한된 의식의 흐름 기법을 구사함으로써 작가는 작중 인물과 심리적 거리를 첫 번째 기법과 두 번째 기법의 중간 사이에서 유지할 수 있다.

만약 잘라낼 수 있어 노의 손잡이에다 그것을 잡아맸다면 얼마나 훌륭한 무기가 되었겠는가. 그랬더라면 우리는 함께 싸울 수가 있었을 텐데. 한밤중에 상어 놈들이 다시 공격해 오면 어떻게 하지? 어떻게 할 작정이냐고?

이 세 번째 방법은 흔히 '묘출 화법'이라고도 부른다. 직접화법과 간접화법의 중간에 해당하는 제3의 방법이다. 부사, 시제, 대명사는 간접화법으로 바꾸되 어순만은 직접화법 그대로 유지하기 때문에 생동감 있게 묘사할 수 있다는 이점이 있다. 위 인용문 첫 문장을 첫 번째 기법으로 표현한다면 "'만약 잘라낼 수 있어 노의 손잡이에다 그것을 잡아맸다면 얼마나 훌륭한 무기가 되었겠는가?' 그는 혼잣말을 했다."가 될 것이다. 또 두 번째 기법으로 바꾼다면 "만약 잘라낼 수 있어 노의 손잡이에다 그것을 잡아맸다면 얼마나 훌륭한 무기가 되었겠는가, 하고 그는 생각했다."가 될 것이다.

제6장

단편소설의 미학

　어니스트 헤밍웨이는 오늘날 장편소설 작가로 이름을 크게 떨치고 있지만, 그의 첫사랑은 장편소설이 아니라 단편소설과 시였다. 그가 처음 출간한 『세 편의 단편과 열 편의 시』(1923)는 제목 그대로 단편소설과 시를 한데 모아 놓은 작은 작품집이었다. 시와 산문 소품을 몇 편 발표했을 뿐, 문단 말석도 차지하지 못하고 있던 문학청년 시절 그는 프랑스 디종과 파리의 출판사에서 자비로 이 책을 300부 출간하였다. 지금은 희귀본을 찾는 장서가들에게 무척 인기 있는 책이 되었지만, 그 무렵에는 이렇다 할 주목을 받지 못하였다. 다만 「미시간 북부에서」(1923), 「때늦은 계절」(1923), 「우리 아버지」(1923) 같은 단편소설 세 편만이 비평가로부터 그런대로 주목받았을 뿐, 시는 거의 외면당하였다. 그도 그럴 것이 헤밍웨이는 시인으로서 재능을 타고난 작가는 아니기 때문이다. 어찌 되었든 헤밍웨이는 이 처녀 작품집을 출간하고 나서 시를 포기하고 단편소설과 장편소설에 전력을 기울였다.

윌리엄 포크너(1897~1962).

『더블 딜러』 1922년 6월호.

적어도 이 점에서는 헤밍웨이와 같은 시대에 활약한 작가 윌리엄 포크너도 별반 다르지 않다. 포크너도 처음에는 시에 뜻을 두었다가 마침내 단편소설가와 장편소설가로 탈바꿈하였다. 포크너는 모든 문학 장르 중에서 시를 가장 뛰어나고 엄격한 문학 형태로 간주하였다. 그에게 시는 "감동적인 그 무엇, 절대적인 에센스로 추출한 인간 조건의 열정적인 순간"이었다. 그런가 하면 평소 시를 "너무나 순수하고 너무나 신비스러운" 문학 형태로 간주한 포크너는 보편타당성 있는 인간 경험을 표현하는 데 시만큼 알맞은 문학 양식은 없다고 생각하였다. 1922년 6월 루이지애나 주 뉴올리언스에서 발행하는 문예지『더블 딜러』에 포크너의「초상화」라는 시와 헤밍웨이의「궁극적으로」라는 시가 나란히 실렸다는 사실은 여간 흥미롭지 않다. 이 무렵만 해도 두 작가는 소설가보다는 시인으로 문명(文名)을 떨치고 싶었던 것이다.

포크너는 고등학교를 중퇴한 지 일 년 뒤, 그러니까 1916년경부터 소설가로 탈바꿈하기 바로 직전인 1925년경에 이르기까지 줄잡아 10년 동안 시 창작에 몰두하였다. 뉴올리언스에 잠깐 머물 무렵 그는 미국 문단의 대가 격인 셔우드 앤더슨에게 "내가 셸리처럼 시를 쓸 수만 있다면 얼마나 행복할까요. 만약 그렇게만 된다면 나한테 무슨 일이 일어난들 어떠하겠습니까?"라고 고백한 것으로 전해진다. 이 고백을 보더라도 이 무렵 포크너가 시에 얼마나 깊은 관심을 기울이고 있었는지 잘 알 수 있다. 그러나 결국 포크너는 시인의 꿈을 접고 점차 산문 쪽에 눈을 돌리기 시작하였다. 물론 '실패한 시인'으로 자처하면서도 그는 평생 첫사랑을 잊지 못하는 연인처럼 시에 대한 미련을 떨구지 못한 채 『대리석 목신』(1924)과 『초록 나뭇가지』(1933) 같은 시집을 출간하였다.

헤밍웨이는 포크너보다 시에 대한 미련을 더 일찍이 접고 단편소설과 장편소설을 쓰기 시작하였다. 물론 그가 사망하기 직전 샌프란시스코에 있는 한 출판사가 해적판으로 『헤밍웨이 시 선집』(1960)을 출간하였다. 뒷날 니콜라스 게로지아니스가 헤밍웨이의 시 여든여덟 편을 한데 모아 『어니스트 헤밍웨이: 시 88편』(1979)을 출간하기도 하였다. 그러나 솔직히 말해서 그의 작품은 헤밍웨이의 문학 세계를 이해하는 데에는 조금 도움이 될 수 있을지언정 시 자체로는 이렇다 할 의미가 없다. '시인 헤밍웨이' 운운하면 '소설가 T. S. 엘리엇' 운운하는 것처럼 어딘지 모르게 걸맞지 않아 보인다.

『헤밍웨이 시 선집』(1960)

『어니스트 헤밍웨이: 시 88편』(1979)

1. 시에서 단편소설로

헤밍웨이를 작가의 반열에 올려놓은 1925년 판 『우리 시대에』는 그의 문학에서 여러모로 독특한 위치를 차지한다. 첫째, 이 책에는 그가 창작한 단편 중에서 가장 뛰어난 작품들이 수록되어 있다. 가령 「병사의 고향」과 두 부분으로 되어 있는 「심장이 두 개 달린 큰 강」(1925)은 그의 모든 단편소설을 통틀어서 몇 손가락 안에 꼽을 수 있는 걸작이다. 이 작품들을 창작할 때 헤밍웨이의 나이가 겨우 스물다섯 살이었다는 점을 고려하면 그의 탁월한 문학적 재능을 쉽게 가늠해 볼 수 있다. 이 작품집이 처음 출간되었을 때 그의 부모는 "오물과 같은" 책이라고 깎아내렸지만, 비평가들은 찬사를 아끼지 않았다. 예를 들어 미국의 비평가 에드먼드 윌슨은 이 작품집에 대해 "제일급에 속하는 작품"이라고 격찬해 마지않았다.

둘째, 헤밍웨이는 『우리 시대에』에서 새로운 장르적 실험을 시도하였다. 이 작품집은 언뜻 보면 그동안 발표한 단편소설을 한데 모아 놓은 작품집 같지만, 자세히 살펴보면 단편집 이상의 의미가 있다는 사실이 밝혀진다. 무엇보다도 닉 애덤스라는 주인공이 한 편 이상의 작품에 등장할 뿐만 아니라 어린 시절부터 사춘기를 거쳐 청년기로 점차 성장해 가는 과정을 엿볼 수 있다. 이 여러 편의 이야기는 미시간 북부 호수 가까이 있는 시골 마을을 중심 배경으로 전개되며 주제나 내용에서도 서로 닮았다. 그런가 하면 작품의 어조나 분위기 등 문체와 형식도 서로 비슷하다. 한마디로 『우리 시대에』는 단편집도 아니요, 그렇다고 장편소설도 아닌 그 중간 어디에 속하는 책이다. 영국에서는 일찍이 10여 년 전 제임스 조이스가 『더블린 사람들』(1914)에서 이러한 장르를 실험했고, 미국에서는 셔우드 앤더슨이 『와인즈버그, 오하이오』(1916)에서 이러한 유형의 실험을 한 적이 있다.

셋째, 『우리 시대에』는 헤밍웨이 문학에서 일종의 창고와 같은 구실을 한다. 뒷날 그는 작품의 소재가 필요할 때마다 이 책에서 소재를 가져왔다. 가령 그는 「매우 짧은 이야기」(1924)에서 제1차 세계대전 중 부상하여 이탈리아의 파두아 병원에 입원한 미국인 병사의 이야기를 다룬다. 이 미국인 병사는 병원에 근무하는 '루즈'라는 여성과 사랑하게 되고, 그가 취직하려고 미국에 건너간 사이 그녀는 이탈리아인 소령과 사랑에 빠진다. 헤밍웨이는 『무기여 잘 있어라』(1929)를 집필할 때에도 여기서 중심적인 플롯을 빌려 왔다. 이 단편소설이 건축 설계 도면이라면 장편소설은 전자를 토대로 삼아 지은 건축물이라고 할 수 있다. 다만 차이가 있다면 헤밍웨이는 장편소설에서 남성 주인공(프레더릭 헨리)이 사랑하는 여성을 이탈리아인 장교에게 보내는 대신 자신의 아이를 임신해 분만하다가 마침내 사망하게 한다. 또한, 남성 주인공에게 그다지 다소곳하다고 할 수 없는 루즈(캐서린 바클리)를 순종적인 여성으로 만들어 그 앞에 완전히 무릎을 꿇게 한다.

이렇게 『우리 시대에』로 문단에 화려하게 데뷔한 헤밍웨이는 단편집을 잇달아 출간하여 단편 작가로서의 입지를 더욱 확고하게 굳혔다. 『여자 없는 남자』(1927)와 『승자에게는 아무것도 주지 마라』(1933)를 출간했고, 1938년에는 지금까지 쓴 단편소설을 모두 묶어 『제5열』이라는 희곡 작품과 함께 『제5열 및 최초 49단편』(1938)을 출간하였다. 뒷날 그는 『제5열』과 『단편선』을 따로 분리해 출간하기도 하였다. 이 『단편선』의 서문에서 그는 "오래 살아서 장편소설 세 편과 단편소설 스물다섯 편을 더 썼으면 좋겠다."라고 포부를 밝힌다. 그러면서 작품을 쓸 만한 좋은 소재를 잘 알고 있다고 말하기도 한다. 이때 그의 나이 서른아홉이었다. 그가 바라던 것처럼 그는 사망하기 전까지 『누구를 위하여 종을 울리나』(1940),『강을 건너 숲 속으로』(1950),『노인과 바다』(1952) 같은 장편소설을 세 편 더 썼다. 그러나 단편소설은 비록 스무 편 가까이 더 썼지만 안타깝게도『단편선』에 수록된 작품과 같은 수준 높은 작품은 쓰지 못하였다.

　헤밍웨이가 사망하던 해에는『킬리만자로의 눈 및 기타 단편소설』(1961)이 출간되었다. 그의 사후에는 닉 애덤스라는 주인공이 등장하는 단편소설만을 따로 묶어『닉 애덤스 이야기』(1972)가 출간되었다. 이 작품집에는 모두 스물네 편의 작품이 수록되어 있는데 그중에서 여덟 편은 이전에 한 번도 출간된 적이 없는 작품이다. 1987년에는 '핑카 비히아' 판『단편전집』이 출간되었으며, 1997년에는 다시『49단편선』에 수록된 작품과 그동안 수록되지 않은 작품을 보태어『헤밍웨이 단편집』이 출간되었다. 그가 집필한 단편소설은『헤밍웨이 단편집』에 수록된 마흔아홉 편에 그 뒤 이십여 편이 추가되어 모두 칠십여 편에 이른다. 동시대 작가 F. 스콧 피츠제럴드가 백오십여 편의 단편소설을 집필한 것과 비교하면 그렇게 양이 많다고는 할 수 없을지 몰라도 작품의 질에서는 피츠제럴드에 결코 뒤지지 않는다. 한편, 포크너는 헤밍웨이보다 조금 적게 오십여 편의 단편소설을 썼지만, 그의 작품도 헤밍웨이의 작품 못지않게 단편소설의 역사에서 굵직한 획을 그었다.

2. 자전적 요소를 넘어서

어니스트 헤밍웨이는 어느 작가보다도 작품에 자신의 삶을 많이 투영한 자전적 작가다. 남북전쟁에 직접 참가하지 않고도 남북전쟁에 관한 소설을 쓴 스티븐 크레인과는 달리, 헤밍웨이는 몸소 경험하지 않은 사건은 좀처럼 작품 소재로 사용하지 않았다. 예를 들어 본격적인 의미에서 처녀 장편소설이라고 할 『태양은 다시 떠오른다』(1926)는 제1차 세계대전이 휴전에 들어가고 나서 프랑스 파리에서 문학 수업을 받던 시절 자신을 포함한 국외 이주자들의 삶, 즉 거트루드 스타인이 '길 잃은 세대'라고 부른 젊은이들을 묘사한 작품이다. 신문사 특파원으로 등장하는 주인공 제이크 반스는 여러모로 헤밍웨이와 닮은 인물이다. 두 번째 장편소설 『무기여 잘 있어라』는 헤밍웨이가 제1차 세계대전 중 앰뷸런스 부대원으로 이탈리아 전선에서 복무한 경험을 바탕으로 쓴 작품이다. 『누구를 위하여 종은 울리나』는 그가 북아메리카뉴스연합 통신 특파원 자격으로 스페인 내전에 참가한 경험을 살려 쓴 작품이다. 헤밍웨이가 살아 있을 때 출간한 마지막 작품 『노인과 바다』는 플로리다 주의 키웨스트와 쿠바의 아바나 근교에 살면서 멕시코 만에서 낚시질한 경험 없이는 도저히 쓸 수 없었던 작품이다. 이렇듯 헤밍웨이의 작품에는 작가 자신이 살아온 삶의 궤적이 짙게 각인되어 있다.

이러한 사정은 그의 단편소설에서도 예외가 아니다. 초기 단편소설에 주로 등장하는 닉 애덤스는 여러모로 헤밍웨이 자신의 분신임이 틀림없다.

『닉 애덤스 이야기』에 수록된 이야기는 1) 북부 숲 2) 독립하여 3) 전쟁 4) 병사의 고향 5) 두 동료의 다섯 부분으로 나뉜다. '북부 숲'이란 두말할 나위 없이 헤밍웨이의 부모가 해마다 여름철이 되면 식구들을 데리고 여름휴가를 보내던 북부 미시간 주의 숲을 가리킨다. 그는 어린 시절부터 미시간 호수 근처 여름 별장에서 식구들과 함께 지내면서 낚시하고 사냥하며 시간을 보냈다. 「인디언 부락」(1924)과 「의사와 의사의 아내」(1924) 같은 단편소설은 이 북부 숲을 배경으로 펼쳐진다. '독립하여'라는 부분에는 「권투 선수」(1925)와 「살인자들」(1927) 같은 작품이 포함되어 있다. '전쟁'이라는 부분에는 「이제 나를 누이며」(1927)와 「이국에서」(1927) 같은 작품이, '병사의 고향'이라는 부분에는 「심장이 두 개 달린 큰 강」과 「3일 동안의 폭풍」(1925) 같은 작품이 실려 있다. 그리고 마지막으로 '두 동료'라는 부분에는 「알프스의 목가」(1927)와 「아버지와 아들」(1933) 같은 작품이 들어 있다.

그런데 여기서 찬찬히 눈여겨봐야 할 것은 이 다섯 부분이 주인공 닉 애덤스의 성장과 밀접하게 관련되어 있다는 점이다. '북부 숲'에 수록된 작품에서는 주로 유년이나 소년 시절의 닉을 다룬다. '독립하여'에서는 글자 그대로 닉이 부모의 영향권에서 벗어나 어느 정도 독립적으로 생활하던 시절, 그러니까 청년 시절의 닉이 주인공으로 등장한다. '전쟁'에서는 닉이 제1차 세계대전에 참가하여 부상을 입고 치료받던 경험을 다룬다. '병사의 고향'에서는 이탈리아 병원에서 퇴원한 뒤 고국에 돌아와 적응해 가는 경험이 중심적인 플롯을 이룬다. 그리고 '두 동료'에서는 닉이 어느덧 결혼해 아이의 아버지가 되는 중년의 모습을 다룬다. 한마디로 닉을 주인공으로 삼는 단편소설들에서는 어린 시절에서 사춘기를 거쳐 병사로, 작가로, 그리고 부모로 성장해 가는 과정을 연대기적으로 그린다. 그리고 그 과정은 헤밍웨이 자신의 삶의 궤적과 거의 일치한다.

    헤밍웨이의 단편소설에 나타나는 자전적 요소는 비단 닉 애덤스가 주인공으로 등장하는 작품에만 한정되지 않는다. 실제로 그의 모든 단편소설은 작가 헤밍웨이의 삶과 직접 또는 간접 연관되어 있다. 그중에서도 그의 대표 단편소설이라고 할 「킬리만자로의 눈」(1936)에서는 작가의 체취가 물씬 풍긴다. 이 작품에서 그는 '해리'라는 작가가 아프리카 수렵 여행을 하던 중 가벼운 부상을 입지만, 치료를 게을리한 나머지 괴저병으로 죽어 가는 모습을 그린다. 한때는 그런대로 작가로서 촉망받는 편이었지만 헬렌 같은 부유한 여자와 결혼하고 상류층 사람들과 어울리면서 해리는 작가로서의 성실성을 배반하고 말았다. 물론 해리는 자신이 부자들과 한 패거리가 된 것이 아니라 그들의 삶을 잘 알고 나서 그들에 관한 작품을 써보려고 했을 뿐이라고 변명한다. "내심으로는 언젠가 이 사람들, 엄청난 부자들에 대한 얘기를 써보리라고 말했다. 너는 실제로 그들에 속한 사람이 아니고 다만 그들 사회의 스파이에 지나지 않았다고, 그러기에 그 사회를 떠나 그것에 대해 작품을 써보리라고 말이다." 그러나 죽음에 직면한 해리는 그러한 생각이 한낱 구차한 변명이요 자기 합리화에 지나지 않았음을 깨닫는다. 한마디로 지식과 사랑을 얻기 위해 메피스토펠레스에게 자신의 영혼을 팔아 버린 파우스트처럼 해리는 편안하고 안락한 삶을 누리기 위해 문학적 재능을 포기했던 것이다.

    이 작품에서 실패한 작가 해리는 헤밍웨이 자신으로 봐도 크게 틀리지 않는다. 그가 결혼한 네 여성 중에서 두 번째 부인 폴린 파이퍼는 가장 부유한 여성이었다. 그녀의 아버지는 아칸소 주에서 대농장을 소유하고 있을뿐더러 은행장을 지내는 등 그 지역에서는 명문 재산가였다. 그래서 두 사람은 결혼하자마자 파리 생활을 청산하고 미국에서도 부유층만이 살 수 있는 고

어니스트와 폴린. 그는 젊은 시절 파리 생활을 회고한 『움직이는 축제』에서 가난한 시절을 함께한 해들리를 배반하고 폴린과 불륜을 저질렀던 과거에 대해 깊이 후회하였다.

급 휴양지 플로리다 주 남단 키웨스트 섬으로 이주하여 호화로운 생활을 시작할 수 있었다. 십여 년 이곳에 머무는 동안 헤밍웨이와 폴린은 선박을 사들여 멕시코 만에서 심해 낚시를 즐긴다. 또한, 두 사람은 스페인으로 투우 구경을 가는가 하면, 아프리카 케냐로 수렵 여행을 떠나기도 한다. 어떤 의미에서 헤밍웨이 또한 해리처럼 부유한 여성과 결혼하면서 문학적 재능을 낭비하고 소진하였다. 헤밍웨이의 자서전이요 회고록이라고 할 『움직이는 축제』 (1964)에서 그는 "이러한 부자들의 매력 때문에 나는 총을 갖고 있는 사람이라면 누구나 따라나서고 싶어 하는 새 사냥개나 길들여진 서커스 돼지처럼 믿음직스럽고 어리석게 굴었다."라고 털어놓는다.

이렇게 문학적 재능을 팔고 부(富)와 안일을 샀다는 점에서 해리는 헤밍웨이와 크게 다르지 않다. 「킬리만자로의 눈」에서 주인공 해리는 "아무것도 쓰지 않고 안일만을 추구하며 자신이 경멸해 마지않는 그런 인간이 되어 버린 하루하루의 생활이 그의 재능을 우둔하게 만들었고 집필에 대한 의욕마저 약하게 했다. 그래서 결국 그는 아무것도 쓰지 못하게 되고 말았던 것이다."라고 고백한다. 해리의 이 말은 헤밍웨이의 입에서 나온 말로 간주할 수 있을 것이다. 키웨스트에서 편안한 삶을 누리는 동안 헤밍웨이는 이미 상당 부분을 써놓았던 『무기여 잘 있어라』를 수정하고 보완하여 출간했을 뿐, 이렇다 할 작품을 쓰지 못하였다. 그리고 스페인의 투우를 다룬 『오후의 죽음』(1932)과 아프리카의 수렵 여행을 다룬 『아프리카의 푸른 언덕』(1935) 같은 논픽션 작품을 출간했을 뿐이다. 물론 『유산자와 무산자』(1937)라는 장편소설을 출간했지만, 비평가들이나 독자들로부터 거의 주목받지 못하였다.

그러나 헤밍웨이의 작품에서 자전적 요소는 생각보다 훨씬 복잡하게 허구화한다. 이 점과 관련하여 그는 "모든 작가는 자신의 작품 속에 대부분 들어 있다. 그러나 문제는 그렇게 단순하지는 않다."라고 말한다. 헤밍웨이는 자신의 삶이나 주변에서 소재를 가져오되 이러한 것들을 상상력의 도가니에서 재창조한다. "창조는 가장 훌륭한 것이지만 실제로 일어나지 않은 어떤 것을 창조할 수는 없다."라고 한 그의 말을 귀담아들을 필요가 있다. 이렇게 헤밍웨이는 자신이 잘 알고 있는 사실에 바탕을 두고 작품을 써야 마땅하지만, 그렇다고 실제 사실을 그대로 옮겨 놓아서는 안 된다고 생각하였다.

범위를 단편소설로 좁혀 말하자면 헤밍웨이는 초기 작품에서 주로 미시간 북부 호수 지역을 지리적 배경으로 삼았다. 그러나 공간적 배경만 빌려왔을 뿐, 그는 인물이나 사건을 그의 상상력을 통해 창조했다. 작가의 아버지 클래런스 헤밍웨이는 자신을 모델로 삼아 쓴 「의사와 의사의 아내」를 읽고 나서 아들에게 편지를 보내 그 작품이 마음에 든다고 칭찬하였다. 실제로 이 작품에서 의사는 의지가 강한 아내에게 끌려다니는 소심하고 우유부단한 남편으로 묘사되었다. 어찌 되었든 헤밍웨이는 아버지에게 보내는 답신에서 작품에서 딕 볼턴과 빌리 테이브쇼 같은 등장인물을 실제 현존하던 인물 그대로 사용했다고 말하면서 그들이『트랜스아틀랜틱 리뷰』같은 잡지를 읽을 리 없다고 말한다. 그러면서 지금까지 "미시간 지방에 대해 많은 단편소설을 썼는데, 그 지방은 언제나 실제 그대로지만 작품에서 일어나는 사건은 허구다."라고 밝혔다.

 헤밍웨이는『태양은 다시 떠오른다』를 예로 들면서 주인공 제이크 반스를 자신과 동일시해서는 안 된다고 말한다. 자신이 제1차 세계대전 중 부상을 입었다는 사실 말고는 두 인물 사이에 아무런 공통점이 없다는 것이다. 자신은 제이크처럼 성기에 부상을 입은 적도 없고 오직 병원에서 그와 비슷한 부상을 입은 환자를 보고 상상력을 동원하여 제이크를 창조해 냈을 뿐이라고 하였다. 한번은 유대인 작가 로버트 콘의 모델이라고 생각하는 해럴드 롭이 헤밍웨이에게 "왜 나를 언제나 울도록 만들었냐?"라고 물은 적이 있다. 그러자 헤밍웨이는 롭에게 "만약 그 사람이 자네라면 화자는 내가 될 수밖에 없을 걸세."라고 말하였다. 그러면서 "그렇다면 자네는 내 성기가 잘려 나갔다고 생각하는 건가?"라고 반문하였다. 헤밍웨이는 이 작품의 95퍼센트는 "순수한 상상력"의 산물이라고 지적하였다. 또 그는『무기여 잘 있어라』에 대해서도 "서너 가지 사건을 제외하고는 모든 사건과 모든 대화를 창조했다. 가장 훌륭한 부분은 내가 모두 창조해낸 것이다."라고 밝혔다.

 이렇듯 헤밍웨이는 실제 삶에서 작품의 소재나 인물 또는 배경을 가져오되 있는 그대로 옮겨 놓지는 않는다. 헤밍웨이의 말대로 물론「폭풍이 지나간 뒤」(1932),「하루의 기다림」(1933),「한 독자의 편지」(1933),「와이오밍의 포도주」(1933) 같은 작품은 실제로 일어난 사실에 바탕을 두고 있다. 그러나 다른 단편소설들은 하나같이 그가 "완전히 창조한" 작품들이다. 헤밍웨이 문학의 특징은 이렇게 특수하고 개인적 경험을 보편적인 경험으로 끌어올린다는 데 있다. 단편소설이건 장편소설이건 그의 작품이 찬란한 빛을 발할 때 자전적 한계를 뛰어넘는다. 닉 애덤스를 비롯한 작중 인물은 작가 자신이 아니라 좀 더 보편적인 인물, 즉 갑남을녀요 필부필부라고 할 수 있다. "단편소설에 등장하는 닉은 한 번도 실제 자신인 적이 없었다. 그는 그를 만들어 냈다."라고 말한다. 그러면서 닉은 인디언 여성이 아이를 낳는 것을 한 번도 본 적이 없다고 고백한다. 여기서 헤밍웨이는 「인디언 부락」에서 나이 어린 닉이 아버지를 따라 인디언 마을에 가서 아버지가 인디언 여성을 수술 도구도 없이 칼과 낚싯줄로 제왕절개 수술을 하는 광경을 목격하는 장면을 언급한다.

  헤밍웨이가 동시대 작가 토머스 울프나 로버트 맥애먼의 작품을 별로 탐탁지 않게 여기는 까닭이 바로 여기에 있다. 울프는 작품 사이사이에 수사적(修辭的) 표현을 사용할 뿐, 오직 자신의 삶에 대해서만 작품을 쓰고 있다고 비판한다. 그러면서 자신은 "할 수만 있다면 이 세계 전체에 대해 작품을 쓰고 싶었다."라고 말한다. 또 헤밍웨이가 맥애먼의 작품을 대수롭지 않게 생각하는 이유도 그가 울프처럼 실제 삶을 작품으로 제대로 형상화해 내지 못했기 때문이다. 맥애먼은 헤밍웨이의 첫 작품집 『세 편의 단편과 열 편의 시』를 출간한 출판업자요 작가였다. 헤밍웨이는 "맥애먼이 삶과 너무 가깝게 작품을 썼다."라고 불평한다. 그러면서 "삶을 소화하고 나서 작가 자신의 인물을 창조해야 한다."라고 말한다. 여기서 찬찬히 눈여겨봐야 할 표현은 '소화'다. 음식을 먹으면 우리 몸은 섭취한 음식물을 분해하여 영양분을 흡수하기 쉬운 형태로 변화시킨다. 만약 섭취한 음식물을 제대로 분해하지 못하면 먹은 음식은 오히려 몸에 영양분이 아니라 해로운 독이 된다. 이와 마찬가지로 작가가 소재로 삼는 실제 삶도 화학적 반응을 일으켜 제3의 어떤 것으로 변화할 때 비로소 창조적인 작품이 될 수 있다.

이 점과 관련하여 헤밍웨이 연구가 잭슨 벤슨은 헤밍웨이가 "만약…라면 과연 어떻게 될까?"라는 '가정'의 시나리오에 의존해 작품을 썼다고 주장한다. 다시 말해서 헤밍웨이는 자신의 삶에서 작품의 인물이나 소재를 가져오지만 사실 그대로 사용하지 않고 가상적인 사건으로 발전시킨다는 것이다. 가령 전투하다가 병사가 성기에 부상을 입는다면 어떻게 될까? 성적 충동은 느끼지만, 막상 성행위를 할 수 없다면 어떻게 될까? 벤슨은 헤밍웨이가 이러한 가상적 시나리오를 토대로 『태양은 다시 떠오른다』의 주인공 제이크 반스를 창조하였다고 주장한다. 한 미국인 청년이 이탈리아 전선에서 부상당해 후방 병원에서 치료를 받던 중 한 간호사를 만나 사랑에 빠지는데, 만약 그녀가 그를 배신하고 이탈리아 남성에게 가지 않고 미국인 청년을 계속 사랑한다면 어떻게 될까? 더구나 그녀가 그의 아이를 임신하고 병원에서 분만하던 중 골반이 작아 제왕절개 수술을 받고 출혈이 멈추지 않아 목숨을 잃게 된다면 어떻게 될까? 『무기여 잘 있어라』는 바로 이러한 가상의 시나리오에 기반을 둔 작품이라는 것이다.

한마디로 닉 애덤스를 비롯한 헤밍웨이 인물은 헤밍웨이 자신이라기보다는 그의 '페르소나'에 지나지 않는다. 고대 그리스 연극에서 배우들은 하나같이 얼굴에 가면을 쓰고 등장하였다. 그래서 지금도 연극의 등장인물을 '드라마티스 페르소나'라고 부른다. 헤밍웨이의 작품에서 작중 인물들은 헤밍웨이의 가면을 쓰고 등장할 뿐, 작가 자신이 직접 모습을 드러내지는 않는다. 그러므로 헤밍웨이 작품을 좀 더 객관적으로 이해하려면 무엇보다도 작가 헤밍웨이와 작중 인물을 엄격하게 구분해야 할 것이다.

3. 단편소설의 주관적 전통과 객관적 전통

미국 문학사에서 단편소설이 차지하는 몫은 생각보다 무척 크다. 그런데 미국에서 단편소설은 크게 두 가지 전통에서 발전해 왔다. 하나는 오 헨리 전통이고, 다른 하나는 헨리 제임스 전통이다. 전자가 사건과 플롯에 무게를 싣는다면, 후자는 작중 인물의 내적 갈등 같은 심리적 측면에 무게를 싣는다.

윌리엄 시드니 포터
(오 헨리, 1862~1910).

단편소설의 이 두 전통은 유럽 문학에서도 찾아볼 수 있다. 역사적으로 유럽에서 단편소설은 기 드 모파상 전통과 안톤 체호프 전통의 양대 산맥에서 발전해 왔다. 흔히 '객관적 전통'과 '주관적 전통'이라고 일컫는 것이 바로 그것이다. 주로 프랑스 작가들이 수립해 발전한 첫 번째 전통은 문학 사조에서 보면 사실주의나 자연주의와 깊이 관련되어 있다. 이 전통에서는 날카로운 관찰, 생생한 세부 묘사, 명료하고 적확한 표현 등을 중시하였다. 모파상을

헨리 제임스(1843~1916).

비롯하여 오노레 드 발자크, 귀스타브 플로베르, 프로스퍼 메리메 같은 작가들이 이 전통을 세우는 데 크게 이바지하였다.

한편, 주로 러시아에서 뿌리를 내리고 가지를 뻗은 단편소설의 '주관적

전통'은 객관적 전통과는 달리 플롯보다는 작중 인물과 그 성격을 훨씬 강조하였다. 작중 인물을 강조하되 작중 인물의 단순한 외부 행동보다는 그가 느끼는 감정이나 심리적 갈등 또는 성격 묘사에 무게를 실었다. 이 전통은 안톤 체호프를 비롯해 이반 투르게네프, 니콜라이 고골 같은 작가들이 발전시켰다. 이 러시아 작가들은 플로베르나 모파상처럼 평범한 일상생활을 다루면서도 작중 인물의 삶에서 '순간적인 모멘트'를 포착해 표현하는 데 초점을 맞춘다. 이 주관적 전통에서는 '플롯'이라고 할 만한 사건이 거의 없고, 비록 있다고 해도 전개가 느슨하고 산만할 뿐만 아니라 작중 인물의 성격이나 그가 놓여 있는 상황도 조금씩 발전한다. 투르게네프나 체호프 같은 러시아 작가들의 작품에서는 아무런 사건도 일어나지 않는다는 말을 자주 듣는 것은 바로 그 때문이다.

　헤밍웨이는 단편소설의 이 두 전통 가운데 어느 한쪽에만 관심을 기울이지 않았다. 플롯 중심의 객관적 전통을 이어받아 발전시키는 한편, 작중 인물의 미묘한 성격이나 내적 갈등을 중시하는 주관적 전통에도 깊은 관심을 기울였다. 말하자면 첨예하게 대립하는 두 전통 사이에서 그는 제3의 전통을 수립했다고 할 수 있다. 단편소설의 이러한 전통을 '헤밍웨이 전통'이라고 불러도 좋을 것이다. 얼핏 보면 헤밍웨이는 객관적 전통을 그대로 따르는 것 같지만, 자세히 살펴보면 단순히 사건이나 작중 인물의 행동을 기술하는 데에서 그치지 않음을 알 수 있다. 이와는 반대로 외적 행동이 거의 없는 작품에서도 작중 인물들이 겪는 내적 갈등은 마치 투우나 사냥처럼 동적이고 격렬하다.

4. 단편소설과 '빙산 이론'

헤밍웨이의 단편소설을 좀 더 쉽게 이해하기 위해서는 그가 말하는 '빙산 이론'은 특히 주목해 볼 필요가 있다. 이 이론은 그의 장편소설에서도 잘 들어맞지만 에드거 앨런 포의 말대로 '단일한 효과'나 '인상의 통일성'을 지극히 중요하게 생각하는 단편소설에서 훨씬 잘 들어맞는다. 앞서 이미 살펴 봤지만, 흔히 '생략 이론'으로도 일컫는 빙산 이론은 한 작품에서 그 의미를 표층적으로 분명하게 드러내지 않는 소설 미학을 말한다. 작품의 진정한 의미는 표층 아래, 즉 심층에 들어 있기 때문이다. 헤밍웨이는 『캔자스시티 스타』의 수습기자 생활을 하면서 진실이 표층적 이야기 뒤에 숨어 있다는 사실을 배웠다. 캔자스시티의 시청, 병원의 응급실, 경찰서 등의 현장에서 기사를 취재하면서 그는 사람들이 "아무리 큰 약점도 갑옷 같은" 냉소주의의 가면을 쓰고 위장한다는 사실을 깨달았다. 이 무렵 신문기자 생활을 하면서 그는 육하원칙에 따른 간결하고 명료한 문체를 습득하는 것 이상으로 많은 것을 배웠던 것이다.

헤밍웨이는 캐나다 『토론토 스타』의 특파원 자격으로 1920년대 초엽 파리에서 살면서 빙산 이론을 더욱 체계적으로 다듬었다. 이 무렵 그리스-터키 전쟁을 취재한 경험은 그가 이 이론을 좀 더 정교하게 다듬고 실험하는 데 더할 나위 없이 좋은 계기가 되었다. 이 전쟁에 대해 헤밍웨이는 모두 열네 편의 기사를 썼다. 그의 전기 작가 제프리 마이어스는 그가 이 기사를 쓰면서

"초점의 집중과 강도, 즉 무대보다는 스포트라이트 효과를 성취하기 위해 오직 즉각적인 사건만을 객관적으로 보고했다."라고 지적한다. 헤밍웨이는 이 기사를 작성하면서 얻은 경험을 그의 소설 작법에 적용하려고 하였다. 그는 허구를 실제로 일어난 사건에 기초를 두되, 그 사건을 정제해 정수를 뽑아낼 수만 있다면 상상력으로 꾸며낸 것이 실제 사실보다 훨씬 더 진실할 수 있다는 사실을 깨달았던 것이다.

그러나 헤밍웨이가 빙산 이론을 언급한 것은 1920년대 초엽부터지만, 가장 명시적으로 거론한 것은 산문집 『오후의 죽음』에서다. 그는 작가가 생략한 부분을 수면 아래 잠겨 있는 빙산에 빗댄다.

만약 산문 작가가 자신이 쓰고 있는 것에 대해 충분히 잘 알고 있다면 그는 그가 알고 있는 것을 생략할지 모르고, 독자는 작가가 충분히 진실하게 글을 쓰고 있다면 마치 작가가 진술한 것처럼 그 사건을 강렬하게 느끼게 될 것이다. 빙산이 위엄 있게 움직일 수 있는 것은 오직 8분의 1만이 수면에 떠 있기 때문이다. 자신이 잘 모르기 때문에 생략하는 작가라면 그의 작품에 빈 공간만을 만들어낼 뿐이다.

흔히 일상 대화에서도 '빙산의 일각'이라는 표현을 자주 사용하듯이 수면 밑에 있는 큰 부분이 눈에 보이지 않기에 항해하는 선장들이 가장 두려워하는 것이 바로 빙산이다. 인류 역사에서 최악의 해난 사고의 하나였던 타이타닉호의 침몰도 북대서양 빙산과의 충돌에서 비롯하였다.

헤밍웨이는 뛰어난 작가라면 수면 아래 잠겨 있는 빙산의 8분의 7을 생략하고 수면에 떠 있는 8분의 1만을 독자들에게 보여 주어야 한다고 주장한다. 「단편소설의 기술」(1959)이라는 글에서도 그는 "만약 작가가 잘 알고 있는 중요한 사실이나 사건을 생략한다면, 그 작품은 더 강화된다. 만약 몰라서 어떤 것을 생략하거나 빼버린다면 그 작품은 아무런 가치도 없을 것이다. 어떤 작품이 훌륭한가 아닌가 하는 테스트는 작가의 편집자가 아니라 작가가 직접 얼마 잘 생략하느냐에 달려 있다."라고 말한다. 헤밍웨이는 1958년에 잡지 『파리 리뷰』와의 인터뷰에서도 이 빙산 이론을 언급한다. 조지 플림턴에게 그는 "나는 언제나 빙산 이론의 원칙에 따라 글을 쓰려고 한다."라고 밝혔다.

헤밍웨이의 빙산 이론은 T. S. 엘리엇이 말하는 '객관적(客觀的) 상관물(相關物)'과 비슷하다. 두 사람 모두 모더니즘의 세례를 받았을 뿐 아니라 모더니즘에서 선구적인 역할을 했다는 점을 염두에 둘 때 이 두 이론의 유사성은 쉽게 짐작할 수 있다. '객관적 상관물'이란 일련의 대상, 상황, 연쇄적인 사건 같은 외부 사실을 독자들에게 객관적으로 보여 줌으로써 감정을 촉발하는 기법을 말한다. 작가 수업을 받던

T. S. 엘리엇(1888~1965).

시절을 회고하면서 헤밍웨이는 『오후의 죽음』에서 "실제로 일어난 행동, 경험한 감정을 야기하는 실제 일이 무엇인지를 기록하는 것"을 배웠다고 털어놓는다. 그러면서 "진실한 것, 감정을 야기하는 일련의 행동과 사실"을 표현하는 일이 얼마나 어려운지를 절감하였다고 고백한다. 다시 말해서 헤밍웨이는 엘리엇이 시에서 시도한 작업을 소설에서 시도한 셈이다.

또한, 헤밍웨이는 빙산 이론을 정립하면서 러시아의 단편소설 작가 안톤 체호프의 영향을 적잖이 받기도 하였다. 체호프는 "장면과 작중 인물 모

두에서 의미 있는 세부 사항을 선택하고 결합하여 이미지를 전달하는 것이 무엇보다도 중요하다."라고 역설하였다. 여기서 그는 불필요한 것을 생략하고 꼭 필요한 사항만을 선택하여 이미지를 만들어 내야 한다고 주장한다. 헤밍웨이는 체호프의 말을 비교적 충실히 따른다. 체호프가 말하는 '의미 있는 세부 사항'이란 곧 물 위에 떠 있는 빙산을 말한다. 그런데 이 빙산 이론에서는 무엇보다도 독자의 역동적 역할이 요구된다. 독자는 자본주의 사회의 소비자처럼 단순히 작품의 의미를 수동적으로 받아들이는 대신 생산자처럼 작가와 함께 능동적으로 작품의 의미를 창출한다.

　헤밍웨이의 빙산 이론은 그의 초기 작품 가운데 하나인 「인디언 부락」에서 좋은 예를 찾을 수 있다. 이 작품에서 작가는 작중 인물의 성격이나 성격의 변모에는 이렇다 할 관심을 보이지 않고 오직 겉으로 드러난 객관적 사실만을 열거하고 있는 것처럼 보인다. 언뜻 보면 나이 어린 닉이 인디언 부락으로 의사인 아버지를 따라가 그가 인디언 여성에게 원시적인 방법으로 제왕절개 수술을 하는 장면을 목격하는 이야기에 지나지 않는 것 같다. 그러나 이 작품에서 헤밍웨이는 겉으로 드러난 표층적 의미 이상의 심층적 의미를 제시한다. 산고(產苦)를 겪으며 비명을 지르는 인디언 여성, 산모가 지르는 비명을 듣지 않으려고 길 위쪽 어둠 속에 앉아 담배를 피우고 있는 마을의 사내들, 며칠 전 도끼에 다리를 다쳐 침대 위층에 누워 있는 남편의 묘사에는 심층적 의미가 내포되어 있다. 이러한 심층적 의미는 닉이 배에 올라타 아버지와 함께 집으로 돌아가는 작품 마지막 장면에서 분명하게 드러난다.

　그들은 배에 올라 닉은 고물에 앉고, 아버지는 이물에 앉아 노를 젓기 시작했다. 해가 언덕 너머 위로 막 솟아오르고 있었다. 농어 한 마리가 뛰어올라 수면에 둥그런 파문을 일으켰다. 닉은 물속에 손을 담그고 질질 끌고 갔다. 새벽의 매서운 한기 속에서도 물은 따스했다.

이른 아침 호수에서 아버지가 노를 젓는 배의 고물에 앉아 있는 그는 자신이 결코 죽지 않을 것이라는 확신이 들었다.

첫 문장의 고물과 이물의 대조에서도 볼 수 있듯이 헤밍웨이는 이 작품에서 상반되는 것을 병치하는 대조법을 구사한다. 나이 어린 아들과 아버지, 새벽의 한기와 따뜻한 호수 물, 인디언 부락의 어둠과 언덕 위에 막 떠오르는 아침 해가 바로 그러하다. 이러한 대조를 좀 더 확대해 보면 원주민과 백인, 원시(인디언 부락)와 문명(백인 마을), 무지와 경험 등으로 이어진다. 더구나 위쪽 침대에서 벌어지는 사건과 아래쪽 침대에서 벌어지는 사건은 사뭇 다르다. 위쪽 침대에서는 남편이 아내의 비명을 견디다 못하여 자살하지만, 아래쪽 침대에서는 난산 끝에 새로운 생명이 탄생한다. 그러니까 이 침대에서는 죽음과 탄생의 신비스러운 드라마가 동시에 펼쳐지는 것이다.

닉이 아버지와 함께 호수에서 노를 저어 집으로 돌아오면서 "자신이 결코 죽지 않을 것이라는 확신이 들었다."라는 마지막 문장도 좀 더 찬찬히 눈여겨볼 필요가 있다. 두말할 나위 없이 닉이 이렇게 자신 있게 생각하는 것은 조금 전 인디언 남편이 면도칼로 자신의 목을 잘라 자살한 광경을 목격했기 때문이다. 그러나 뒷날 헤밍웨이가 쓴 다른 단편소설을 보면 닉이 품고 있는 이러한 생각은 한낱 환상일 뿐, 곧 가혹한 현실에 부딪혀 산산이 부서지고 만다.

헤밍웨이의 빙산 이론은 「인디언 부락」뿐 아니라 「흰 코끼리 같은 언덕」(1927)이나 「깨끗하고 밝은 곳」(1926) 같은 작품에서도 쉽게 엿볼 수 있지만, 제1부와 제2부로 된 「심장이 두 개 달린 큰 강」에서 가장 극명하게 드러난다. 이 작품이 처음 발표되었을 때 F. 스콧 피츠제럴드는 헤밍웨이에게 "아무런 일도 일어나지 않는 이야기"라며 불평하였다. 다시 말해서 단편소설이 반드시 갖추어야 할 플롯이 없다는 것이다. 헤밍웨이는 이 작품이 발표된 지 수십 년이 지났을 때까지도 비평가들이나 독자들이 여전히 제대로 이해하지 못하고 있다고 불만을 털어놓았다. 이 작품에 대해 그는 "전쟁에서 고향으로 돌아온 한 청년에 관한 이야기"라고 설명한다. 그러면서 "전쟁이며 전쟁에 관한 모든 언급이며 전쟁에 관한 것이라면 뭐든지 모든 것이 생략되어 있다."라고 밝힌다.

 헤밍웨이의 말대로 「심장이 두 개 달린 큰 강」의 의미를 좀 더 정확히 이해하기 위해서는 표층 구조보다는 심층 구조에 주목해야 한다. 이 작품에서 표층 구조는 주인공 닉이 혼자서 캠핑을 하고 송어 낚시를 하는 이야기다. 작가는 닉이 텐트를 치고 식사를 준비하고 메뚜기를 잡아 그것을 미끼로 낚시질하는 모습을 조금 지나치다 싶을 만큼 미시적으로 자세히 묘사한다. 가령 텐트를 치고 나서 그가 식사를 준비하는 좋은 장면은 더할 나위 없이 좋은 예가 될 것이다.

 닉은 프라이팬을 불꽃 위 석쇠 위에 올려놓았다. 아까보다 더 배가 고팠다. 콩과 스파게티가 따뜻해졌다. 닉은 그것들을 저어서 서로 섞었다. 표면에 조그만 거품이 힘겨운 듯 일더니 보글보글 끓기 시작했다. 구수한 냄새가 풍겼다. 토마토케첩이 든 병을 꺼내고 빵을 네 조각으로 잘랐다. 조그만 거품이 이제 더 빠르게 끓어오르고 있었다. 닉은 불 옆에 앉아 프라이팬을 내려놓았다. 절반가량을 양철 접시에 쏟자 천천히 접시 위로 퍼졌다. 닉은 그것이 너무 뜨겁다는 것을 알고 있었다. 그래서 그는 위에 토마토케첩을 조금 부었다.

콩과 스파게티가 아직도 뜨겁다는 것을 잘 알고 있었다. (……) 이제는 됐겠지. 그는 접시에서 한 숟가락 잔뜩 폈다.

닉이 음식을 준비하는 일련의 행동은 사제가 성찬식을 준비하는 과정을 연상하게 한다. 실제로 이 작품에서 닉의 행동은 일종의 제의적인 의미를 담고 있다. 그는 콩과 스파게티와 빵으로 식사하고 나서 강에서 양동이에 물을 담아와 이번에는 주전자를 불 위에 올려놓고 커피 물을 끓인다. 그는 전에 '홉킨스'라는 친구와 커피를 끓이는 문제로 토론을 벌인 적이 있기에 자신의 방식을 버리고 홉킨스의 방식대로 커피를 끓인다. 더구나 닉이 음식을 요리하고 식사하는 장면에서 헤밍웨이는 후각·미각·시각·촉각 등 온갖 감각을 동원하여 이미지를 한껏 구사한다. 이 장면을 읽다 보면 온갖 구수한 냄새가 코끝에 와 닿으면서 절로 군침이 돈다.

한편, 헤밍웨이는 닉 애덤스의 외부 행동에 대해서는 이렇게 자세히 묘사하면서도 그 배경이 되는 정보나 주인공의 심리에 대해서는 별로 세밀히 기술하거나 묘사하지 않는다. 그러나 좀 더 면밀히 살펴보면 이러한 배경이나 심리는 수면 밑에 잠겨 있는 빙산처럼 작품에 암시되어 있다. 가령 온통 불에 타버린 시니 마을을 비롯하여 검게 변해 버린 메뚜기, 강 상류로 힘차게 오르지 못하고 강 흐름에 몸을 맡기고 있는 송어 등에는 상징적 의미가 담겨 있다. 작품 첫머리에서 헤밍웨이는 "마을 한 거리에 줄지어 서 있던 열세 채나 되던 술집도 흔적조차 남기지 않고 온데간데없이 사라져 버렸다. 맨션 하우스 호텔은 초석만이 땅바닥 위로 불쑥 나와 있었다. 초석은 불에 타 조각이 나고 갈라져 있었다. 이것이 시니 마을에 남아 있는 흔적의 전부였다. 지표마저 깨끗이 다 타버렸다."라고 묘사한다. 미시간 주 북부 미시간 호수와 슈피

리어 호수 중간쯤에 있는 시니 마을은 산불이 났는지 그야말로 흔적도 없이 사라지고 말았다. 그런데 T. S. 엘리엇의 『황무지』(1922)를 떠올리게 하는 이 마을은 인류 역사에서 그 유례를 찾을 수 없는 제1차 세계대전으로 초토화되다시피 한 유럽이나 서구 문명을 상징적으로 보여 준다. 또한, 전쟁을 겪은 젊은이들에게 전통적 가치나 삶의 방식이 이제 부도 수표처럼 더는 아무런 가치나 의미가 없다는 사실을 말해 준다.

시니 마을에 불이 나면서 이곳에 사는 메뚜기들도 이전과 달라졌다. 몸뚱이의 색깔이 갈색이 아니라 검게 색이 변해 있었다. 헤밍웨이는 "그야말로 아주 흔한 메뚜기였지만 온통 거무칙칙한 색깔을 띠고 있었다. 닉은 그렇게 심각하게 생각하지는 않았지만 걸어오면서도 메뚜기에 대해 생각하고 있었던 것이다. 그때 그는 사방으로 갈라진 입술로 양말의 털을 갉아 먹고 있는 검은 메뚜기를 내려다보면서 그것들이 불타 버린 들판에서 살아 보니 이렇게 검게 된 것이라는 사실을 깨달았다."라고 쓴다. 즉, 자신의 의지와는 상관없이 외부의 힘으로 자신의 육체와 정신이 변했다는 점에서는 산불로 몸뚱이가 검게 그을린 메뚜기나 제1차 세계대전을 겪으며 육체적으로나 정신적으로 깊은 상처를 입은 젊은이들이나 다를 것이 없다는 뜻이다.

이 점에서는 송어도 메뚜기와 비슷하다. 대부분 송어는 닉이 옛날에 보던 송어와는 다르다. 헤밍웨이는 "[닉이] 지느러미를 움직이며 물의 흐름 속에서도 가만히 떠 있는 송어 떼를 지켜보았다. 가만히 지켜보고 있는 동안 송어 떼는 재빨리 방향을 돌려 위치를 바꿨지만 빠른 물결 속에서도 또다시 가만히 멈추어 있었다."라고 쓴다. 옛날에는 송어 떼가 힘차게 강을 거슬러 올라갔지만 지금 송어 떼들은 닉이 보기에 어딘지 모르게 옛날의 역동적인 힘과 생기를 잃은 듯하다. 강을 따라 거슬러 올라가기보다는 강물 속에서 균형을 잡으려고 애쓰고 있을 뿐이다.

    닉 애덤스는 유럽 전쟁에 참가했다가 부상을 입고 고향으로 돌아와 휴양하고 있는 귀환 병사다. 불에 타버린 마을과 숲, 그리고 "뜨거운 햇살에 땀을 뻘뻘 흘리며 도로를 따라 걷고 철로와 소나무 숲을 가르고 있는 능선을 가로질러 올라갔다."라는 문장에서 볼 수 있듯이 작열하는 태양은 미시간 주의 여름보다는 이탈리아의 한여름을 떠오르게 한다. 작품의 배경은 사뭇 다르지만 닉은「병사의 고향」에 등장하는 주인공 해럴드 크렙스와 여러모로 닮았다. 그러나 닉은 육체적으로 부상을 입었을 뿐 아니라 정신적으로도 절룩거리는 불구라는 점에서 크렙스보다 상태가 훨씬 더 심각하다. 헤밍웨이 연구가 필립 영은 이 작품을 젊은이가 "정신 착란에 빠지지 않으려고 안간힘을 쓰는" 이야기라고 정의하였다. '정신 착란'이라는 말이 조금 과장되었기는 하지만, 이 무렵 육체적으로나 정신적으로 방향 감각을 잃었던 닉이 송어처럼 균형을 유지하려고 하는 것만은 의심할 여지가 없다.

    닉이 이렇게 혼자서 옛날에 낚시질하던 강에 다시 찾아온 것은 자못 상징적인 의미가 있다. 그가 전쟁 이전의 자기 모습으로 되돌아가고 싶거나, 그럴 수 없다면 적어도 현재 자신의 모습에서 벗어나고 싶어 한다는 것을 의미하기 때문이다. 다시 말해서 닉에게 낚시질은 육체적 부상과 정신적 외상을 치료하기 위한 일종의 치유적 행동이다. 이 작품의 원고에서 헤밍웨이는 닉이 혼자가 아니라 고향 친구들과 함께 낚시 여행을 떠나고 시니 마을에도 아직 사람들이 사는 것으로 상황을 설정하였다. 그러나 나중에 그는 닉 혼자 여행하는 것으로 내용을 수정하고 마을 사람들도 모두 제외했다. 제의적이고 치유적인 의미가 있는 이 낚시 여행은 아무래도 여럿이 아니라 주인공 혼자, 그것도 폐허가 되다시피 한 마을에서 펼쳐지는 편이 훨씬 더 적절하다고 판단했기 때문일 것이다.

　헤밍웨이에게 강이나 호수는 자연은 품이 넉넉하여 모든 것을 감싸 안고 포용해 주는 어머니나 고향과 같다. 그에게 자연은 피난처요, 재생과 부활이요, 생명력과 구원을 상징한다. 닉은 다리를 건너 불에 탄 숲과 마을을 지나 나무가 무성하게 우거진 숲과 강에 이른다. 헤밍웨이는 "불에 탄 지대는 왼쪽 능선에서 그쳐 있었다. 저 앞쪽에 검은 소나무 숲이 들판에 섬처럼 우뚝 솟아 있었다. 저 멀리 왼쪽에는 강줄기가 있었다. 닉이 그쪽으로 시선을 돌리자 강물이 햇빛에 반짝이고 있는 것이 눈에 띄었다."라고 말한다. 닉이 지친 육체를 달래고 마음을 진정하려는 곳은 바로 이렇게 나무가 우거진 소나무 숲과 송어들이 뛰노는 강이다. 그리고 보니 닉이 소나무 숲을 예배당에 빗대는 것이 예사롭지 않다. 또한, 제목 그대로 그가 낚시질하는 강도 살아 숨 쉬는 동물처럼 심장이, 그것도 하나가 아니라 두 개나 있다. "모두가 타버릴 수는 없었다. 그는 그 사실을 잘 알고 있었다."라는 문장에서 헤밍웨이는 닉이 전쟁의 상처를 씻고 다시 일어설 가능성을 넌지시 내비친다.

　「심장이 두 개 달린 큰 강」에서도 볼 수 있듯이 헤밍웨이의 빙산 이론은 작품의 결말에서도 엿볼 수 있다. 그는 종래의 작가들과는 다르게 작품을 결말짓는다. 그때까지 단편소설 작가들은 잘 짜인 플롯에 따라 결말도 논리적으로 균형 있게 설정했다. 또는 오 헨리처럼 극적 반전을 노려 독자들의 예상을 뒤엎는 방식으로 작품을 끝맺기도 하였다. 균형 잡힌 결말이건 오 헨리 방식의 '트위스트 엔딩'이건 독자들은 작품이 종결되었다는 느낌을 받게 마련이다. 그러나 헤밍웨이는 플롯이 한참 진행되다가 갑자기 중간에서 끝나 버리는, 이른바 '제로 엔딩' 방식을 즐겨 사용한다. 작품의 결말에 이르러 플롯의 가닥을 하나로 묶는 대신 그는 가닥을 그대로 풀어 놓은 채 작품을 끝내는 것이다. 독자들은 수면에 떠 있는 빙산뿐 아니라 수면 아래 잠겨 있는 빙산의 모습을 헤아려야 하듯이 결말 부분에서도 작가가 생략한 내용을 미루어 짐작해야 한다.

그러나 헤밍웨이가 말하는 빙산 이론이 언제나 성공을 거두는 것은 아니다. 때로는 불발탄처럼 제대로 효과를 내지 못할 때도 있다. 예를 들어 1923년 「때늦은 계절」이라는 단편소설을 탈고하고 나서 그는 이 작품의 결말에 대해 "나는 이 작품에서 노인이 목을 매 자살하는 진짜 결말을 생략해 버렸다. 작가는 무엇이든 생략할 수 있으며, 생략한 부분이 작품의 힘을 강하게 할 것이라는 나의 새로운 이론에 따라 그것을 생략했다."라고 밝힌다. 헤밍웨이의 주장이 과연 맞는지 확인하기 위해 이 작품의 결말을 보기로 하자. 낚시 도구가 없어 낚시를 하지 못한 '페두치'라는 노인과 젊은 신사는 이튿날 아침에 만나 낚시를 하기로 하고 헤어진다. 헤어지면서 노인은 젊은 신사로부터 선금을 받는다. 젊은 신사가 어쩌면 가지 못하게 될지도 모른다고 말하자 노인은 "피라미를 갖고 가겠어요. 소시지니 뭐니 모두 갖고 갈 겁니다. 선생과 나와 선생의 부인, 우리 셋이서 먹을 것을 말이오."라고 말한다. 이 작품은 젊은 신사가 노인에게 다시 한 번 "가지 못할지도 모릅니다. 그럴 가능성이 훨씬 큽니다. 만일 그렇게 되면 호텔 주인에게 말해 놓겠습니다."라고 말하는 대화로 끝이 난다. 작가는 '무엇이든' 생략할 수 있을지 모르지만 생략한 부분이 언제나 작품의 힘을 '강화'하지는 않는다. 솔직히 말해서 만약 헤밍웨이의 설명이 없었다면, 아무리 문학적 감식력이 뛰어난 독자라도 작품의 결말에서 노인이 자살하리라는 것을 예측할 수 없을 것이다.

5. 하드보일드 스타일

어니스트 헤밍웨이의 빙산 이론은 흔히 '하드보일드 스타일'로 일컫는 문체와 깊이 관련되어 있다. 독자들에게 오직 '빙산의 일각'만 보여 주는 기법에서는 문체가 비정할 만큼 간결하고 명료할 수밖에 없다. 헤밍웨이는 감정을 최대한으로 억제한다. 말하자면 그는 "작은 것이 아름답다."라든가 "적은 것이 많은 것이다."라는 식의 사고를 표방하는 미니멀리즘의 미학을 소설에 옮겨 놓는다. "웅변은 은이요 침묵은 금이다."라는 서양 격언은 그의 문학에 비교적 잘 들어맞는다. 이처럼 감정을 억제하기에 오히려 그의 문체에는 힘과 박력이 있다. 강건체라고 할 그의 문체는 이제 그의 문학 세계에서 일종의 트레이드마크가 되다시피 하였다. 그리하여 '하드보일드 문체' 하면 헤밍웨이를, 헤밍웨이 하면 곧 '하드보일드 문체'를 떠올리게 되었다.

헤밍웨이는 글을 쓸 때 낱말 하나도 무척 주의를 기울여 선택하였다. 그는 "일생 동안 나는 마치 그 낱말들을 처음 보는 것처럼 바라보았다."라고 말한다. 사람을 처음 만나듯이 그는 낱말 하나하나를 주의 깊게 살피고 평가했다는 말이다. 예를 들어 헤밍웨이는 고대 그리스어나 라틴어에서 파생되어 나온 어휘보다는 앵글로색슨 계통의 토착어를 즐겨 구사하려고 하였다. 어느 나라 말이나 마찬가지지만 다음절로 되어 있고 외국어에서 파생된 말은 관념적이고 추상적이고 형식적인 성격이 짙은 반면, 흔히 단음인 순수한 토박이말은 좀 더 구체적이고 감각적일뿐더러 충격적이고 투박한 성격이 강하다. 그래서 헤밍웨이는 되도록 'enquire'보다는 'ask', 'odor'보다는 'smell', 'assist'보다는 'help', 'eccentric'보다는 'strange', 'gigantic'보다는 'huge' 등을 사용하려고 하였다. 헤밍웨이 말고 영미 문학에서 이렇게 토착어에 관심을 기울인 작가로는 조지 오웰이 가장 대표적이다. 오웰은 정치적 우화『동물농장』(1945)을 쓰면서 앵글로색슨 토착어를 효과적으로 구사하려고 무척 노력하였다. 또한, 헤밍웨이는 같은 앵글로색슨 토착어라도 'good', 'nice', 'fair'처럼 글을 읽을 수 있는 사람이라면 누구나 알 수 있는 쉽고 간결한 어휘를 쓰려고 하였다.

또한, 헤밍웨이는 되도록 형용사나 부사를 사용하지 않으려고 하였다. 그는 "나는 뒷날 어떤 상황에서 어떤 사람들을 불신하도록 배운 것처럼 형용사를 불신하도록 배웠다."라고 털어놓았다. 그에게 작품을 쓰면서 형용사를 불신하도록 가르쳐준 사람이 바로 에즈라 파운드였다. 파운드는 형용사란 이렇다 할 것도 의미하지 않는 불필요한 품사라고 지적하면서 헤밍웨이에게 박력 있는 글을 쓰기 위해서는 무엇보다도 먼저 형용사를 경계하라고 가르쳐 주었던 것이다.

이렇게 형용사를 불신하는 태도는 마크 트웨인에게서 찾아볼 수 있다. 트웨인은 일찍이 "만약 형용사를 붙잡게 되면 죽여 버려라. 아니, 모두 죽이지는 말고 대부분을 죽여 버려라. 그러면 나머지 것들이 가치 있게 될 것이다. 형용사들이 서로 가까이 놓여 있으면 글이 약해진다. 멀리 떨어져 있을 때 힘이 생긴다."라고 말한 적이 있다. 그리고 보니 문학사에서 이렇게 형용사를 싫어한 작가는 의외로 많다. 가령 볼테르가 "형용사는 실사(實辭)의 가장 큰 적이다."라고 말한 이후 많은 작가가 글을 쓰면서 형용사를 경계하였다. 최근에는 미국에서 대중 소설가로 이름을 크게 떨치고 있는 스티븐 킹이

"지옥에 이르는 길은 형용사로 포장되어 있다."라고 밝히면서 작가들에게 될 수 있으면 형용사를 사용하지 말 것을 권하였다.

헤밍웨이의 하드보일드 문체는 비단 어휘에만 그치지 않고 문장 단위에서도 쉽게 엿볼 수 있다. 그는 무엇보다도 짧고 간결한 문장으로 된 평서문을 즐겨 구사한다. 어떤 평서문 문장은 너무 짧고 압축적이어서 마치 전보문을 읽는 듯한 느낌마저 든다. 통사론적 측면에서 볼 때 그는 주어와 동사의 관계로 이루어진 단문을 자주 쓴다. 또한, 단문과 단문을 등위 접속사로 대등하게 연결하는 중문을 주로 사용한다. 어떤 때는 실에 염주 알을 꿰듯이 접속사 'and'를 잇달아 사용하기도 한다. 또 어떤 중문은 논리적으로 인과 관계가 희박한 경우도 더러 있다. 물론 이것은 특정한 효과를 염두에 둔 수사법이다. 그러나 헤밍웨이는 관계 대명사 같은 종속접속사를 사용하는 복문은 좀처럼 사용하지 않는다. 그에게 복잡한 복문은 평상시에 연미복을 입는 것과 같아서 아주 어색하다.

또한, 그는 반복법을 구사하기도 한다. 똑같은 문장이나 비슷한 문장을 여러 번 되풀이하지만, 단순히 반복한다기보다는 의미를 조금씩 보강하는 점층법을 구사함으로써 주술적 효과를 노린다. 헤밍웨이는 파리에서 문학 수업을 받을 시절 거트루드 스타인에게서 이러한 기법을 배웠다. "장미는 장미이고 장미다."라는 유명한 문장에서 볼 수 있듯이 스타인은 어떤 사물의 이름을 반복하여 언급함으로써 그것과 관련한 이미지와 감정을 환기하려고 하였다.

더구나 헤밍웨이의 단편소설은 어떤 작가의 작품보다도 그 길이가 짧은 것이 특징이다. 물론 「프랜시스 매코머의 짧지만 행복한 생애」(1936)나 「킬리만자로의 눈」처럼 긴 작품도 더러 있지만, 그의 단편소설은 대체로 길이가 짧다. 헤밍웨이의 작품 중에 「매우 짧은 이야기」라는 작품이 있듯이 그의 단편소설은 '매우 짧은' 작품이 주류를 이룬다. 가령 이 작품과 「혁명가」(1924) 같은 작품은 두 장이 채 되지 않는다. 「스미르나의 부두에서」(1930)를 비롯하여 「다리 위의 노인」(1938), 「진부한 이야기」(1926), 「한 독자의 편지」 등은 겨우 두 쪽 남짓밖에 되지 않는다. 『오후의 죽음』에서 헤밍웨이는 "별 볼 일 없는 작가는 하나같이 서사시와 사랑에 빠져 있다."라고 말한다. 그는 찰스 스크리브너스 출판사의 편집자 맥스웰 퍼킨스에게 보낸 편지에서 "나는 신(神)처럼 글을 쓰고 싶지 않다."라고 말하기도 하였다. 서사시를 쓰는 시인들은 작품 첫머리에서 흔히 신에게 무사히 작품을 잘 쓰게 해달라고 비는 문학적 관습이 있었다. 헤밍웨이가 얼마나 짧은 작품을 선호했는지 짐작할 수 있는 대목이다.

적어도 문체에 관한 한 헤밍웨이는 동시대 작가 윌리엄 포크너와는 크게 다르다. 포크너는 헤밍웨이의 문장에 대해 "독자로 하여금 사전을 찾게 할 단 한 마디 어휘도 사용한 적이 없는" 작가라고 날카롭게 꼬집었다. 그러자 헤밍웨이는 포크너에 질세라 "아, 가엾은 포크너! 그 사람은 엄청난 어휘를 사용하기만 하면 엄청난 감정이 생기는 것으로 정말로 생각한단 말인가?"라고 한탄하였다. 그러면서 헤밍웨이는 "나는 어쩌면 10달러짜리 어휘를 사용하지 않는지 모르지만 완벽하게 훌륭한 어휘를 사용한다. 내가 쓰는 작품은 의미와 감정을 전달한다."고 덧붙였다. 여기서 '10달러짜리 어휘'란 다름 아닌 그리스어나 라틴어에서 파생되어 나온 다음절의 길고 까다로운 어휘를 말한다. 르네상스 미술 전문가 버너드 베런슨에게 보낸 편지에서 헤밍웨이는 "실제로 작가한테 사전이 필요하다면 그 사람은 글을 써서는 안 된다."라고 잘라 말한 적이 있다. 물론 포크너를 염두에 두고 한 말이었다.

6. 단편소설의 연극적 기법

어니스트 헤밍웨이는 미국이나 유럽의 단편소설 전통을 비교적 충실히 따르면서도 다른 한편으로는 그 가능성을 부단히 실험한 작가다. 그는 단편소설이 모든 문학 장르 중에서 가능성이 가장 큰 형식이라고 생각하였다. 그러한 가능성의 하나로 그는 단편소설을 희곡 장르와 결합하려고 하였다. 실제로 헤밍웨이가 『제5열』이라는 희곡 작품을 쓴 뒤 이 작품을 단편소설 마흔아홉 편과 한데 묶어 단행본으로 출간했다는 사실은 자못 상징적이다. 고등학교 시절에도 희곡 작품을 쓴 적이 있을 정도로 그는 희곡에 관심이 많았다.

헤밍웨이의 단편소설 중에는 배경이나 작중 인물과 플롯 등에서 쉽게 연극으로 공연할 수 있는 작품이 많다. 동시대의 다른 어느 작가보다도 그의 작품이 텔레비전 영화나 할리우드 영화로 많이 만들어졌다는 사실은 이 점을 뒷받침한다. 「살인자들」을 비롯하여 「흰 코끼리 같은 언덕」, 「깨끗하고 밝은 곳」, 「킬리만자로의 눈」, 「프랜시스 매코머의 짧지만 행복한 생애」, 「빗속의 고양이」(1925), 「상전벽해」(1931) 등은 좋은 예가 될 것이다. 이들 작품에서는 작중 인물이 적게는 두 명, 아무리 많아도 다섯 명을 넘지 않을 뿐만 아니라 주로 극적인 대화를 사용한다.

어느 작가보다도 헤밍웨이는 단편소설에서 촌철살인의 예리한 대화를 즐겨 구사하며 작중 인물들의 성격도 흔히 이러한 대화를 통해 드러낸다. 예를 들어 권투 시합을 조작한 사건을 다룬 「50만 달러」(1927)나, 밤늦게까지 술집에 혼자 남아 있는 노인의 사연을 다룬 「깨끗하고 밝은 곳」, 시카고와 그 근교의 조직폭력배의 이야기를 다룬 「살인자들」에서 작가는 작품의 상당 부분을 작중 인물 사이의 대화를 통해 주제를 표현한다. 그리하여 독자는 이 작품을 읽다 보면 희곡 작품을 읽고 있다는 느낌마저 든다.

특히 알 카포네 같은 조직폭력배가 날뛰던 시카고 근교를 배경으로 사건이 전개되는 작품 「살인자들」에서 대화가 차지하는 몫은 생각보다 매우 크다. 헤밍웨이가 어쩌다 사용하는 묘사 장면은 희곡의 무대 지문에 해당하고, 작품의 지리적 배경인 헨리 식당과 올레 안드레슨이 머무는 하숙집은 희곡의 무대에 해당한다. 닉이 하숙집으로 안드레슨을 찾아가 끔찍한 소식을 전해 주는 장면에서는 헤밍웨이 특유의 극적 기법이 빛을 발한다.

"제가 가서 경찰에 신고할까요?"

"그러지 마. 그래 봤자 아무 소용이 없어." 올레 안드레슨이 대답했다.

"뭔가 제가 도와 드릴 만한 일이 없겠어요?"

"없어. 이젠 아무것도 없어."

"어쩌면 그저 위협하는 것에 지나지 않을지도 몰라요."

"아냐. 단순한 위협이 아냐."

올레 안드레슨은 벽 쪽을 향해 돌아누웠다.

"그래서 도무지 밖에 나갈 마음이 나지 않았어. 그래서 온종일 이렇게 누워 있었던 거야." 그는 벽을 향한 채 말을 이었다.

"이 읍내를 빠져나갈 순 없나요?"

"없어. 이제 더는 도망 다니기도 지겨워." 올레 안드레슨이 대답했다.

그는 벽을 여전히 바라보고 있었다.

"이젠 어찌할 도리가 없어."

안드레슨의 방에서 닉은 서 있고 안드레슨은 옷을 모두 입은 채 침대에 누워 있다. 마치 에드워드 호퍼의 그림 한 폭이 떠오르는 이 장면은 아무런 대화 없이 그 자체만으로도 극적인 분위기를 자아내기에 충분하다. 왕년의 헤비급 권투 선수로 체구가 큰 안드레슨이 눕기에는 침대의 길이가 조금 짧다. 또 그는 베개 두 개를 겹쳐서 베고 있다. 안드레슨은 자신에게 중요한 정보를 주려고 찾아온 닉 쪽은 아예 쳐다보지도 않는다.

닉은 이러한 안드레슨에게 청부 살인업자들이 그를 살해하려고 한다는 정보를 전해 주며 어서 도피하라고 말한다. 그러나 안드레슨은 모든 것을 체념한 듯이 침대에서 일어나지도 않는다. 닉은 계속 의문을 제기하는 식으로 대화를 계속한다. 그의 말 중에서 "어쩌면 그저 위협하는 것에 지나지 않을지도 몰라요."라는 문장만이 평서문으로 되어 있을 뿐이다. 한편, 안드레슨은 닉의 물음에 하나같이 '그러지 마' '없어' '아냐' 등 부정문으로 대답한다. "그래서 온종일 이렇게 누워 있었던 거야."라는 말만이 긍정문으로 되어 있다.

더구나 벽을 향해 누워 있는 안드레슨의 행동도 좀 더 찬찬히 눈여겨봐야 한다. 작가는 위의 인용문 바로 앞에서 벽을 향해 누워 있는 안드레슨을 언급하지만, 이 짧은 인용문에서 같은 언급을 세 번이나 반복한다. 닉이 방 밖으로 나왔을 때에도 "문을 닫을 때 옷을 모두 입은 채 침대에 드러누워서 벽을 바라보고 있는 올레 안드레슨의 모습이 눈에 들어왔다."라고 말한다. 그렇다면 헤밍웨이는 이 장면에서 모두 다섯 차례에 걸쳐 안드레슨이 벽을 향해 누워 있는 모습을 기술한 셈이다.

장 폴 사르트르는 단편소설 「벽」(1939)에서 '벽'이라는 상징적 대상을 통해 주인공이 느끼는 실존적 절망감과 불안감을 표현하여 관심을 끌었다. 헤밍웨이도 사르트르처럼 안드레슨이 느끼는 절망감을 벽을 향해 돌아눕는 행위를 통해 상징적으로 표현한다. 권투 선수였던 안드레슨은 폭력 조직과 모종의 검은 거래를 했고, 아마 그가 그 거래에서 약속을 어겼기에 폭력 조직이 그를 제거하려고 하는 듯하다. "이젠 어찌할 도리가 없어." "내가 잘못한 거야."라는 그의 말이 이러한 추측을 뒷받침한다. 경찰에게 쫓기다가 막다른 골목 담벼락에 몰린 범죄자처럼 안드레슨은 조직폭력배의 보복을 피할 수 없다는 절망감에 사로잡혀 닉의 제안을 무시한 채 담담하게 죽음을 기다리고 있다.

　헤밍웨이는 「살인자들」을 집필할 무렵에 쓴 「오늘은 금요일」(1926)이라는 작품에서 아예 희곡의 형식을 거의 그대로 따른다. 이 작품은 단편소설이라기보다는 단막극에 가깝다. 실제로 그는 1926년 이 작품을 같은 제목으로 뉴저지 주의 엥글우드에 있는 출판사에서 단행본으로 출간하였다. 한정판으로 모두 300부를 출간하여 그중 260부를 판매했지만, 비평가들이나 독자들로부터 아무런 반응도 얻지 못하였다. 헤밍웨이는 이 작품을 단편집 『여자 없는 남자』에 처음 수록한 뒤 『제5열 및 최초 49단편』에 재수록하여 희곡 작품보다는 단편소설로 간주하였다.

　「오늘은 금요일」은 제목 그대로 예수 그리스도가 로마 병정들에게 십자가에 못 박혀 죽은 성(聖)금요일을 시간적 배경으로 삼고, 유대인이 경영하는 술집을 공간적 배경으로 삼는다. "로마 군인 세 명이 밤 11시에 어떤 술집에 들어가 있다. 주위의 벽에 빙 둘러 술통이 놓여 있다. 나무로 만든 카운터 뒤에 유대인 술집 주인이 있다. 로마 군인 셋은 거나하게 술에 취해 있다."라는 첫 문장은 희곡의 무대 지시문이나 다름없다. 예수의 처형을 목격하고 직접 처형에 참여한 로마 병정 세 사람이 작중 인물로 등장한다. 이 작품을 집필하면서 헤밍웨이는 구약성서「시편」의 "성문에 앉아 있는 자들이 나를 비난하고, 술에 취한 자들이 나를 두고서 빈정거리는 노래를 지어 흥얼거립니다." (69편 12절)라는 구절을 염두에 두었음이 틀림없다.

 헤밍웨이는 단편소설에 서간문 형식을 사용하기도 한다. 소설과 서간문은 겉보기와 달리 그리 동떨어진 장르가 아니다. 실제로 소설의 역사를 거슬러 올라가 보면 소설 장르가 서간문에서 출발했음을 알 수 있다. 영국 문학에서 흔히 최초의 소설로 꼽히는 새뮤얼 리처드슨의『패밀러』(1740)는 서간체 형식으로 구성되었다. 인쇄업을 하던 리처드슨은 한 친구로부터 모범 서간집을 출간해 달라는 부탁을 받고 고심 끝에 내용을 재미있게 구성하고자 서사적인 구조를 부여하여 완성한 것이 바로 이 작품이었던 것이다. 헤밍웨이도 리처드슨처럼 편지 형식을 빌려「한 독자가 보낸 편지」라는 작품을 썼다. 이 작품은 버지니아 주 로언오크에 사는 어느 군인의 아내가 남편이 외국 주둔 중에 옮은 병에 관해 의사에게 조언을 구하는 형식으로 되어 있다. 물론 헤밍웨이는 이 작품 전체를 서간 형식으로 구성하지는 않는다. 작품 첫머리에서 그는 "그녀는 자기 앞에 접힌 신문을 펼쳐놓고 침실의 테이블에 앉아 편지 쓰기를 멈추고는 창으로부터 지붕에 떨어지자 곧 녹아 버리는 눈을 바라보았다. 그녀는 지우거나 다시 쓸 필요도 없이 차근차근 다음과 같은 편지를 써 내려갔다."라고 말한 다음 '의사 선생님에게'로 시작하는 편지를 쓴다. 편지 쓰기를 마친 주인공은 남편의 병에 대해 독백을 한다. 편지 내용이나 독백으로 미뤄 보면 그녀의 남편은 중국 상하이(上海)에 파견되어 지난 3년간 그곳에서 근무하는 사이에 매독에 걸렸다. 지금 그는 아칸소 주 헬레나에 있는 어머니 집에서 치료받는 중이다. 남편은 아내에게 아칸소로 내려오라고 편지를 보냈는데 과연 남편과 함께 생활해도 괜찮은지 그녀로서는 몹시 걱정스럽다. 그래서 의사에게 편지를 써서 조언을 구하는 것이다.

헤밍웨이의 전기 작가 제프리 마이어스는 어니스트 헤밍웨이를 "20세기에서 가장 영향력 있는 산문 스타일리스트"로 평가한다. 미국은 말할 것도 없고 유럽에서도 많은 작가가 지금껏 그의 문체를 모방해 왔다는 사실을 생각할 때 마이어스의 평가는 그렇게 빗나가지 않는다. 헤밍웨이야말로 좁게는 소설 문체, 넓게는 산문 문체에 새로운 이정표를 세운 작가라고 할 수 있다. 문체를 비롯하여 그의 문학에 이의를 제기할 사람은 있을지 몰라도 그의 영향권에서 벗어난 작가는 그다지 많지 않다. 싫든 좋든, 의식적이든 무의식이든 많은 작가가 그동안 그의 문체에서 직접 또는 간접으로 영향을 받아 왔다.

18세기 프랑스의 박물학자 조르주 뷔퐁은 "문체가 곧 인간이다."라고 하였다. 문체는 작가의 개성을 강하게 반영한다는 뜻이다. 그런데 헤밍웨이만큼 이 말이 잘 어울리는 작가도 찾아보기 어렵다. 그의 작품을 읽다 보면 문체가 곧 작가일 뿐만 아니라 그의 세계관이라는 사실을 알게 된다. 헤밍웨이의 산문 스타일은 장편소설에서도 빛을 발하지만, 가장 강렬한 빛은 그의 장편소설보다는 단편소설에서 나온다. 그러고 보면 해럴드 블룸이 헤밍웨이의 문학적 성과를 장편소설보다는 단편소설에서 찾으려고 하는 것도 그다지 무리는 아니다. 헤밍웨이는 단편소설 장르에 그야말로 신기원을 이룩했기 때문이다.

헤밍웨이는 '좋은 글'과 '진실한 글'을 구분 짓지 않는다. 이 두 가지를 같은 것으로 간주하여 "좋은 글이란 곧 진실한 글이다."라고 잘라 말한다. 온갖 화려한 수사적 표현에 의존하거나 한껏 감정에 들떠 격양된 목소리로 쓰는 글은 삶의 진실을 왜곡할 뿐, 참모습을 전달하지는 못한다. 19세기 중엽 사실주의자들은 바로 전 세대를 풍미한 낭만주의자들의 문학을 '아름다운 거짓말'이라고 비난하였다. 어쩌면 헤밍웨이도 수사적 장치나 감정에 의존하여 쓴 글이 비록 아름답게 보일지언정 궁극적으로는 삶에 대한 거짓말에 지나지 않는다고 생각했는지 모른다. 그러므로 군더더기 없이 간결하고 소박한 문체와 되도록 감정을 억제하는 하드보일드 문체야말로 헤밍웨이의 인생관과 세계관을 표현하는 가장 적합한 수단이었다고 할 수 있을 것이다.

참고문헌

I. 헤밍웨이 주요 작품

1. 장편소설

『봄의 계류』(*The Torrents of Spring*, 1925)
『태양은 다시 떠오른다』(*The Sun Also Rises*, 1926)
『무기여 잘 있어라』(*A Farewell to Arms*, 1929)
『유산자와 무산자』(*To Have and Have Not*, 1937)
『누구를 위하여 종은 울리나』(*For Whom the Bell Tolls*, 1940)
『강을 건너 숲 속으로』(*Across the River and into the Trees*, 1950)
『노인과 바다』(*The Old Man and the Sea*, 1952)
『해류 속의 섬들』(*Islands in the Stream*, 1970)
『에덴동산』(*The Garden of Eden*, 1986)
『여명의 진실』(*True at First Light*, 1999)

2. 단편소설집

『세 편의 소설과 열 편의 시』(*Three Stories and Ten Poems*, 1923)
『우리 시대에』(*in our time*, 1924)
『우리 시대에』(*In Our Time*, 1925)
『여자 없는 남자』(*Men Without Women*, 1927)
『킬리만자로의 눈』(*The Snows of Kilimanjaro*, 1932)
『승자에게는 아무것도 주지 마라』(*Winner Take Nothing*, 1933)
『제5열 및 최초 49단편』(*The Fifth Column and First 49 Stories*, 1938)
『헤밍웨이 단편선』(*The Short Stories of Ernest Hemingway*, 1954)

『닉 애덤스 이야기』(*The Nick Adams Stories*, 1972)
『어니스트 헤밍웨이 단편전집: 핑카 비히아 판』(*The Complete Short Stories of Ernest Hemingway*: The Finca Vigía Edition, 1987)

3. 논픽션

『오후의 죽음』(*Death in the Afternoon*, 1932)
『아프리카의 푸른 언덕』(*Green Hills of Africa*, 1935)
『위험한 여름』(*The Dangerous Summer*, 1960)
『움직이는 축제』(*A Moveable Feast*, 1964)

II. 헤밍웨이에 관한 연구서

Atkins, John. *The Art of Ernest Hemingway: His Work and Personality*. London: Nevill, 1952.
Baker, Carlos. *Hemingway: The Writer As Artist*. 4th ed. Princeton: Princeton University Press, 1972.
_____. *Ernest Hemingway: A Life Story*. New York: Charles Scribner's Sons, 1969.
_____. ed. *Ernest Hemingway: Selected Letters 1917-1961*. New York: Charles Scribner's Sons, 2003.
_____. ed. *Hemingway and His Critics: An International Anthology*. New York: Hill and Wang, 1961.
Fenton, Charles A. *The Apprenticeship of Ernest Hemingway: The Early Years*. New York: Farrar, Straus & Cudahy, 1954.
Grissom, C. Edgar. *Ernest Hemingway: A Descriptive Bibliography*. New Castle: Oak Knoll Press, 2011.
Hemingway, Gregory. *Papa*. Boston: Houghton Mifflin, 1976.
Hemingway, Leicester. *My Brother, Ernest Hemingway*. New York: Fawcett, 1962.
Hemingway, Mary Welsh. *How It Was*. New York: Knopf, 1976.
Hotchner, A. E. *Papa Hemingway: A Personal Memoir*. New ed. Cambridge: Da Capo Press, 2005.
Kert, Bernice. *The Hemingway Women*. New York: W. W. Norton, 1983.
Killinger, John. *Hemingway and the Dead Gods*. Lexington: University of Kentucky Press, 1960.

Lynn, Kenneth S. *Hemingway*. New York: Simon & Schuster, 1987.

Mandel, Miriam. *Reading Hemingway: The Facts in the Fictions*. Metuchen, Scarecrow Press, 1995.

McCaffrey, John K. M.. *Ernest Hemingway: The Man and His Work*. Cleveland: World Publishing. Co., 1950.

Meyers, Jeffrey. *Hemingway: A Biography*. New York: Harper & Row, 1985.

Moddelmog, Debra A. *Reading Desire: In Pursuit of Ernest Hemingway*. Cornell: Cornell University Press, 1999.

Oliver, Charles M. *Ernest Hemingway: A to Z: The Essential Reference to the Life and Work*. New York: Facts on File, 1999.

Phillips, Larry W., ed. *Ernest Hemingway on Writing*. New York: Charles Scribner's Sons, 1984.

Reynolds, Michael S. *Hemingway: An Annotated Chronology: an Outline of the Author's Life and Career Detailing Significant Events, Friendships, Travels, and Achievements*. Detroit: Omnigraphics, 1991.

_____. *The Young Hemingway*. New York: W. W. Norton, 1997.

_____. *Hemingway: The Paris Years*. W. W. Norton, 1997.

_____. *Hemingway: The 1930s*. New York: W. W. Norton, 1997.

_____. *Hemingway: The Homecoming*. W. W. Norton: New York, 1999.

_____. *Hemingway: The Final Years*. New York: W. W. Norton, 2000.

Ross, Lillian. *Portrait of Hemingway*. New York: Simon & Schuster, 1961.

Rovit, Earl. *Ernest Hemingway*. New York: Twayne Publishers, 1963.

Sanderson, Stewart. *Ernest Hemingway*. Edinburgh: Oliver and Boyd, 1961.

Spanier, Sandra and Robert W. Trogdon, eds. *The Letters of Ernest Hemingway: Volume 1, 1907-1922*. New York: Cambridge University Press, 2011.

Wagner-Martin, Linda, ed. *A Historical Guide to Ernest Hemingway*. New York: Oxford University Press, 2000.

_____. *Ernest Hemingway: Seven Decades of Criticism*. East Lansing: Michigan State University Press, 1998.

Waldhorn. *A Reader's Guide to Ernest Hemingway*. Syracuse: Syracuse University Press, 2002.

Weeks, Robert P., ed. *Hemingway: A Collection of Critical Essays*. Englewood: Prentice-Hall, 1962.

Whitlow, Roger. *Cassandra's Daughters: The Women in Hemingway*. Westport: Greenwood Press, 1994.

Young, Philip. *Ernest Hemingway: A Reconsideration*. University Park: Pennsylvania State University Press, 1966.

헤밍웨이를 위하여

1판 1쇄 발행일 2012년 7월 16일
지은이 | 김욱동
펴낸이 | 임왕준
편집인 | 김문영
교정·교열 | 양은희
펴낸곳 | 이숲
등록 | 2008년 3월 28일 제301-2008-086호
주소 | 서울시 중구 장충동 1가 38-70(장충단로 8가길 2-1)
전화 | 2235-5580
팩스 | 6442-5581
홈페이지 | http://www.esoope.com
블로그 | http://blog.naver.com/esoope
Email | esoope@naver.com
ISBN | 978-89-94228-43-3 03840
ⓒ 이숲, 2012, printed in Korea.

◆ 이 책은 환경보호를 위해 재생종이를 사용하여 제작하였으며 한국간행물윤리위원회가 인증하는 녹색출판마크를 사용하였습니다.